海慟

蘇曉康——著

目次

代序 從海葬到海慟 006

輯一 望洋竊喜

東亞架構六十年 016

重新發現太平洋 029

鄧小平望海有點晚 038

摸著石頭過海 046

那廂升起過一朵蘑菇雲 053

發現東南一段蔚藍色 060

「堅船利炮」的故事 068

輯二 地緣「達爾文」

大結構與帝國解體 076

北衰南盛 082

蒸汽壓路機式的漢化 092

漁陽鼙鼓動地來　101
達蘭薩拉感懷　114
生態源、冰川與滅絕　125
天人恩怨、天外視角　130

輯三　**商鞅術、口腔期**

中國整個就是一齣相聲　140
沒有「狂歡」卻有「春晚」　149
商鞅千年之術　164
順口溜古今奇觀　172
北京比巴黎還要醉生夢死　182
將屍骨築進城墻　189
想起了龔自珍　198

輯四　**地荒天蠻**

軍代表剖腹黃梅戲女星嚴鳳英　206
毛澤東觀賞劉少奇囚禁　214
滿街都是劊子手　220

五億女性無身無聲 229
知識分子是猴子 240
中國還有「思想」嗎？ 250
百年孵卵一隻壞蛋 258
梁啟超：激進之草蛇灰線 262
顧炎武前衛四百年 269

輯五 存一細炷香

棄俗世的張愛玲 274
殉文明的陳寅恪 282
說不盡的賽珍珠 287
一炷香的林徽因 301
齊瓦哥的人文意義 314
王賡的淒涼失蹤 320

跋

溫美如昨，蠻荒如今 331

代序

從海葬到海慟

北海若與秋水對話，是中國的一則古老寓言，實則大海訓誡黃河：「井蛙不可以語於海者，拘於虛也；夏蟲不可以語於冰者，篤於時也；曲士不可以語於道者，束於教也。今爾出於崖涘，觀於大海，乃知爾醜，爾將可與語大理矣。」這則莊子寓言，竟又顛覆性隱喻於今日者，居然是世界與中國之辯，中國（秋水）並未「可與語大理矣」，而是向北海若（太平洋）宣稱「秋水之崛起」。

「千年孤獨之後的黃河，終於看到了蔚藍色的大海。」這是《河殤》解說詞的最後一句，我至今可以感覺到它的滾燙。然而大海並沒有邀請黃河。「黃河來到了偉大而痛苦的入海口」……八十年代只有少數知識精英「崇洋媚外」，大部分成年人還在黃土地上睡眼惺忪，鄧小平、趙紫陽、胡耀邦都絕對沒有關於航空母艦、南沙築島和「九段線」的想像力。那時中國只有「西洋幻想」而尚無海洋欲望，民間只湧動著一股掙脫封閉、無知、內陸的激情。

華夏對海洋的陌生，究竟是內陸文明的特質，還是近代百年的「海患」所致，至今糾纏不清，但是八十年代確有一股克服「海洋恐懼」的思潮：

從兩年前的一個夏夜開始，錢鋼鬼使神差地追尋起李鴻章的蹤跡來：「我在寫《海葬》。我在寫一百年前的變革。」他告訴我，有一回他去煤渣胡同尋找當年李鴻章的總理海軍事務衙門，杳無蹤影，「一百年了。什麼東西都會面目全非。」但他卻意外地發現了李中堂的故居賢良寺。就在這座古寺的東面，正與建一座大飯店，那地皮就是當年海軍衙門的舊址。「說不清心裡是一種什麼滋味，我們仰望著海軍衙門——百年後的『王府飯店』，只見這座即將竣工的摩天大樓，在探照燈的照射下，通體閃著銀光，巍然聳入夜空。橘黃色的巨大起重機上，寫著三個大大的日文字：熊谷組」。

一九八八年。不吉祥的龍年。中國人浮躁、嚎叫和惴惴不安的一年。大夥兒都在罵物價、罵官倒、罵腐敗。上校錢鋼卻把目光投向整整一百年前——「一八八八年。中國第一盞電燈在紫禁城裡被點亮了。一八八八年。光緒皇帝即將『大婚』，『親政』。一八八八年。康有為呈『上清帝第一書』，未達光緒。一八八八年。頤和園正加緊施工。一八八八年。北洋海軍正式成軍——距離它悲劇性的大覆滅還有六年；整整一百年後，我為它寫《海葬》。」（《世紀末回眸》）

《海葬》可謂《河殤》的姐妹篇。一九八八年我製作《河殤》續集《五四》，勉為其難，而錢鋼則在描摹一百年前的悲劇，我去邀他一塊來寫《五四》時，他正在為《海葬》作最後的修訂。我們皆未逆料晚清「海葬」的悲劇，一百三十年後或可在中國重演。這一次中國雖然「大國崛起」，也能造航母，卻依舊是一個滿清的老制度。

三十年前美國駐華大使李潔明看鄧小平一針見血：「他屬於《舊約全書》那種人，一位不怕付出流血代價的革命家。」但是他的老闆布希總統，卻想跟這位「六四屠夫」做生意，派了兩個特使去北京，而鄧小平正不緊不慢卻擲地有聲地撂出的一句話就叫西方和環太平洋地區膽寒：「如果中國共產黨失去對中國的控制，將會有一億以上中國人流亡到印度尼西亞，一千萬到泰國，五十萬到香港。」這是香港《文匯報》援引的鄧的原話。不知道為什麼偏要給印尼分配一個億，而對香港似乎很留情，但五十萬已經足夠讓這彈丸之地從天堂跌進地獄了，老鄧又彷彿對台灣未置一詞。四周都是溫柔富貴鄉，那個聚集著貧困和破壞力的大陸稍一噴湧，便會使整個東亞和東南亞糜爛。有過「六四」那一幕，誰也不會懷疑這一點了。所以，北京的鎮壓者們責無旁貸地成為遠東局勢安定的捍衛者。華盛頓、東京、台北都鬆了一口氣。

中國又一次在這個世界的常識之外，成了很難捉摸的國家，該來的厄運都沒出現，也有點像魯迅當年寫的，「革命黨」鬧過以後，大家又都把辮子放了下來；林語堂也曾描繪過一張老婦人的臉：「廁身於叛亂戰禍之間，圍繞著貧苦的兒孫，愉快而老態龍鐘的中國，閒逸地啜著清茶，狡黠地微笑著……」，誰能看得穿這張臉呢？

實際上，鄧小平只有一個謀略：經濟救黨。他在後毛時代，救毛的合法性喪失，才搞「改革開放」、「白貓黑貓」那一套；「六四」屠殺後，他要再救一次合法性，還是經濟這一套，他哪裡知道老布希、柯林頓會迎奉他，拉他進世貿，他就知道有救了，什麼也不需要改，所以他才敢對李光耀說「殺二十萬穩定二十年」。

然而，陳雲比鄧小平看得更深，依然憂慮「合法性」，才有「子弟接班」的戰略出籠，說明他並不覺得「經濟可以救黨」，這是今天習近平的合法性來源，弔詭地反映了「太子黨」恰恰沒有「合法性」安全感，這又是習近平色厲內荏的根源。

這些都是西方和國際上看不懂的。中國人看得懂嗎？比如，鄧小平對西方祭出的那個「韜光養晦」謀略，曾經也是林彪當年對付毛澤東的謀略，所以，中共將東方謀略玩到國際上，才是它這三十年的成功訣竅，那便是《莊子・秋水》的新篇章，秋水唬住了北海若。

東方陰謀得以成功，其實也是借助了美國對華政策的誤區，那是尼克森的一句話：取消對中國最惠國待遇，最大的受害者並非中國，而是「仰息自由市場的人們」。這句話要翻譯才能懂，即西方「自由市場」離不開中國廉價勞動力，這幾乎如同資本離不開利潤一樣。這也可以做一個比擬：第二次世界大戰中，羅斯福令美國的製造業，充當「全球民主兵工廠」，這種規模，不到一個世紀後，盡數被東方的一個共產黨政權拿走。

更深一層是「洋為中用」，共產黨也終於讀懂了西典，這回不是嚴復翻譯的《天演論》，而是麥金德的《陸權論》和馬漢的《海權論》，陸權與海權的對峙，令這個從黃土高原走出來的「小米加步槍」政權要造航空母艦了。一九九五年台海危機時美國派兩個航母打擊群來巡弋，中共還應急地研發東風—21D型陸基飛彈「航母殺手」，並引進俄製「基洛級」攻擊潛艦，此後經過二十年瘋狂海軍擴張，截至二〇二二年共裝備各類艦艇八百三十七艘，總排水量約兩百六十五點三六萬噸，成為世界第二大海軍，其中戰鬥艦艇四百九十三艘、航空母艦兩艘（不含尚未服役的福建艦）、驅逐艦四十三艘、護衛艦九十三艘、導彈艇八十一艘、兩栖艦艇一百六十九艘、常規動力潛艇六十一艘、核潛艇十八艘，大量水面艦艇如同「下餃子」一般駛入太平洋。

有人綜述中共海軍擴張六十年，經歷了三個階段的戰略：近岸防禦、近海防禦、近海防禦與遠海護衛結合。背後支撐的，是國家利益的拓展、成為海洋強國、突破島鏈封鎖，以及走向遠海、建設以航母為中心的遠海戰力，邏輯地由「沿岸海軍」（Brown Navy）、「近海海軍」（Green Navy），朝向「藍水海軍」（Blue Navy）提升。

其間為保護來自中東的石油供應，不受美國阻撓，從中東海域到南海，建立一系列的港口，被稱為「珍珠鏈戰略」，也有效因應了麻六甲海峽困境（Malacca Dilemma）、抗衡印度洋的美印勢力、進入印度後院、建立遠洋海軍前進基地，激出了「南海衝突」。

現在我們再去回眸「甲午海戰」，當年錢鋼寫的那個《海葬》，才顯示出「歷史感」：中共八十年代的「雪恥思想史」，經過三十年終於道成肉身：習近平從買航母招搖太平洋，到軍事擴張，東亞的日本、韓國、台灣，以及南洋的菲律賓、印尼，都慌了神，「亞洲四小龍」安在？從海葬到海慟，梳理這個「大國崛起」從思想洗腦到制度建制、軍艦鑄鍛的脈絡，為時已晚嗎？

海之慟，也是海哭，哭那個悲慘亞洲大陸，可不光是中國，往後一直延伸到俄羅斯。

中國在經濟、國際上的耀眼，與其國內、民生、精神上的悲慘相稱嗎？

國家崛起，以剝奪個人而成功，不僅破解了西方「經濟出民主」的預言，也是中共的一種制度創新？

這種保守、頑固價值的維繫，跟傳統、反西化、另一種「西化」馬列的拿來主義、移植沙俄制度等等，是何種脈絡？

到底我們要破解的迷思是，一個前現代大國，可以靠經濟崛起，又獲得升級版集權模式，然後威脅周圍先進合理的制度，乃是二十世紀都未曾出現過的「奇觀」，而且在亞洲大陸出現兩個文化迥異、卻經由暴政、改革、復辟，步步雷同的大國？

當然，症狀是為什麼「普習同構」？後極權的民族主義究竟是什麼？中俄兩黨兩國，制度同構，雖然文化迥異，更奇異的是，兩者「改革」後產生的新寡頭，從願景到意識形態，依然同構：以民族主義、大一統為合法性及個人政績，一個圖烏克蘭，一個圖台灣，何其相似乃爾！華郵重構普京入侵烏克蘭的縝密計畫，甚至令拜登政府吃驚，並抓住了普京野心的要害：「他步入俄羅斯偉大領導人之列的遺產——即成為恢復俄羅斯在歐亞大陸的優勢地位的領導人」，這跟習近平的野心也正好同構：毛澤東一生沒有「統一」中國，此所以鄧小平高度重視「回收香港」，並視其為一生最大滿足，但他還是飲恨台灣，這漸漸慣出中共的一種「領袖情結」，自然而然地成為習近平的終生夙願，由此可以預設，他一定會攻打台灣！當然，這需要從封閉到開放梳理起來。

直到今天，我還會想起《天仙配》和嚴鳳英，以及我採訪那個慘絕人寰事件後所提出的問題：一、一個女演員被開膛破腹標誌中國是一個什麼性質的社會？二、軍代表的權力來源是什麼？三、億萬文革參與者有沒有與毛澤東共謀？這三個問題回答不了，就無法回答共產黨是個什麼東西。自然，今天中國又被習近平領回文革去了，這三個問題便不會有答案，那便是蠻荒，中國有過文明嗎？「五四」一大「進步」是廢除纏腳，但是中國五億女性仍然是生育工具，加上溺女嬰高達數億，中國自「五四」以來，有絲毫「社會進步」可言嗎？

那麼從嚴鳳英到劉少奇，又是一個什麼邏輯？在中南海裡，毛澤東可以就近欣賞他的「第二把手」被折磨，這跟史達林的「大清洗」也邏輯同構嗎？史達林在延安豢養的一個邊區政權，鑄鍛了一種「知識分子要脫褲子」的意識形態之後，中國讀書人依然協助這個政權奪取整個中國，這究竟跟儒家文明有關係嗎？抑或是它的崩解所致？然而俄羅斯恰是借助了、或者為了東正教傳統，才復辟了集權；鄧小平的「韜光養晦」，不是傳統中最壞的一種智慧嗎？

在世紀末的今天，中國的精神貧困更遠在物質貧困之上，這已是無可爭辯的事實。一九九四年以研究歐洲中古文化史著名的俄國史學家古烈維奇（Aaron I. Gurevich）在談到蘇聯解體後俄國的一般思想狀態時指出：官方意識形態長期壓抑下俄國民間文化的多層積澱，在極權體制崩潰之後，突然爆發了出來。無論是政客、史學家、學人對此都毫無心理準備。與此同時，數十年來宰制了史學思維的馬克思主義史學完全失去了信用，留下來的則是一片「哲學空白」（philosophical void）。而填補這一大片空白的便是神祕主義、「怪力亂神」（occultism），以至侵略性的沙文主義等等現成的東西。

上引史學家余英時所言，他稱「初讀此文便印象很深，今天我更感到中國精神的貧困還遠在俄國之上，因為俄國在極權時代仍存在著東正教的根荄」，儒家比東正教無疑衰亡得更徹底，但是中俄兩國制度同構的遺患，誰比誰更嚴重，今天其實還看不清楚。這是不是「普習同構」的又一側面？「帝國模式」若存活下來，必定是一個壞制度，難道也是由中俄兩民族淬鍊出來的？只有「帝國」解體了，而非「經濟發展」了，才能出民主制嗎？只有推翻「帝國」，才有地區穩定、和平與永續的秩序，歐洲與東亞的今日皆驗證了這種政治學嗎？

講到讀書人，中俄都有一段恥辱史，也必定跟「口腔」、食色、閹割等難聽的詞有關，中國「士大夫」階層在古代輕易不向暴君低頭，哪怕千刀萬剮，而四九後最著名的大知識分子們，群體性向現代極權臣服，並以其知識的權威協助極權，彷彿整個中國文明死去，坊間過去有「京城四大不要臉」之謂，後來又釀成「盛世」裡文人名流「賽著不要臉」之競爭，令這半個多世紀，極權得以施行人文大殺，「恥辱史」須有新篇，可是誰來書寫？

近年大陸風靡一股「民國熱」，懷舊還是諷今？我寫了蠻荒之後，才得見民初的輕癯背影幾人，忽然也才難過起來，那千年文明，寂滅前的星光一閃，竟然是那麼璀璨，林徽因捻起那一炷香，難道不是為了徐志摩，而是她預感到了蠻荒？而看盡興亡的陳寅恪，為何不識共產而寧死不浮海，他比其他讀書人明白多少？張愛玲的明白，不只從中國逃得最早，她還預知在美國也必須「拒不見人」；我在蠻荒中讀小說裡最楷模的人不是中國人，而是俄羅斯的齊瓦哥，他體現的一種「好人」個人主義，反而是「與人為善」的儒家文明培育不出來的；假如你要追究天安門學生的「激進」，你非得捋到梁啟超那兒才算公平，這桿如椽大筆給中國引進了「亡國滅種」的思想，也虛構了「中華民族」，這兩樣害苦了中國人，至今仍然是中共的統治利器；中國至今維持千年「秦制」，是因為單一書寫系統「漢字」嗎？亞洲大陸東部的「語言代換」過程，就是六千年「華化」的所向披靡，滅掉了無數文明與文化的可能性，假如它再武裝了一種升級的集權制度，不只亞洲，恐怕全球都難以倖免被「華化」，梁啟超的「亡國滅種」不是鬼話嗎？人類背叛地球，一如漢族要毀掉它自己的生態源頭西藏一樣，皆驗證了人是最可怕的物種，也驗證了「造人」的上帝極愚蠢；

達爾文破解這個「造人」神話，代之以「弱肉強食」的進化言說，它接著又從生物界躍進人類社會，撩撥起近代以來血腥的「現代化競爭」、帝國主義戰爭和共產極權的肆虐，人類死傷無算，野蠻空前，至今沒有出路，所以「天蠻地荒」也並非中華文明的宿命，而是整個人類的現狀和歸宿。

大海哭大陸、黃禍哭印第安、殖民者哭滅族者等等，海慟升級為天慟、人慟，也許就是這本書想表達的那個「慟」。我用過一個「殤」字談黃河，也就是秋水；在海外三十年後只能說海了，還是那個語不驚人死不休的毛病，卻再也找不到「殤」這麼絕妙的字眼了，搜腸刮肚尋來一個「慟」字，還行。

慟者，痛也、哭也、悲也，抑或醒也？

輯一

望洋竊喜

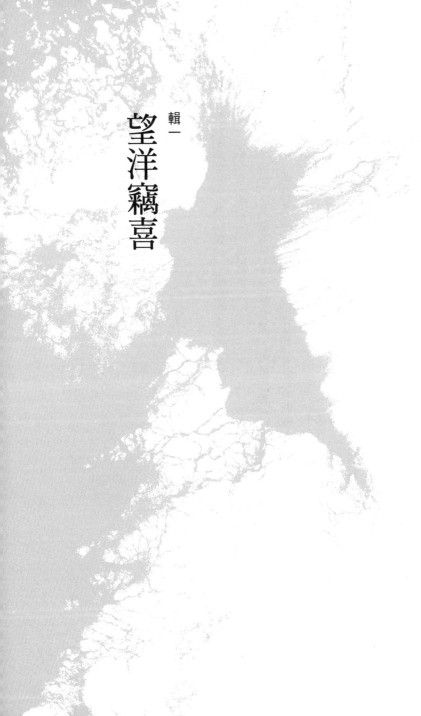

東亞架構六十年

近代的東亞，充滿血與火、崛起與衰敗、侵略與奴役，皆導源於西歐現代化及西化東漸，刺激了中日俄三國在東亞的現代化競爭。

不只甲午海戰、馬關條約、割讓台灣，大清慘敗於日本，俄羅斯也敗於日本，日俄戰爭為爭奪旅順而血戰，俄國失敗後，損失了用作維持其帝國的強大軍事力量，自此一蹶不振，國內動盪不安，一九〇五年俄國爆發第一次革命，十二年後便是「十月革命」，布爾什維克上台，這場革命從此改變世界格局，也在東亞產生極為怪異而錯亂的後果：

一、一種共產黨政權和「共產國際」從此與歐美和民主制度對決至今；

二、蘇聯向中國輸出革命，史達林同時扶持國民黨和共產黨，令其火拼出一個受莫斯科控制的中國政權；

三、日本殖民關東後入侵中國，羅斯福與史達林結盟對決希特勒，需要蔣介石在東亞拖住日軍以待美軍返回太平洋戰線；

四、毛澤東在延安戰勝親蘇的王明博古，並保存實力以期下山摘桃；
五、日本投降後，國共內戰四年，蔣介石敗退台灣，但拒絕「國際託管」，一心反攻大陸；
六、毛澤東向史達林討還旅順港和中長鐵路，而蘇聯因據海參威駐紮太平洋艦隊基地，並未失去它在太平洋的出海口和不凍港；
七、奪得中國政權的共產黨徹底搬抄蘇聯制度，實行一黨專政的計劃經濟，並為了趕超西方而大躍進，導致大饑荒餓死數千萬人；
八、文革後實行改革的共產黨，仍然需要一個仇外的意識形態，開放三十年的假想敵還是日本。

這幅眼花撩亂的圖景，可以歸納出一點什麼？

一、舊式帝國模式，在現代化競爭中注定淪亡，中俄皆為注腳，但是帝國崩潰之後，為什麼不能導向民主憲政，中俄皆未給出答案；
二、日本「維新」後卻選擇「帝國」（強國、稱霸）道路，是否為西方所迫？
三、中俄競爭失敗而選擇集權模式，反而由弱變強，俄羅斯在史達林獨裁下成超級霸權與美國冷戰半個世紀；中國在毛澤東獨裁下未能修成霸權，卻靠鄧小平「韜光養晦」策略大器晚成，「五步」幾乎「支配世界」；
四、日本以一島國雄霸亞洲，又以偷襲使倆與美國死磕，最終以亡國的途徑建成民主憲政，也保住天皇制度；
五、俄羅斯經濟崩潰、帝國解體、分崩離析、人口萎縮，退位二等國家。

一、東亞不確定性

自五十年代初朝鮮戰爭以來，東亞的區域政治，基本上只是美蘇戰略對抗的一個次要的投射點。朝鮮半島的三十八度線、中南半島的北緯十七度線加上台灣海峽，既成為美蘇之間的一條冷戰疆界，也構成了東亞的一道屏障。東亞地區便在這個結構下持續了四十年的相對穩定。日本的「經濟奇蹟」和亞洲四小龍的經濟起飛，都是在這個架構和這段穩定期內實現的。

冷戰結束，蘇聯崩解；英國經濟衰退，美國也發生戰後持續時間最長的一次經濟衰退，失業劇增，工廠倒閉。相比之下，地球另一邊的東亞，似乎成了一個亮點。日本不僅在一九八五年後取代美國成為世界最大的債權國，一九八八年也成為最大的經濟外援國。一九九一年，台灣外匯存底已然超過八百億美元，居世界第一；同時，台灣通過大選暫時化解了困擾台灣社會多年的統獨危機，政局趨於穩定。朝鮮半島軍事對峙緩解，南北雙方共同進入聯合國，接著又共同簽署了互不侵犯、交流與合作協定以及朝鮮半島非核化宣言。即使在八九年「六四」屠殺後最不被看好的中國，也出現經濟的持續增長，九一年外貿出口總額一千三百多億美元，順差八十多億美元，外匯存底增至四百多億美元。

但是研究世界戰略的專家們都不看好東亞，這個區域的結構性整合還不明朗，東亞對於世界的未來就成了一個所謂「關鍵的非確定性」（critical uncertainty）。

東亞雖然充滿著創造的巨大潛力和無比的機遇，卻因為缺乏區域性的結構而前途未卜。與歐洲相比，亞洲始終缺乏像北大西洋公約（NATO）那樣的結構性組織來協調區域性關係。亞洲和太平洋經濟發展協會（APEC），試圖產生歐洲共同體（OPEC）那樣的經濟協調組織，還只是一個開端。亞洲各國間政治制度和文化傳統的差異，將是區域性結構整合的一個不可忽視的障礙。從短期來看，美國在亞洲的角色變遷，及日美關係的嬗變將左右東亞的走向；從長程看，則是中日間的關係，這兩個在歷史上執亞洲牛耳的民族如何相處，將決定整個東亞的命運。

日中關係是亞洲的關鍵。歷史上日本是中國的最大挑戰者，而未來中國則是日本的最大挑戰者。日本對華政策之兩難：一方面，日本不願失去中國這個巨大的市場；另一方面，對中國的經濟和軍事實力的增長又感到擔憂。

然而，當日美關係和中美關係都趨於緊張的情況下，日中關係卻明顯地接近了。這種微妙的情形，在「六四」以後更加表面化。日本不願加入西方對華經濟制裁，日資趁機進入華、港，從一九八九年十二月開始，日本成為香港最大的外來投資者，日資占香港銀行存款總額的百分之五十六。日本為自己的做法向美國辯解說，中國之於日本，並非如美國那樣只是一個戰略籌碼，可重可輕；中國是日本的近鄰，戰略利益息息相關，日本不能輕易得罪中國。

美國、日本、中國、南韓、朝鮮等，在這個架構中互動超過半個世紀，結局是：

一、「工業東亞」煙消雲散；

二、「大中華經濟圈」被中國崛起取代；

三、「東北亞經濟圈」始終沒有出現，朝鮮依然是一個「核爆點」；

四、日本一直在美中之間掙扎、投機；

五、「民族主義」勃興成為集權的幫凶；

六、中國經濟起飛、制度倒退；

七、美國過早撤離亞太，乃是這一切的主因。

二、韜光養晦

「六四」屠殺後，鄧小平的基本思路，是在國際間絕不取代前蘇聯挑頭與美國抗衡，而是偃旗息鼓，開放市場，養精蓄銳（增強綜合國力），待以時日。一九九二年九月中共外長錢其琛發於黨內的《關於國際形勢問題》報告中稱：「面臨這樣巨大的變化（指『六四』後的國際制裁），我們對外工作的基本方針是冷靜觀察、穩住腳跟、沉著應付、韜光養晦。經受了一次又一次的衝擊和風暴，可以說我們站穩了腳跟。」

錢其琛特別談到「打破西方制裁」的有計畫部署，第一步就是波斯灣戰爭（海灣危機）時沒有在聯合國安理會使用否決權，頗有深意幫了美國一個忙。有趣的是，美國政治家對這種中國式的韜晦之計全然沒有感覺——李潔明接受香港《開放》雜誌採訪中，列舉四個事件證明「中國願意成為國際社會一員」的看法，第一個提到的就是這件事。可是，你聽錢其琛是怎麼描述的：「我巧妙利用美在海灣問題上有求於我，去年（一九九〇年）底實現了外長對美的正式訪問，會見了布希總統，打破了美不許兩國部長級官員互訪的禁令，是中美關係的一個突破。」

進一步撕開這個口子的辦法，是說服美國不再堅持西方國家在世界銀行對華貸款上保持制裁的一致立場，當年就拿到了七個億。他們對此叫做「分化瓦解」、「充分利用西方各國之間的矛盾和美國統治集體內部的矛盾」，其中又特別利用美日之間的矛盾，最先使日本放棄制裁，第一個去投資，給予充分優惠，讓西方各大財團和公司急得直跺腳，自然會去遊說國會。到這個火候兒上，中國便組織赴美採購團，一次就簽了十二億的合同。

一九九六年李鵬取消了購買波音飛機的承諾，改從歐洲的空中巴士公司購買了價值十五億美元的飛機。他極為露骨地說明採取這個做法的原因，因為歐洲領導人在「對華合作時不附加政治條件，而美國人卻任意地威脅要制裁我們。」卸任的美國國務院東亞事務助理國務卿溫斯頓・羅德十分灰心喪氣地說：「我們在中國問題上最大的一個難題就是，當我們對付中共時，我們在歐洲和日本的盟友們卻拖我們的後腿，把合約搶走。」這種策略也進一步挑唆法國的反美情緒，後來法國總統席哈克北京之行，不僅簽了十二億合約，還同中共一道譴責「美國霸權」。

「六四」後中共的對美外交，從一開始就不單純是被動式的「韜光養晦」，而是力圖影響美國的公眾輿論和政府決策；不僅僅是無孔不入的活動，包括私下遊說的宣傳、威脅和恐嚇，還包括購買或盜竊技術。美國政府和公眾對中國問題的種種爭論，已經被一個極具影響力的由原美國高級官員組成的集團所支配，而這個集團的人則通過推銷他們所主張的對華政策獲取暴利，中共慣於以發動經濟戰相威脅，企圖這樣來改變美國的國家政策，這種做法在美國對外關係史上是罕見的。

三、市場列寧主義

總之，九〇年代初中共的重大戰略變更，並未引起西方的注意。基本上，中共把社會主義與資本主義的較量，從冷戰形態轉換成另一種經濟競爭的形態，嘗試極權制度以市場經濟改革而存活下去的途徑，他們正是通過西方的經濟學觀點，看到了相當大的可能性：

一、經濟生活的國際化、區域集團化（西歐、北美、東亞三個「經濟圈」的出現）使美國主導的「世界新秩序」矛盾叢生；

二、跨國公司和跨國銀行對世界經濟和貿易的控制，是超制度超國界的，其利潤第一的本質決定了中國巨大市場在國際事務中的舉足輕重；

三、全世界居民不分國籍都更喜歡舶來品，使勞動力低廉的中國對西方具有長期的競爭優勢等等。

因此，他們認為：

——世界經濟處於低潮，發達國家在衰退和滑坡，「我們所處的東亞地區，經濟最活躍，發展最快」，「我們可以利用矛盾，趨利避害」，「儘快調整產業和產品結構，提高國際競爭能力」；

——「國際上資金短缺將會長期存在，但我們周邊的日本和『四小龍』卻有剩餘資金提供」，「我們有天時、地利、人和之便。只要不斷大力改善投資環境，特別是加快體制改革，我們在引進外資上仍有較大活動餘地」；

——世界軍備競賽下降，各國都在調整戰略，九〇年代是發達國家和新興工業國經濟轉型時期，「這對我們也是一個重要機會」，「可利用他們轉型的時機，引進設備，填補空缺」……

不只如此，還有來自北方的威脅：蘇聯的導彈長期對準中國，也是中共無法面對海洋的一個重要因素。

一九九三年夏天，鄧小平突然說了一句「國際環境對我們有利」，其指蘇聯垮掉了，中國解除北方威脅，可以走向太平洋了，當時出現很多說法：「太平洋時代」、「中華經濟圈」、「天時地利對我們有利」、「走向大洋練兵」、「組建遠洋海軍」、「向俄國買航空母艦」等等。當時國務院國際問題研究中心詮釋鄧的判斷，對國際形勢重新評估：

——兩極格局崩潰，世界大戰打不起來；

——蘇聯瓦解解除了來自北方的威脅；

——東西方的矛盾已經轉化為西方內部的矛盾，美國已明確把德國和日本定為主要對手，而不可能把中國當作主要對手；

——歐洲依然是美國的對外戰略重點（外貿的三分之一和國外投資的二分之一），亞太地區在相當長時期不會取代歐洲，美國不可能揮師東向；

——亞太出現真空，要由中國來填補。

基於這種估計，一九九四年以後中共的對外態度，迅速突破「六四」屠殺後「冷靜觀察、穩住腳跟、沉著應付、韜光養晦」格局，開始頻頻主動出擊、咄咄逼人，其情緒化的、不克制的態度是九〇年代初以來所鮮見的。最突出的就是製造台海緊張局勢，甚至不惜在東亞海域搞「導彈危機」，由此引起東亞周邊國家，以及日美的不安全感，絕非前幾年「如履薄冰」政策的自然延續。

「統一台灣」乃鄧小平可以超越毛澤東的罕見機會，令其不惜一搏，也不顧觸犯整個東亞、犧牲中共具有巨大經濟和戰略意義的亞太地區的形象。不久中共又在智慧產權問題上對美讓步，並以此為標誌，又開始「韜光養晦」起來，內部文件和公開宣傳均重提鄧小平「六四」後「韜光養晦」

的策略，並壓制《中國可以說「不」》一書。中共徹底摒棄「韜光養晦」計謀遲至二十多年後的習近平上台。

四、仇日仇美三十年

八九「六四」以後，由於中國大陸的改革開放，在南中國海域，一直有一個經濟圈在醞釀，被稱為「大中華經濟圈」，應包括大陸、香港、台灣、新加坡以及海外華人的某種程度的經濟整合。大陸東南沿海諸省與香港、台灣及海外的經濟已呈極高的一體性，香港是大陸最大的外來投資者，它有百分之七十五以上（約七百萬）的勞工雇在廣東；台灣（二〇二二年）與大陸的轉口貿易超過五十八億美元，直接投資額達十億美元。哈佛大學教授傅高義，已把廣東與香港加在一起，稱為東亞的「第五條小龍」；有人預測，中國南部、香港、台灣這一地區，以及中國東三省、山東、朝鮮半島和俄國的遠東地區，都將是再創經濟奇蹟的地方。尤其是所謂「大香港地區」，很可能成為二十一世紀全世界經濟增長最快的區域。然而，由於「六四」屠殺後中共維持一黨專政，並向周邊地區擴張其「大一統」政策，導致今天的後果是，「大中華經濟圈」被中國崛起取代，中國「走向太平洋」，與美國在南海相撞。

這種態勢，又令中日關係變得非常詭異。前面談到，日本一直在美中之間掙扎、投機；那麼中國呢？中共則是一方面需要日本的投資，另一方面又靠煽動民族主義作為替代馬克思主義的意識形態，而它們的設計，是避開美國，拿日本作意識形態上的假想敵，所以產生諸如「保釣」等民間抗議，而更重要的，「仇日反美」是一筆生意。在江澤民時代，中共又著實「反日」反了十年，不過是在北京街頭和電視劇裡，這段政治史和娛樂史，非常有趣。

縱觀「江核心」時代幹了幾件事情，叫中共平順捱過「六四」危機：

一、讓黨和國家皆徹底腐敗、爛掉，即所謂「悶聲發大財」；

二、與西方妥協，絕不跟美國搞對抗；

三、「師夷」之際，也操弄「義和團」於股掌之上；

四、以民族主義替代馬列主義，作為執政的意識形態。

據說，鄧小平給江澤民的政治遺囑是：「絕對不跟西方翻臉」，然而江在國內放縱仇外思潮氾濫，以為平衡；再大舉引進外資，又拆除「社會主義」，將中國轉型為廉價勞力的世界工廠，重鑄政權合法性於「經濟起飛」基礎之上，打造出一個「軟紅十丈」的盛世，不可謂不成功。從上個世紀末起，中國人染上「憎羨交織」的人格分裂心態，始之於江澤民操弄的「內外二元分離」——政府親美親西方，卻煽動民眾仇外仇日。

五、印太多邊框架

由此，美國從歐巴馬執政時期，返回太平洋，構建第一島鏈，堵截中國「走向大洋」，後來更加明確地部署，是前後兩任國務卿龐佩奧和布林肯皆赴東京，要組建一個「印太架構」以對付中國，其實早在三十年前就有這個架構，卻因為美國誤判中共，過早撤離東亞而前功盡棄。這次美國不僅聯合整個東亞、東南亞乃至大洋洲國家，還拉上了印度，徹底包圍中國。

今天的東亞，最敏感部位已非朝鮮半島，而是台灣海峽。

九〇年代初，台灣華視曾約我拍一部《海峽》。對我來說，台灣海峽始終只是一個政治符號，當我還不能把它轉化成一個文化符號時，就去拍電視，感到很困難。我拍《河殤》的靈感，最初來自飛躍黃河上空時，看到它像一條血管蜿蜒在光禿禿的黃土高原上，它就在這一剎那變成了文化符號。我沒飛過台灣海峽（至今恐怕也只有那些來回投誠的飛行員有這分福氣），也沒坐船渡過一趟（平生坐船過海峽，只有偷渡逃香港那次），記得一九八八年一位大陸寫報導文學的好友，獨自跑到福建沿海，買通船老大偷渡台灣海峽，差一點葬身魚腹，回來給我講那個海峽。

所以，我給華視寫《海峽》腳本，沒有自己的多少感受，彷彿只是面對一堆歷史資料。不過，鑽進這堆資料裡去，我便發現許多歷史的荒謬和偶然，以及曾經主宰我們的那些強人不能主宰他們自己的悲劇。毛澤東搞的那場大煉鋼鐵，便是被蔣介石派過來的飛機所激怒，一跺腳要造航空母艦，轉眼就把大陸的林木幾乎剃光；也是因為美國護台灣，毛澤東漚了這口氣，又要「超英趕美」，弄得大陸餓死幾千萬人。毛澤東這個人甚至沒有把地球放在眼裡過，可他偏偏在這條小河溝似的海峽上栽了大跟頭。蔣介石則不顧一切想奪回大陸，晚年竟對記者說，我們不能一直待在這個小島上。這兩位中國強人，都受到他們背後的國際強權的掣肘，他們又都有不肯妥協的一面。所以，一九五〇年代的台灣海峽，真正是東西方的「楚河漢界」。從這段歷史就可以看出，中國在這些強人的治理下，哪裡擺脫過所謂「外國勢力」的控制？他們之間的恩恩怨怨，真是把中國人害慘了。那時候，在美蘇、國共之間，像玩一場遊戲，但都玩得很拙劣。

毛和蔣都過世了，海峽雖無硝煙，算是進入和平競爭時代了嗎？習近平不圖事功，就是個「窩囊廢」，這個小學生怎咽得下這口氣？他的事功也只有兩樣：走民主化道路或者完成「大一統」，顯然他不拿第一樣，就只剩下第二樣。

在第一島鏈，台灣因是島鏈咽喉，就成了「印太聯盟」或稱「亞洲小北約」的支柱，美國捨它便使整個戰略瓦解，因此軍援已然開始，F-35將「出租」，現在全世界都在猜的是下一個爆炸彈：美台復交。但這件事一直說不清楚，也總是口水仗。

最近台灣立法院長游錫堃呼籲，一但中共對台動武，印太地區民主國家就共同立即外交承認台灣，借此嚇阻中共武力犯台，馬上引來美國國際評估暨戰略中心「未來亞洲計畫」主任譚慎格一文〈戰爭意味著台灣獨立？〉稱，美國考量的重點是，一旦台灣部分或全部被中國共產黨軍隊占領，一個民主的台灣政府可以在流亡海外的情況下繼續存在。意指承認台灣的外交地位並非美國優先考量。

游錫堃說：「他這樣的論調，如果美國把重點放在那邊，美國重點就劃錯了。因為台灣如果真的被中共占領，美國等於撤退到西海岸了，因為第一島鏈被突破，中國船艦就能自由進出第一島鏈，就可以開到美國的西海岸，美國的國家利益將受到最大的衝擊。所以我覺得美國不應該有這樣的想法，這樣想法對日本、韓國、菲律賓很不公平。」

當年蔣介石為了一點「民族主義」，不肯付之「國際託管」，結果讓兩岸扯了七十年的閒氣，那邊中共的「統一欲望」，從毛鄧一直到習，也苦熬了五代領袖。台海一戰，可能性極高，日本近幾個月來暗示，在美國要求或在衝突影響到日本控制的周邊島嶼的情況下，將協助保衛台灣免遭中國的攻擊。

二〇二一年八月十八日

重新發現太平洋

美國是一個「兩洋國家」，兩個世紀以來，卻一直偏重大西洋，漠視太平洋，至今依然，上個世紀一場慘烈的太平洋戰爭，並未改變美國人的這種態度，是不是由於美國的歐洲人祖先來自大西洋，而不是太平洋？

號稱好萊塢頭牌男星、兩度稱帝奧斯卡的湯姆・漢克斯（Tom Hanks），二〇一〇年製作了一部十個小時劇集《太平洋戰爭》，並對這種漠視頗有感慨。他跟大部分美國人一樣，從小只知道珍珠港遭襲引發二次大戰，而以美國原爆廣島而告終，當年太平洋上的「蛙跳戰術」——美軍逐一攻占瓜達康納爾島（瓜島）、貝里琉島、硫磺島和沖繩島等血戰，對他這個海軍技工的兒子來說，在地圖上是模糊而遙不可及的。他開玩笑說他聽二戰故事還會打盹。其實，一九四二年八月的瓜島爭奪戰，與同時開打的史達林格勒戰役和阿拉曼戰役，具有同樣重要的戰略性。

一、「太平洋陌生」

甚至一九四一年底珍珠港被襲，當時對一般的美國人來說，也沒有那麼震撼，《光榮與夢想——一九三二年至一九七二年美國實錄》的作者威廉・曼徹斯特描述這種「太平洋陌生」很生動：那時候太平洋上的島嶼還沒有什麼經濟價值，中學地理老師從不提及這些島嶼；美國海軍用的還是十八世紀的海圖，海軍陸戰隊進入所羅門群島時，一邊打仗一邊臨時測量；整個太平洋對美國人來說，還是毛姆小說裡的情節和低預算B級影片裡臆造的異國風情。

他寫道，美國人一向「重歐輕亞」，二戰爆發後大家也注視歐洲的希特勒；一九四二年元旦，日本軍隊從越南西貢向太平洋進發，迅速登陸一系列島嶼，切斷了亞洲和美國西海岸的通路，控制了占地球面積十分之一的一大片海域。東條英機的閃電戰比希特勒還厲害。美國人懵懂地聽說，日本的「猴子兵」就像「人猿泰山」那樣，能在森林中盪鞦韆，其實他們不過是騎自行車而已；二月一個深夜，麥克亞瑟上將乘魚雷快艇逃出巴丹半島……所以，也許漢克斯感慨他們對歷史的「無知」，多少也歸咎於對太平洋的無知，包括地理知識上的陌生。

漢克斯與史蒂芬・史匹柏再度聯手，投資二億二千五百萬美金，率領美國人重返太平洋，起點就在所羅門群島東南端的瓜達卡納爾島，一如當年海軍上將尼米茲從那裡開始反攻日本。

二、影帝要做「歷史創造者」

漢克斯自己跟太平洋的關係，應該是那個阿甘（《阿甘正傳》，*Forrest Gump*），一個心軟而戇大的南方小夥子，當兵到越南打過仗。阿甘得了勳章，漢克斯封帝奧斯卡。他七十年代在三藩市奧克蘭的希爾頓飯店打工，經常跑機場，看到飛機一次次載來逃離共產極權的越南孤兒。《西雅圖夜未眠》（港譯《緣份的天空》）的單親爸爸，沒有成為一個柏克萊激進主義分子，反而對自己的歷史失憶症（historical amnesia）很憤怒，這位浪漫戲劇小丑成名後，自覺地對抗美國人的歷史文盲，《時代》週刊稱他是一個「歷史創造者」（History Maker），也許譯成「說史人」更貼切（中文裡的「太史公」）。

當漢克斯扮演美國突擊隊上尉米勒尋找空降兵雷恩的時候，友人寄給他一八八二頁的兩卷本《二戰新聞報導：1938-1946》，令他從此染上歷史癖，並與《搶救雷恩大兵》導演史匹柏合作，拍了一部一〇一空降師的二戰傳奇，十小時劇集《諾曼第大空降》（*Band of Brothers*，中譯《兄弟連》），在英國攝製八個月、動用五百個有台詞的演員、一萬個臨時演員，據稱美國電視史上耗資第一。

《諾曼第大空降》改編於美國歷史學家史蒂芬•安布羅斯的同名暢銷小說，這位作家還在新奧爾良建了一個二戰紀念館，頗受漢克斯的鼎力相助，那裡總有許多退伍老兵在等候這位影帝，纏著他：「喂，我們朝鮮戰場怎麼辦？」、「什麼時候輪到我們越南戰場？」漢克斯會說，別急，我先得去太平洋呀——他是拍完空降兵，馬上就拍海軍陸戰隊。

漢克斯的美國歷史觀，混合著理想主義和現實主義，是一個帶有傳統價值觀的甘迺迪式自由主義者，那種在國慶日隨大眾一道上街的傢伙，《搶救雷恩大兵》和《諾曼第大空降》將他造就成為一個「世代的代言人」，一如著名電視主持人湯姆‧布羅考（Tom Brokaw）著書《最偉大的世代》，詮釋作為嬰兒潮世代父母的那一代人。明星和媒體人，可以對社會施加比政客、知識分子更為巨大的正面影響，也是一個美國夢想。

三、把歷史還原到個人化感受

《太平洋戰爭》的片頭，在史詩般的雄渾音樂背景下，一支炭筆緩緩劃過，炭精棒在滑動中崩裂，碎片飛濺猶如爆炸……故事框架來自曾鏖戰大洋的兩位海軍陸戰隊士兵的回憶錄，再加上安布羅斯採訪的另一位驍勇的陸戰隊中士、海軍在二戰中唯一獲得榮譽勳章者，還有幾位至今健在、兒孫滿堂的太平洋退伍老兵的自述。二戰並不是只有戰爭巨製《巴頓將軍》，或艾森豪的自傳《遠征歐陸》。史匹柏說：「我們講述這些退伍老兵故事，是想探討普通人的靈魂在經歷了特別事件後會發生什麼變化，無論演員還是編劇，想把那些經歷了血戰的人再現在螢幕上，都是很困難的。」

劇中重墨刻畫貝里琉島（中譯「帕勞群島南端小島」）爭奪戰，稍後略帶了一下硫磺島血戰，攻占它傷亡兩萬多陸戰隊官兵，占登陸部隊的三分之一；占領沖繩島的美軍傷亡代價，則是近五萬人。編劇麥克肯納說：「《太平洋戰爭》將會是電視史上最慘烈的十個小時。」漢克斯問道：「美國怎麼可以讓我們的青年不分青紅皂白地殺死敵人之後，再回到他們可口可樂式的生活裡去呢？」

他相信歷史經驗應該是非常個人性的，這其實是他討厭歷史只是一堆資料的委婉說法。「我們無疑讚揚美國軍人在太平洋上的勇氣，但我們也想讓觀眾知道我們曾經是怎麼拾掇日本兵的」，他希望美國人懂得美國歷史中所包含的光榮和暴力。描繪戰場上士兵們的神經和心理，那硝煙與血肉攪拌的十個小時，充斥著種種怯弱、恐怖、煎熬、施虐、瘋狂、崩潰等等敘事或特寫的鏡頭。

西部片巨星克林・伊斯威特二〇〇六年導演的兩部影片，《硫磺島的英雄們》和《來自硫磺島的信》，分別從美軍和日軍兩側來表現硫磺島戰爭中的人性，尤其是美軍士兵對於所謂「英雄」的困惑，和日軍士兵的自殺恐懼，形成的張力頗具藝術震撼，好評如潮。

四、越戰：失憶的「地點」

「歷史失憶症」對美國人來說，大概就是一種文化斷裂，斷裂常常有一個「地點」，比如越南，在西太平洋的印度支那半島。奧立佛・史東一九六六年從耶魯退學，去越南打了十五個月的仗，並寫出《前進高棉》（中譯《野戰排》）劇本，又十年後拍成電影，它刻畫戰爭使人失去理智，可以說隱喻了越戰使美國幾乎瘋掉，他於是成為這個「斷裂」的解釋權威。

史東下一部電影《七月四日誕生》（中譯《生於七月四日》），就直接隱喻整個美國民族了，以下肢癱瘓的陸戰隊老兵羅尼・科維克故事，將美國五十年代的郊區生活解釋為越戰的「原罪」，被認為過於牽強。史東不甘心，又拍了《誰殺了甘迺迪》（港譯《驚天大刺殺》）來詮釋越戰，嘗試用完全寫實的手法表現完全虛構的情景，黑白與彩色鏡頭交錯，幕外音作全知全能的評論，以提供一種視覺效果下的歷史回憶，在全國重新撩撥起對甘迺迪時代的懷舊。

漢克斯的下一部電影，居然也是關於暗殺甘迺迪。他非常渴望介入這個美國歷史上最神祕的暗殺，改編一部頗受爭議的小說，二〇一三年搬上銀幕。[1]「它也許是美國螢幕上最具爭議的電視劇。」甘迺迪遇刺事件，好比美國歷史裡一條噴火猛龍，就是因為它與越戰有關？

這裡補記一筆，二〇一三年秋《關鍵目擊》（中譯《派克蘭醫院》）一上院線我就去看了。原來漢克斯在這部電影裡，再現了甘迺迪遇刺後送進醫院搶救過程的現場，螢幕上的鏡頭非常血腥，甘迺迪頭部中槍，屍體放上手術床，整個腦子都掉出來了，是最嚇人的一個鏡頭，看得我不禁失聲抽泣，一瞬間便將我領回一九九三年車禍後傅莉躺在搶救室裡的情形。完全不同的時空，可以重現含義相近的場景，主角是誰並不重要，我可以一眼就看到悲慘的實質。這裡面最慘烈的承受者，是甘迺迪之妻賈桂琳，難怪美國人民如此崇拜她，那是西方文明的一種惻隱之心，對受難者的不忍。

影片多次詮釋死者的尊嚴問題，其中也包括那個刺客嫌疑犯。此人被刺殺後也送到派克蘭醫院來搶救，埋葬時竟無教會肯接納，甚至幾無神父肯為他做葬禮儀式。這個謀殺案至今沒有找到凶手，因而其政治、社會學、文化的解讀，長久以來是美國的一門顯學。

五、歷史「娛樂化」的弔詭

漢克斯說「作史」即「歷史娛樂化」，而好萊塢的「娛樂化」，就是視聽化、道具逼真和電腦特技，這方面他能比前輩大師們做得好多少？至少關於越戰，漢克斯前面已經有兩部經典：比奧立佛・史東的《前進高棉》更著名的，是法蘭西斯・柯波拉的《現代啟示錄》。

恰巧前不久我又重看了一遍《現代啟示錄》。二十多年前在大陸就看過，看個熱鬧而已，剛來美國又租錄影帶來看，發現此片最刺激的畫面、音響都還埋藏在我的記憶深處，可見電影元素不是情節、人物，唯音影而已，柯波拉深諳音影的運用；至於內容，則覺得這位大師對「野蠻」的詮釋令人隔膜，特種兵上校寇茲在心理上被越共的野蠻摧毀——「他們砍掉接種過牛痘小孩的手臂，小胳膊堆成小山」，於是寇茲自己逞凶當起「上帝」而震懾住叢林中的亞洲土著，這種故事當然也可以理解為對越南、柬埔寨共產黨暴政的一種隱喻。但是中國、朝鮮、越南的現代史，都充分顯露出人類史無前例的殘暴和文明解體，它們並沒有返回原始巫術狀態，而是變成高度組織化和軍事化，歐美現代科技武力所無法戰勝的，是那裡的人心僵死、是非善惡消解，那才是《黑暗之心》（電影原作書名）。

最近看的是終極版（*Apocalypse Now Redux*），大概柯波拉時代還沒有電腦特技，他拍戰爭場面借用彩色煙霧，直升機捲起黃色、轟炸爆起黑色，還有紅色紫色白色……平添螢幕上的一股虛假，糟蹋了直升機等真實道具，相比後來史匹柏拍的諾曼第登陸，恢宏的戰艦雲集、海岸強攻，伴隨子彈射進水下聲音發懵的細膩處理，真是小巫見大巫了。

不過這次卻看出了先前看不懂的所謂「超現實主義」（surrealism），即那些荒誕、反諷，才

1 即 *Parkland*，中譯《派克蘭醫院》，聚焦甘迺迪在達拉斯遇刺，送進附近一家醫院的故事。

是真正的「柯波拉經典」。他那一段空降師的空中攻擊，最為神來之筆，吉爾戈中校率領直升機編隊，大喇叭播放著華格納歌劇《女武神》序曲，衝向越共村落狂射濫炸，這種高科技武力與叢林裡嗜血原始暴力之間的張力，構成一種反諷，即韋勒上尉的旁白：「如果中校可以這種打法，又怎能指控寇茲謀殺呢？」

六、「寓教於悅」，不需動腦筋

可是，如此原創性的「娛樂化」經典，並沒有減弱美國青年依然崇拜直升機和所有 Top Gun，例證便是二〇〇一年《黑鷹計劃》（中譯《黑鷹墜落》）（港譯《黑鷹十五小時》）的賣座，此片以一九九三年秋，美國陸軍突擊隊在索馬利亞（索馬里）執行災難性任務的真實故事為背景，鏡頭裡摩加迪休城中的暴動黑人，跟柬埔寨叢林裡的原始土著如出一轍，他們蜂擁而來，被美國突擊隊員們點擊、掃射，像牲口一樣成群地栽倒，螢幕所給出的，除了電影視聽化的升級換代之外，柯波拉的「超現實主義」反諷成了一個「思想」神話，消失得無影無蹤，彷彿什麼也沒留下。

難道美國知識分子的批判意識跟老百姓毫不搭界？下面就用美國電影理論家愛德華・布拉尼根的解釋來結束本文：

> 好萊塢主流電影之所以具有強大吸引力，是由於它樂意表現簡單的喜怒哀樂愛恨等情感，以及暴力、性愛等人類的基本行為。這些電影在類型上已有定式，技巧上追求圓熟連貫、不露痕

跡，觀眾熟知這類影片的套路，並從預期中獲得滿足感。它直接靠影像來吸引人，不需要人們動腦筋去思考內容，這與大多數觀眾看電影時想要放鬆、追求直觀刺激的心理需求是相符的。這些主流片往往把實際生活中的問題簡單化、程式化了。

好萊塢電影賺的錢，有一半來自美國以外的全球市場，當它面向全世界觀眾拍片時，便要注重挖掘人性中普遍的心理和需求，而很容易忽略一個國家獨立的歷史和文化，這種傾向實際上損傷了電影的價值。

其實不然，恰恰是世界市場逼得好萊塢去鼓吹普世價值，否則沒錢可賺，這位專家不敢這麼說，是怕人罵他「西方中心主義」。在西方，娛樂圈和明星，幾乎已經取代了知識分子的功能，而在第三世界特別是中國，演藝圈還在繼續製造垃圾呢！

二〇一〇年四月十九日

鄧小平望海有點晚

海牙法庭裁決中國對南海沒有主權。「千年孤獨之後的黃河，終於看到了蔚藍色的大海。」這是《河殤》解說詞的最後一句，我至今可以感覺到它的滾燙。然而大海並沒有邀請黃河。「黃河來到了偉大而痛苦的入海口」——二十九年前《河殤》就預言了這痛苦，如今成了網際網路上愛國憤青們的咆哮，讓我覺得很荒誕。

八十年代只有少數知識精英「崇洋媚外」，大部分成年人還在黃土地上睡眼惺忪，而年輕人則哇哇叫地往海外、往沿海城市蜂擁而去，雖然鄧小平戰戰兢兢只敢開放一個深圳。那時候，趙紫陽在想海外來料加工，胡耀邦在想中國人能不能從吃穀物改成吃牛奶肉類，鄧小平則總在琢磨陳雲又會使什麼陰招兒。他們都絕對沒有關於航空母艦、南沙築島和「九段線」的想像力。那時中國只有「西洋幻想」而尚無海洋欲望，民間只湧動著一股掙脫封閉、無知、內陸的激情。

費正清寫《劍橋中國晚清史》提到：不知為什麼，當海上已經出現了來自西方的堅船利炮以後，整個中國政府的注意力，財政、軍備，重點還在對付西北——那時西北正在發生太平天國後期所引起的捻軍和「回亂」。中國政府的主要力量還在西北，沒有海軍，也沒有真正懂得海戰的人。高陽的小說《紅頂商人》也說，左宗棠率軍征西，清朝政府都沒有給他錢，他是靠胡雪巖去向西方人借銀子。中國當時有內陸的麻煩和壓力，一直沒有處理好海上來的問題。

鄧小平的「回亂」發生在天安門廣場。大清還沒找到「海洋」的感覺就垮了，鄧小平的政權卻存活下來，是靠屠殺學生娃娃而沒垮掉。所以當時中南海哪有心情做海洋夢？這不僅讓中國的「海洋欲望」晚了三十年，也叫這個政權受了釜底抽薪的戟傷。改革變成維穩。激情早已糜爛。

一、大一統欲望的延長

「六四」合法性危機，使北京喪失了對邊陲的凝聚力，也引發了「邊陲對中心的恐懼症」。疆藏兩地抵死（自焚、武力）抗爭；香港人則從疆藏的今天，看到了他們的明天，懼怕有一天港澳「中國內地化」；香港的淪陷，又激出台灣抵制「服貿協議」的「太陽花」學運，讓國民黨丟了江山。繼而，東南亞和環太平洋周邊的國家，也感染了中國邊陲的恐懼症——這恰是「中國崛起」的本質：中國不僅不會「分裂」，這個壞制度得勢了還要開疆闢土，對外擴張，於是東海南海從此不靖。

毛澤東一生沒有「統一」中國，此所以鄧小平高度重視「回收香港」，並視其為一生最大滿足，但他還是飲恨台灣。這漸漸慣出中共的一種「領袖情結」，誰上台都要以完成「統一大業」為最高業績；又則，「統一大業」也是這個政權代價最便宜的合法性補充劑，因為被「民族主義」馴化的老百姓最吃這一套，馬克思已經不靈光了。

以壞制度統合邊疆、民族地區，是近年來中共的成功經驗，因為它無須以老百姓感受為準，而是以試煉體制壓制社會的「馬基維利式」技術為準——今天我們看到，在其徹底控制下的新疆維族已近絕望，而達賴喇嘛的「中間道路」被拖成一盤死棋，藏族也看不到其他出路；香港人因特殊地緣而在無操作性的「獨與不獨」之間掙扎；北京唯有對鞭長莫及的台灣極盡訕笑。中國其實沒有什麼「海洋戰略」，它只是搞定了四個邊陲，心裡說何不索性去南海撒潑？

《河殤》當年沒說，黃河其實沒有流到出海口，就乾涸了。

二、造島：內陸型思維來到海洋

南海唯一的誘惑是石油。八九年鄧小平殺了人就說：「必須把經濟搞上去」，於是將中國轉換成一座「世界工廠」，近二十多年「掠奪式」的耗竭型發展，搞得資源匱乏非常嚴重，必須到海外去搶了。一個海洋地質學家大聲疾呼：「鄧小平的海洋政策就是把近海守住，韜光養晦，不與人爭利。但現在不行了，中國的石油有一多半都從國外運來，貿易也要依靠外國市場，如果再不爭取海上利益就會為人所制。」這是六四屠殺的邏輯後果。

可是南海既無島嶼，更無土地，如何說它「自古屬我」？中國喜好搬出歷史來證明領土歸屬，乃是一種標準的內陸性思維，因為華夏漢族兩千年來，便是從北方乾旱的黃河流域，漸次鑿殖到潮濕的長江、嶺南、雲貴地區來的，這種文化是離了土地就心虛的，腳下無寸土甚至不敢強詞奪理，哪裡像橫行大洋的海盜，搶到你家門口也理直氣壯。

所以中國南海造島，立馬勾起我的一個回憶。當年在山東煙台，我坐上一條小船，劃過蓬萊水城的拱門，一看到黃海就想：為什麼島國的倭寇可以渡海來打明朝，而中國人只能守在海邊，連想都沒想過要去日本看看究竟？為什麼歐洲的海軍炮艦可以全球游蕩，而中國的戚繼光只知道把長城修到海邊來？

西方人分析，南海造島是一個「維護國家面子，但缺乏戰略邏輯支撐」的政策，因為即使中國把整個南海變成它的內湖，也確保不了從太平洋一直通向印度洋、波斯灣的各條海上通道的安全，而投資研發新導彈對付美國航空母艦，對於解決中國的潛在安全難題作用不大，反而無端引發美國的對抗。

可是中國的想像力只有島，只要在海上堆土，心裡就踏實了。中國並沒有從大陸運載沙土石料去填南海，而是跟德國合作建造了一艘大型自航絞吸挖泥船「天鯤號」，以「吹填法」，採用南沙礁盤周圍大量的海砂造島，但依然造價不菲，據《金融時報》報導，以永暑礁為例，工程總造價約為七百三十六億元，連國人都驚呼：這哪是造島，分明是造大陸。這造價是個什麼概念？就算折價美元一百億，恰是美國地產大亨川普的身價——這爺們只值南海一個人造島。

三、政權保衛戰契合海洋戰略

對中國新的全球戰略「一帶一路」，西方分析家贊成「一路」而批評「一帶」（海上絲綢之路），說中國計劃在中亞地區開發一條通向歐洲和中東的新「絲綢之路」，可以替代過度依賴脆弱海上航線的「一帶」——其實「一路」穿過社會秩序徹底瓦解的戰亂中東，恐怕更「脆弱」。

不過這是中國人的business，不關洋人痛癢；只是西方分析家看不懂，中南海在南海怎麼玩，都不會輸掉什麼。如今大多數人已經淡忘，中國興起的後八九民族主義，直接跟太平洋有關，眼下遭遇「南海危機」，可以說早在預設之中。

九十年代初，人們預測歐洲已經衰落，北美也要衰落，而東亞崛起，將是下個世紀高度發展的地區。一九九三年鄧小平說了一句話「國際環境對我們有利」，指前蘇聯垮掉了，中國沒有北方威脅，可以走向太平洋了，當時中國出現很多說法：「太平洋時代」、「中華經濟圈」、「天時地利對我們有利」、「走向大洋練兵」、組建遠洋海軍、向俄國買航空母艦等等。

誰知中國面向海洋最先遇到的是「第一島鏈」，其中台灣島扼其咽喉；再往東又有第二島鏈，從日本群島向南鏈接印尼群島，封住了關於太平洋的一切。我們不妨以此來解釋近兩個十年裡在東亞和兩岸發生的所有摩擦，諸如台海「導彈危機」、「釣魚台列嶼」主權爭議、東海防空識別區、美國「圍堵戰略」、中國反日狂潮等等。然而壞事變好事，這也給中共創造了一種極好的外部環境，它對此的投資極具「戰略眼光」，將老百姓引向太平洋上最靠近的兩個島國，盡力釀造仇外情緒，馴化大眾的狂熱民族主義，恰好可以轉移他們對內部腐敗、專橫、不人道的憤怒，因為一個沒有聲音的族群是深仇大恨的。這裡還有一層歷史鋪墊：新中國對太平洋只有痛苦記憶，毛澤東一九五〇年派兵攻打台灣而全軍覆沒；蔣介石從台灣派飛機深入大陸，據說是激怒毛澤東搞「大煉鋼鐵」要造航母的誘因。情緒化常常是歷史的真正奧祕。

從文化角度描述這幅景觀，比政治、國際關係角度更準確。「反太平洋狂潮」（涵蓋反日、反台獨）及其伴隨的中文語境中的單向口水戰，極致是所謂「情節雷人台詞低俗的抗日神劇」大行其道，被網友用「四化」形容：戰爭遊戲化、我軍偶像化、友軍懦夫化、日偽白癡化——在沒有言論自由的社會裡，人性受到某種禁錮，社會人格的發展就被限制在一定的宣泄區域，如逞口舌之快，又藉網際網路獲得長足發展，氾濫無度，以此解釋中國人靠低俗、下流過嘴癮靡然成風，再恰當不過。這絕非僅僅「文化商業化」而已，背後須有制度化的政策和財力支持。

海牙一裁定，網上出了一個段子：中南海決心打大仗，是不必懷疑的，現在的問題是：一、戰場選在橫店還是中山影視城？二、戰役任務到底交給八一廠還是華誼兄弟？三、前敵指揮選馮小剛還是張藝謀？四、還用不用抗戰神劇名角、嫖娼被抓的黃海波？反正中國只贏不輸。

四、長程歷史的陰影

南海危機，說到底就是海洋和內陸的問題。

歷史學家余英時曾提出他的一個觀察，認為中國的歷史是從西北，從內陸亞細亞逐漸向海洋推移的一個過程。最初從漢代帝國唐代帝國所遇到的敵人，都是來自西北的，到唐以後，遼、金、元都是從東北西北，都是從不靠海的內陸開始，這是一個壓力，是少數民族對中國的壓力，不斷地把漢民族從黃河流域推到長江流域，從長江流域逐漸向海洋發展。余英時說這是一個從內陸來的政治壓力，一個代表西北的文化。中國的發展是從西邊向東邊，然後從北邊到南邊，慢慢地越來越接近海洋，這種發展一直沒中斷，但是遭遇到西北力量的影響時就有轉折。

他舉例，第一個轉折就是蒙古人的入侵。永樂心裡想的依然是蒙古人，明朝對大知識分子的侮辱不是中國的制度，自漢唐以來對宰相、三公九卿是非常尊重的，何以有後來這些嚴酷的制度，當然是從內陸民族帶來的，最早是金人，後來是蒙古人，然後是明朝人繼承下來。但到明朝，向海外發展已經很大了，永樂有鄭和下西洋，西方人研究文藝復興的，研究航海歷史的，都承認中國可以向西發展，它何以沒發展？主要是政治原因，永樂的宮廷政治不允許這樣的海外發展。由於滿清王朝比後期的明代帶著更濃厚的內陸取向，海洋中國的發展在十七、十八世紀受到了嚴重的政治阻擾。余英時總結：

我覺得海洋和內陸的問題是這樣一個問題，中國的政治是被內陸所左右的，經濟文化是慢慢向海洋發展的，所以政治與文化，經濟與文化有一種衝突，不是合一的，甚至是背道而馳的。這個衝突可以說一直延續到今天，我甚至可以說包括共產黨。它真正的基地是陝北，是在最貧窮的、也最能滋養原來內陸政治那一套的土地上發展起來的，在這種土地上發展的政權，有一種封閉性，就是關門主義，對外面是恐懼的，不放心的。歷史有時是奇詭的。近三、四百年來，中國內陸取向的政權雖然千方百計阻撓海洋中國的成長，但傳統的內陸文化，特別是家族組織和勤勞節儉的工作倫理，卻是中國人海外發展主要的精神憑藉。脫離了內陸政治的羈絆，中國的傳統文化反而能在新的經濟領域中發揮得更為暢快。

所以今天坐在中南海頭把交椅上的是一個陝北娃子，你不應該看成是一個偶然。

摸著石頭過海

鄧小平有句名言「摸著石頭過河」，是他的改革開放思路，我改一個字——摸著石頭過「海」，用來歸納這三十年中國的一種例外，即它從封閉、落後，走向發達、富裕，卻維持了一黨專制，甚至可以說，中共創造了一種經濟開放條件下的升級版專制體制。這是第二次世界大戰，以及冷戰之後的一個例外，是一條跟俄國和東歐不同的道路，也是對歐美所提倡的民主體制的挑戰。

一、差一點翻船

文革結束以後，鄧小平實行「對外開放」，但他並沒有什麼「海洋意識」，他最大的想像力是「開放沿海城市」，在一九八〇年最開始，只敢「開放」深圳、珠海、廈門三個特區，黨內保守集團陳雲等人還反對他。跟一百四十年前清朝政府被英國軍艦轟開廣東的通商口岸相比，鄧小平這一步，邁得並不算太遠。

鄧小平提拔趙紫陽當總理，負責對外開放，而趙紫陽也不過是借鑒「亞洲四小龍」六、七十年代的現成經驗，搞「來料加工」，他自己創造了一個說法，「兩頭在外，大進大出」，也就是原料、市場都是外國的，中國只出廉價勞動力，而這正是中國「經濟奇蹟」的訣竅，所以有人說，趙紫陽才是「改革總設計師」。

一九八四年鄧小平膽子大了一點，他讓谷牧[2]一口氣開放十四個沿海城市。不出五年發生了天安門屠殺，這個進程就停下來了，執行鄧小平開放政策的趙紫陽下台，鄧不知道怎麼辦才好，他面對「六四」和「六四」以後的蘇聯解體，用了八個字：「韜光養晦，絕不當頭」。

這裡發生了幾個問題：

一、今天人們都說，「廉價勞動力」讓中共占了大便宜，是它的「改革紅利」，但是中共從那個時候起，必須扔掉「社會主義」和「馬克思」這兩個東西，才能使用「廉價勞動力」。所以鄧小平、趙紫陽「摸著石頭過海」，摸到的第一塊石頭，就是資本主義，而且必須配套低工資、低勞保、無人權，以及大量產業工人下崗、失業，才能維持「廉價」優勢。這第一塊石頭，就埋下了日後中國發生貧富崩裂、社會對立、道德滑坡的深刻危機。鄧小平結束了毛澤東的「階級鬥爭」，卻製造了另一場新的階級對立。

二、趙紫陽在回憶錄裡說，當時陳雲重讀列寧的《帝國主義論》，把他叫去訓話，說「特區」等於四十年代帝國主義在中國的「租界」，引進外國資本很危險。陳雲的擔心看上去很迂

2 時任國務院副總理，主管經濟特區。

腐，可是後來發生的，卻是共產黨權貴的「權力尋租」，而且諷刺的是，正是他們自己的子弟，也就是今天在中國占有了二百個行業的二百個權貴家族，是最腐敗的集團和階層，當年就是陳雲主張由他們來接共產黨的班。

三、鄧小平最缺乏想像力的地方，是想不到經濟開放必定帶來社會、政治、文化的開放，也必定出現思想活躍、政治異議、示威抗爭。結果不出十年，天安門學潮爆發，中共不僅沒有應對大規模街頭抗議的絲毫經驗，甚至沒有非殺傷性的防暴武器，只好調動野戰軍攻進首都沿街大屠殺。從此這個政權就失去了合法性，必須永遠壓制對它的任何非議，所以很難講，開放對中共是一件好事。

二、跳海

「六四」鎮壓，對中共來說是一個意外，它向西方大開國門、大舉引進外資，瘋狂地把中國變成一座世界大工廠。所以我說它是「跳海」。

一九九二年，鄧小平發動第二次「改革」，我發現他的政策有了一個很大的變化。鄧小平忽然說了一句話：「國際環境對我們有利」，因為蘇聯垮掉了，以前它對中國是最大的威脅。那時中國的導彈都對著北方，軍事部署也是對付北方的。二十世紀的五十年代、六十年代與幾千年的格局沒有什麼大變化：威脅來自北方，目光還是對著北方；對東面的太平洋，沒有也不想有什麼作為。蘇聯垮台，態勢變了，中國的導彈不再對北方了，也開始提出要「走向大洋練兵」，想有遠洋海軍，也想去買前蘇聯的航空母艦，但人家沒有賣給它。

其實，真實的原因還是「六四」屠殺，鄧小平對楊尚昆、江澤民說，你們把經濟搞上去，讓老百姓過上好日子，他們就會忘記「天安門」；他也對李光耀說過：殺二十萬人，穩定二十年。接替趙紫陽的朱鎔基，不惜一切代價加入WTO，又任憑「圈地」賣地、國企「斷奶」私有化，都是為外資進入而「改善投資環境」；另一方面，是更徹底地拋棄「社會主義」，教育、醫療、住房三波「商品化」，國內老百姓稱為「新三座大山」——民間有諺云：「房改是要把你腰包掏空，教改是要把二老逼瘋，醫改是要提前給你送終！」最後落實到中國外匯儲備達六百五十八億（二〇〇五年），以及三十萬個「身價千萬的富豪」，只占總人口的百分之零點零二三。

所以鄧小平把中國經濟搞上去，獲益的只是西方國家和中國的極少數人，百分之九十的中國老百姓，只能算剛剛獲得溫飽，而西北地區和閉塞山區依然是窮鄉僻壤；不僅如此，數千萬至上億的農民工進城，形成「北上廣」[3]等幾個畸形都市圈，而廣大農村被拋棄，急劇地荒蕪和破敗，令中國城鄉二元對立更趨惡化。

還有一個可怕的代價，就是「世界工廠」把中國變成了一個大垃圾場，百分之八十的江河湖泊斷流枯竭，三分之一的國土被酸雨汙染，四億城市居民生活在重度汙染的霧霾底下；中國出現一個「毛派」，喊出了抗戰時期的一個口號：「中華民族到了最危險的時候」。鄧小平「摸著石頭過海」，最初想過代價問題嗎？

3 「中國起飛」後的三大都市圈：北京、上海、廣州。

到了這個時候，中國自然資源的枯竭，才變成它走向海洋、進軍全球的需要。《中國可以說不》的作者之一王小東，後來又寫了一本《中國不高興》，歸納了幾點：一是，中國「廉價勞動力」優勢，在國際分工上是「低技術」一端，此種經濟體的科技發展、國家安全皆受制於人，因此中國要使用國家力量向高技術一端轉移，不惜跟美國等發達國家發生衝突；第二，低技術又伴隨高消耗，即環境汙染和資源枯竭，於是「中國崛起」的題中必有之義，就要問鼎這個星球的資源分配：憑什麼美國人均消耗的自然資源，是中國的近百倍？他那個時候還沒想到第三點，即中國過剩產能和資本的出路，那就是後來出現的「一帶一路」戰略。

三、南海與內亞

鄧小平的開放，一開始只有沿海三個小城市，今天走到所謂「一帶一路」，涵蓋了六十個國家、數萬億美元投資、四十四億人，世界經濟體量的百分之四十，據說是世界史上最大的經濟項目。這是中國的一個成功還是災難？但毫無疑問，它是世界的一個新難題，至少福山（Francis Fukuyama）預測，「一帶一路」不僅將使中國向沿途國家「輸出」汙染工業，中國的獨裁政府也將獲得這些國家的肯定，對全球民主化乃是一個挫敗。

「一帶一路」這個巨大的中國野心，受到區域不穩定和各國自身利益的挑戰，是目前議論紛紛的話題。我這裡只想談談中國自身的限制。

今天中國面臨的麻煩，首先不是它和國際、它和太平洋的關係，而是北京與邊陲的衝突。中國與新疆、西藏，有民族矛盾，也有統獨矛盾，還有所謂「生存空間」、領土資源的矛盾。但是在中國與香港、台灣之間，只有嚴重的制度矛盾。只要中國不解決獨裁制度問題，它跟這四個邊陲地區的所有矛盾都無法解決。所以，習近平跟清朝一樣，也面臨著他的「回亂」——新疆的抗爭和分離，這正是北京設計「新絲綢之路」的基本動機；而西藏、新疆兩地，囊括中國四分之一領土、大部分礦產和戰略資源。其實疆藏問題，也就是內亞問題，都不是民族問題，而是漢族正統性的失敗和地緣政治的緊張，但是北京至今不肯設計一個平等的聯邦制方案。

第二，南海問題。前面提到，九十年代初中國認為，東亞地區在二十一世紀將有高度發展，歐洲已經衰落，北美也要衰落，東亞經濟要噴薄，中國在東亞有「天時地利人和」的優勢，一定要保持與東亞的良好關係，就能贏得改革開放非常好的機會，當時有很多說法：「太平洋時代」、「中華經濟圈」，一九九二年鄧小平發動「第二次改革」，也強調八個字「韜光養晦，絕不當頭」，這是一個明智的政策，但是後來北京沒有處理好台灣問題，將導彈對準這個島國，台灣海峽形勢非常緊張；再後來，又廢除香港「一國兩制」承諾。到習近平上台，對台灣、日本、東海、南海，都擺出一副咄咄逼人的架勢，拋棄了「韜光養晦」。

宋代以後，中國文明向整個太平洋地區發展，特別是明清以後，開發了南洋。雖然，內陸取向的中國政權一向是禁止海外開拓的，明朝的鄭和七下西洋，也只因為篡位的明成祖要找失蹤的建文帝，但是傳統的中國內陸文化，特別是家族組織和勤勞節儉的工作倫理，成為開發南洋的主要文化力量，這實際上就是中國的海洋文明。現在南洋諸國的早期歷史，都跟中國的移民、中國的海洋文明有關，那時並沒有中國炮艦的海外殖民，南洋史是一部和平的文明史。這個歷史經驗也很重要。

在共產主義受難者基金會《中國論壇》的發言
二〇一六年十月二十日，華盛頓

那廂升起過一朵蘑菇雲

中共導彈在東海的登場，發生了劇烈影響台灣政局、股票和人心的恐嚇作用，這種手法，乃是近半個世紀冷戰中使用頻率最高的霸權政治伎倆，由於支撐這種恐嚇的是一九四五年廣島長崎出現的「世界末日般令人心驚膽顫的連續巨響」，和全城的屍橫遍地，美蘇、東西歐和中國大陸的人民，著著實實地被恐嚇了五十年。這段恐嚇的歷史也真的改變了人類的文明。耐人尋味的是，中共導彈在這片海域登場的時效，正好與這片海域的廣島災難五十周年吻合，而美國正借此反省「廣島災難」。再沒有比這種時間與空間的重疊，更引人深思的了。

一九四五年原子彈的使用，起初讓人們意識到的，只是世界軍事史上一個嶄新階段的開始，因為大國間使用原子武器發生了人類能否繼續生存下去的問題。隨著時間的推移，再未被重複過一次的廣島長崎，逐漸變成一個倫理的慘例，高懸在人類良知的上空，形成一個對文明的淒厲詰問。人類答覆這個詰問的態度和智慧，至今還是非常低下的。二〇〇五年八月美國播出一部ＢＢＣ紀實性電視片《廣島》，只是試圖忠實地再現一九四五年的那個荒謬決策所產生的種種背景和細節，以政治和軍事的合理性，虛掩了深層的倫理焦灼。

二戰後期的太平洋戰爭，美國遭遇了被他們解釋為「一個不知道投降的民族」的焦土抵抗，美軍對日軍的越島作戰傷亡慘重，甚至一九四五年三月九日蜂擁而至的美軍 B-29 對東京的「火攻」，造成十八萬五千人傷亡，摧毀了二十六萬七千座建築物，依然無效，若攻入日本本土將更為慘烈。這是羅斯福放手讓史達林的機械化部隊橫越大興安嶺掃蕩中國東北的日本關東軍的主因，由此造下了韓戰和冷戰的後患。該片生動地刻畫了杜魯門和他的幕僚們，在決策過程中對尚未問世的「那個炸彈」的無知，連研製者的估計也是頂多殺傷二十萬人。這個數字在已經死了上千萬人的二戰正酣時，似乎毫不足以勾起杜魯門的惻隱之心。早就由克勞塞維茲所揭示的一條軍事定則：手段和目的之間的相適應，已經夠美國決策者拍板了。杜魯門向廣島長崎投放原子彈的動機是多重的：嚇阻日本的焦土抵抗，減少盟軍的傷亡，制止史達林對東亞的染指，甚至證明實施耗資巨大的原子彈工程的正確。當然影片也花了一半篇幅，再現日本從天皇到陸軍本部不肯投降的文化心理，為廣島長崎的災難找出了一個不該由美國承擔的責任。

只有當蘑菇雲升起以後，這一切才變成一種不可理喻也無法辯解的荒謬。然而，不要說政客們，就是多數從事原子彈和遠距離投射系統的科學家們，從廣島以後都清楚地知道他們的研究對人類摧毀能力的極端非正義非人道性，可是人類卻再也不能返回到這種恐怖武器發明以前的世界裡去，剩下的問題似乎只是如何聰明地使用這個惡魔，這就是半個多世紀人類的核崇拜和核競賽、核壟斷和核擴散的歷史。

史達林在廣島爆炸後的第二天，就派祕密員警頭子貝利亞負責原子彈的研製，一九四九年原子裝置爆炸成功，打破了美國的核壟斷。從此兩強之間的核競爭，都以追求抹掉對方的能力為目標，由此出現被稱之為「互相確保摧毀」的狀態，從導彈潛艇、中程彈道導彈、氫彈、洲際導彈直至星球大戰，一切只是為了縮短所謂的「導彈差距」，儘管耗費了任何其他工程和項目無法比擬的智力和財力，而所能達到的也只能是邱吉爾所說的「相互的恐怖平衡」，但核武器仍因其威懾力而被視為保持大國地位的廉價手段。

拿廣島人作犧牲所驗證的這種威懾力，被普遍地使用於冷戰的世界，構成一種大大超出任何傳統政治、外交手段的方式：核阻嚇。這在一九四五年只是美國迫使日本投降的一系列軍事手段之一，以後便成為核大國說一不二的殺手鐧，專門用來對付非核國。這就發生了核擴散。核阻嚇作為一種國際政治的超級模式，其效力常常不是作用於公眾而是首腦，它產生了對峙國首腦之間極為微妙的心理對話和較量，一九四五年那兩顆原子彈實際上是炸到天皇心裡去的；而一九六二年的古巴導彈危機，也是發生在甘迺迪與赫魯雪夫兩人內心的一場核大戰，這場較量啟動了核妥協。研究當代中國政治和外交的學者，很少有人從這個角度注意過核時代的政治文化，對二戰後中國大陸政權所產生的深刻影響：毛澤東的中國是一個被核阻嚇「擴散」出來的最不可測的核大國，這是一個由毀滅性恐怖滋養出來的政權，它在被恐嚇之中學會了一切恐嚇的祕訣。

毛澤東是一個奇怪的核武狂，而他畢生對「那個炸彈」的知識沒有超過廣島前的杜魯門。一九五七年十一月他出席莫斯科的共產國際大會時，獨自跳出來反對赫魯雪夫在核競賽上試圖對美國的緩和政策，赫魯雪夫很納悶，派米高揚去向毛解釋核大戰沒有贏家的道理，毛聽罷說道，原子彈是紙老虎，一戳就破，你們怕我不怕，中國有六億人，死一半還有三億，看誰敢跟我打！米高揚嚇出了一頭冷汗。會議晚間，毛開口不離原子彈話題，向他的祕書們提出一串問題：你說三國時「白骨蔽平原，千里無雞鳴」死了多少人？關雲長的一把大刀是不是原子彈？核大戰還能超過那個時候？

這不只是一種愚昧，而是被恐嚇後的心理反常。一九五〇年韓戰爆發，中國志願軍入朝後麥克阿瑟就曾對中共第一次使用核阻嚇。一九五八年在中共炮擊金門時，杜勒斯又對毛澤東使用了核阻嚇（此事竟惹惱了戴高樂，決心以核武力構築法國的獨立大國地位，一九六〇年法國核試爆成功的那天早晨，他高呼「法國萬歲」）。巡弋在台灣海峽的第七艦隊載有大量核子武器，使中共五、六十年代一直活在美國核阻嚇的惡夢之下。一九五八年毛有一次在南寧召開政治局擴大會議，夜裡發生空襲警報，說有台灣的飛機朝南寧方向飛來，而南寧沒有防空設施，連一個空軍基地都沒有，周恩來急調武漢的空軍過來。這廂所有人都下了防空洞，但警衛卻勸不動毛，此君硬是捧著一卷《楚辭》，秉燭通宵，第二天便當眾大發雷霆，說：「蔣介石現在還敢把飛機飛到我的頭上來，無非是仗著第七艦隊嘛，無非是欺負我們沒有鋼造航空母艦嘛」。這個細節，甚至是可以用來解釋毛利令智昏地發動全民（一億人）大煉鋼鐵運動，使大陸植被慘遭浩劫的最初動機。

歷史的複雜又在於，毛澤東的「核亢奮」主要是被另一個核大國蘇聯激出來的。一九五六年蘇共就以「蘇聯的核保護傘」為理由拒絕了中共對核技術的渴望，赫魯雪夫還加了一句揶揄：「中國同志想搞原子彈，我怕是要連褲子都穿不上的」，中國元帥陳毅大怒：「當了褲子我們也要搞兩彈（導彈、原子彈）」，於是由另一個元帥聶榮臻掛帥，傾盡國中精粹和家當，以壓倒一切國計民生的優先，和所有民用廠家的無條件協作，調上百萬軍工奔赴南疆，在荒野大漠裡終於「孵」出「兩彈」。一九六四年中國引爆了第一顆原子彈，當蘑菇雲竄上漠北青天時，中國人有某種一洗一八四〇年以來「靖康恥」的狂喜，大國心態便在那一瞬間從雄漢盛唐回到毛澤東和北京任何一條胡同的百姓心中，毛的「大救星神話」多少也是借助了那朵蘑菇雲，沒有它，兩年後爆發的「文革」狂熱和毛的隨心所欲都是不可思議的。所以研究中共是不能忽視這朵蘑菇雲的，其中微妙更在於，它同廣島那朵蘑菇雲所產生的對公眾的心理震撼，正好意味著南轅北轍的兩種價值取向。

七十年代初中蘇發生邊界衝突時，蘇聯曾試圖對羅布泊的中國核設施搞一次「腫瘤摘除」，據說幸虧季辛吉密訪北京時向周恩來出示了美國截獲的情報，才協助中共躲過此劫，從此中共的所有核武器都對準蘇聯，長達十九年之久，九五年對東海的發射，可視為中共戰略目標的重大轉移。不過，二十多年前蘇聯的未遂之舉，卻產生了核遊戲中不同於核阻嚇的另一新招：「外科手術」。這是借助電子引導的精確，避開對民眾的大規模殺傷而徑直對有限但高價值目標的致命打擊。試想當年若杜魯門擁有此術，難保他不會去「摘除」東京的天皇御所。五十年後雷根總統便有了這樣的想像力，以「外科手術」之法收拾利比亞的格達費，導彈精確地從千里之外逸入這位恐怖主義梟雄的祕密行宮，雖因情報不準錯過了他，卻炸死其愛子，好歹也讓他低眉順眼了一陣子。從外去猜度雷根的心思，他好像對老式的核阻嚇已無興趣，以為這種不能謀面的「元首外交」不如乾脆一點，避開大眾兩人對決，如同金庸的武俠，發一飛鏢將你廢了。在後來的波斯灣戰爭中，美軍又多次以「外科手術」法摘除海珊的核反應堆，卻也有失手的時候，炸了巴格達的民居，在美國引起公眾的譴責。

在核大戰的邊緣玩這種遊戲，雖要求元首有極高的智慧，但仍不免要公眾分擔恐懼，這使得越現代化的國家，其實是越玩不起。文明有時鬥不過野蠻，也是核時代一條不幸的規則，久已黯然的好萊塢大導演柯波拉拍的《現代啟示錄》就是想從越戰引出這個「啟示」來。先進的軍事裝備和經濟優勢，並不經常和自動地轉化為軍事效能。美國比北越的優勢不言而喻，照一些鷹派分子的說法，它可以把越共「炸回到石器時代去」，但美國卻輸了。

這是因為，第一，美國不能對從未對它造成重大危脅的敵人使用原子彈，這是一種倫理在起作用；第二，一個由「開放性社會」進行的戰爭，是一場被公眾在媒體前面「欣賞」著和監督著的沒有軍事祕密的公開化的戰爭，這種公開化的另一面，是公眾的心理和情緒注定要被硝煙殺戮激出恐懼、厭惡和良知來的。越戰的這種效果對美國人來說，一如第一次世界大戰對歐洲人的打擊，這使得美國在越戰中否定了它在第二次世界大戰中的英雄形象，甚至成為美國文明及其法制體系的一場危機。（鑒於這種教訓，美國對在一九九〇年進行的波斯灣戰爭就實行了新聞管制，以致公眾從電視螢幕上看到的戰爭，宛如任天堂的電子遊戲，仗打贏了，美國人自越戰被挫傷的自尊也跟著回來了。）第三，也是最基本的，就是克勞塞維茲所說的手段和目的之間的不相適應，北越人是被信仰（馬克思主義）、狂熱的民族情緒和專制維持的紀律所驅使的，胡志明宣布他的戰士甘願以十比一的比例同美國幹到底，美國社會沒有這種意志力，這是這場戰爭的基本矛盾。

工業文明給了人類阿拉丁神燈裡另一個恐怖的精靈（Genie），遠沒有迪士尼卡通《阿拉丁》裡的精靈那麼可愛，但他到誰手裡聽誰使喚的脾氣未改，只是到發達國家手裡的那個，被限制的反而要多，因為文明社會從經濟結構、政治制度到文化心理都會捆綁他，叫他絕對鬥不過巫師賈方手裡的那個凶惡的精靈。後冷戰時代的一大特色，是核武器落入一批區域霸主和宗教狂之手，核引爆點從西歐和中蘇邊界挪到以阿對峙的中東和印巴對峙的南亞，不確定性大為增高。對還在「核俱樂部」門檻外的大部分國家來說，他們只有被恐嚇的份兒。台灣海峽已經平靜了二十年，難道會成為下一個新的核引爆點？

八九流亡後初到台灣，我就說過一種「文弱」的印象，惹得很多人不快。我說那種印象的參照系是大陸的野蠻。我們是被核恐嚇過的一代人，也是挖過防空洞的一代人。我們在一種「原子彈文化」中長大的，知道毛澤東的霸氣來自哪裡。八億人都是他手裡的籌碼，所有城市的地下都被他一聲令下挖空，西南的大山裡鑿了無數的巨型廠房。今天，誰有證據說，毛的核性格不會遺傳給他的第三代傳人呢？我只是覺得，冷戰雖逝，冷戰所孕育的核性格會活下來。溫柔富貴鄉裡的人們，多少也要了解一點這種核性格、核文化，才不致恐嚇一來就亂了陣腳。同時，戒嚴體制不復存在，政治家在一個開放社會裡能玩的牌不多，能冒的風險很有限，民意也是變幻莫測、趨利避害的，這是民主的代價。我想最要緊的是，別忘了對岸不只是市場和山河，那裡曾升起過一朵蘑菇雲。

一九九五年八月二十日

發現東南一段蔚藍色

三百多年前，一個中日混血兒在中國東南海面上創立了一個歷史的開端。至今人們沒有去想過，那是逸出大陸上五千年華夏格局的一段新的文明史。極具象徵意味的是，在這個海洋地區，二十世紀出現的所謂「東亞文明」，恰好是中國文化與外來文明（西方的、日本的）之複合形態。

這片海洋對今天的中國意味著什麼？在我們「華夷大防」的視野裡，只有荷蘭人的殖民、鄭成功的反清復明、零丁洋的炮艦、春帆樓的恥辱和台灣的割讓。除此之外，什麼也看不見。我們長期被壓抑在近代痛史的惡夢中，只曉得我們的祖先一敗塗地，只記得被焚毀的圓明園和那艘沉沒在黃海的鐵甲艦「定遠號」，而未曾尋覓過那段痛史之外的種種努力，以及它對今天的意義。

悲嘆內陸敗於海洋，這是《河殤》的一個主旋律。它把東西方截然劈為黃色文明和蔚藍色文明的說法，頗受質疑。眾家批評之中，余英時教授說，自南北朝開始，中國文明的重心移向長江流域，宋明以後，又向海上發展，開拓了整個南洋，又有連續幾個世紀的海外大移民，怎能說中國沒有海洋文明呢？我聽了怦然心動。最近，又讀到了關於這個海洋文明的最新描述——《天下》雜誌

〈發現台灣〉特刊，以從未有過的獨特視角，展示了這片婆娑之洋上被湮沒的蔚藍色。

看了這本特刊最後附上的長長參考書單，我便釋然：只有心平氣和以後，我們才會重新發現歷史。

一、鄭成功差一點就是查理曼大帝

〈發現台灣〉的獨特視角，在於它的著墨點，是台灣在空間和時間上，怎樣脫出而又滯入中國舊格局的那反反覆覆——十七世紀初，不論海盜鄭芝龍還是荷蘭人的到來有多麼偶然，在那片洋面上，兩個世紀前鄭和開通的南洋航線已經繁忙起來，而「為了胡椒和靈魂」東來的西方炮艦也出現了，處於航海通道上的台灣，反正是要被某種文明格局攏過去的。問題就在於，當與貿易、競爭、征服相聯繫，以海洋勢力為整合的時代和體系已經光顧這塊化外之地，而中國的舊格局仍然會對它有巨大影響。嚴格地說，在安平時代之前，「台灣是一個空的社會」，所以，並非荷蘭人「無意中把台灣拖離中國歷史的軌道」，因為它並沒有在中國歷史的軌道上。

荷蘭人和鄭芝龍都是在明末大危機時，垂手得到台灣。由海盜和殖民者在一個「空的社會」創造的歷史開端，雖然是全新的格局，但又幾乎沒有歷史可言。荷蘭東印度公司以公司企業體的方式統治台灣，一切為了用稅收方式拿走利潤（一六五〇年純利四十萬荷幣），這種殖民掠奪的管理方式，儘管是黃仁宇先生所說的用「數字管理」的先進格局（這是開出工業文明的基礎），但在台灣卻並未開出新文明。君不見，當年荷蘭人用西班牙文命名的好幾座城，「名字大都不傳」。西方人用殖民方式，能不能移植他們的文明，在印度是一種失敗的例子，而在香港和新加坡則是成功的例子。至少，在這三個地方，他們不僅建立了公司管理體系，也建立了文官和法治制度，而歷史給荷蘭人的機會只有四十年，一切都來不及。鄭芝龍這樣的亂世梟雄，可因台灣地理之便，趁大陸政權無暇東顧，而坐收通洋之利（黃宗羲說一年有好幾千萬），這自然是不懂海關稅權的明朝政府拱手讓給他的，但他除了當一個衣錦還鄉的海盜，在家鄉大興土木之外，甚至不可能成為一個封建割據者。他對歷史的唯一影響，是把在日本出生的兒子弄回來，讓他接受中國正統教育，給了兒子一個永難泯滅的中原情結和大一統理想。因此，在我看來，安平前史雖給了台灣一個具有轉口功能的商業化的基礎，它卻無法成為威尼斯。

更有意味的歷史嬗變發生在鄭成功身上。這位雄才大略的人物登上舞台的時候，正是中原易主，中國大結構破碎之際。以他從父親那裡接收下來的龐大勢力，他對中國海上航線的絕對控制，他精通組織海上貿易（特刊關於「山五商」和「海五商」的描述令人叫絕），台灣當時極微妙的地緣政治狀況（基本處於真空），以及他在戰火頻仍的中國本土之外創立的東南繁榮，他是很可以真正把台灣納入一個新的時代和體系，從此不走中國的老路。倘若說有「封建」的可能，則莫過於此時此人。這讓我聯想起八世紀西歐的查理曼大帝。那時西羅馬已經被匈奴滅掉二百多年了，穆斯林什葉派橫掃地中海沿岸，漸漸逼近西歐。西元七三二年的普瓦捷之戰，剽悍的法蘭克國王「大錘」查理（Charles the Hammer）擊敗穆斯林，逼其從此退出庇里牛斯山外，不能進入西歐。偏安於戰亂頻仍的昔日「羅馬世界」之外的西歐，因此自成格局，進入封建社會。

也許，今天人們都惋惜鄭成功何苦要以一海島獨抗中原，白白將東南大好局面又纏進舊的歷史格局中去。明季清初，皇帝都不想要台灣，後來只為滅鄭氏而攻占它；明鄭兩世而斬，一如歷史上許多短命小王朝，不成氣候。如此等等，恐怕都怨不得哪個歷史人物。畢竟，在十七世紀，雖然西方文明的突變已經做好了種種準備（那是上千年的一個漫長準備），而包括中國在內的其他文明都根本沒有覺察到世界將要進入新的格局的時候，在亞洲大陸和太平洋西岸，中國文明依然是那裡的強勢文明；以北京為中心的政治生態結構，也還遠未衰落（不像西羅馬滅亡後，地中海作為一種政治生態也不復存在了）；甚至，中國文明作為一種生活方式，對邊陲還有很大的吸引力，從海上進入中國文明邊陲的西方力量還較微弱。這都說明鄭成功為何不把台灣拖出中國舊格局，而一心要去「復明」。「復明」作為一種政治理想，甚至到孫中山時代還存在。

歷史的有趣就在於，鄭成功這樣一個中日混血兒，偏偏給台灣帶去了中國的文化和制度，這一向被認為是他的歷史功績。若按照今天的看法，恰好是他把台灣「拖進」了已經注定要落伍的中國軌道，然而，這卻是台灣得以擺脫蒙昧的第一步，畢竟，那時台灣將要進入的是農耕社會，而不是工商社會。

二、關於「華夷秩序」的顛倒和文明中心與邊陲的易位

今天回首三百年歷史，對東亞社會來說，其大勢幾乎就是一件事，即所謂「華夷秩序」的顛倒，以及連帶發生的文明中心與邊陲的易位。對前者，被顛倒的不僅是中國與西方的位置，也包括中日的位置，經過百多年的一再挫敗，中國人基本認輸，漸次墜入急功近利的「學習」和極度敏感

的排外主義之中，內心卻一直抱著「要把顛倒的秩序再顛倒過來」的強烈民族情緒。然而，對於中國文明內部中心與邊陲的易位，至今沒有多少人肯承認。以致近半個世紀來，中國大陸在經過了一段成為「世界強國」和「革命中心」的虛假歷史，中心再度衰落以後，大一統結構又陷入分崩離析。

「華夷秩序」這個概念，本身就蘊含著中國人極為短淺的我族中心主義和文化優越感。不必追尋到太遠古，至少，從所謂世界文明的「軸心時代」開始，基督教、儒家、佛教、伊斯蘭教等幾大文明，是並駕齊驅的幾個不同體系，此間沒有「我優你劣」的所謂秩序。正是中國傳統當中蘊含著將文明劃為優劣的某種世界秩序，才從中國文明內部引出對於自己跌為弱勢文明的劇烈反應，即〈發現台灣〉特刊中所說的那種樞軸文化，對於接受外來事物有否定自己似的刻骨銘心的痛楚。不過，也有學者指出，像中國人在「五四」以後這樣全盤否定自己傳統的現象，也是世界罕見的。這當然也是因為對文明有優劣之分的觀念所造成的，排外與崇洋、守舊與獵奇、優越感與自卑感、民族恥辱與民族虛無，這些兩極化的思維，在成為衰勢的中國文化中統一得極和諧。

特刊在描述台灣歷史中所作的關於中西、中日兩個層次的文化比較，綜合了許多學者的洞見。也只有從台灣這樣一個處於中西、中日衝撞地帶的特殊文化位置上，才可能把以往大而化之的籠統比較，變成這種可以把握的具體而微的歷史過程。我想，把近百年中西文化衝突的研究，從聚焦於中心移向邊陲，更重視承受外來文化衝擊、濡染強烈得多的沿海地區，對中國的現代化研究恐怕更有實質意義。今天的「東亞文明」，其孕育過程就發生在這些曾經是古典世界的「鄉村」和儒家文明的邊陲地區。事實上，成為西方前現代過程的封建化，也是從羅馬世界的「鄉村」——西歐孕育出來的。基督教文明往昔的樞軸，如希臘、羅馬，也早就衰落了。解釋現代歐洲的出現，有一個重要課題，就是如何解釋羅馬帝國與西歐封建制在文化上的斷裂與連續，拉丁文、羅馬法、基督教這三樣東西，如何從一個帝國的結構中，存活到西歐那些小得多的政治單元中去的。我想，類似的文化變遷過程，同樣發生在東亞地區。

例如，明清和德川幕府同樣是閉關鎖國，而後者的封建化與前者的高度中央集權，就導致了對世界大變局的不同適應；同治中興與明治維新的比較，也凸顯了徹底學習與「皮毛改革」兩種應對文明挑戰方式的本質差別——過去，人們一直只注意戊戌變法與明治維新的比較，其實，大陸稱為「洋務運動」的同治中興，才是決定中日易位的第一場較量，甲午海戰就是這場較量的結局。中國因甲午戰敗大受刺激，從此跌入病態；戊戌變法的失敗，又使政權中樞喪失改革的合法性，至此只剩革命一途。特刊關於「岩倉使節團」（清朝後來也有「五大臣出洋考察」）、《自助論》等描述，都很有特色。這些，也都頗能說明樞軸文化與邊陲文化的差別。

當然，對東亞各民族來說，這種文化變遷要遠為複雜。如何繼本傳統和融合新傳統，變成一個很難調適的文化奧祕。在中西比較這個層面上，僅僅從哲學上的理性主義（實證、精確、客觀）和文化心態上的開放與否來解釋，還是單一的視角。在兩個原初價值不同的文明體系之間，僅僅以現代化為座標論成敗，常常導致把結果當作原因的偏鋒思維，我在《河殤》裡就被這種很能引起內心衝動和靈感的思路所駕馭。近來我越來越覺得，恐怕在非功利、無座標、多層面、無價值判斷的前提下，文化的比較才是可能和有意義的。畢竟，從今天的結局反推出來的答案，縱使正確也只是歷史現象，無法套用於並非重複歷史的今天。此外，文化的變遷，恰恰是各種非文化因素交互作用的未預期後果，實非人們可以事先預設和控制的。以西方文明發展的軌跡，來論證中國文明如何不是這個軌跡，等於論證「梨樹為什麼不結蘋果」。我們作了太多這樣的比較，並不能說明問題。

三、多元的歷史來源：台灣之幸運與困境

今日台灣與東亞的繁榮，創造了西方以外唯一的現代化奇蹟，也引出了不同於西方的後現代困境。這個問題，自然也有其歷史原因。

〈發現台灣〉的資料組成，使人頗可見出這個島國錯綜複雜的歷史積澱。不過三百年，荷蘭殖民、明鄭割據、滿清之初八十年封島、清末中國最先進的現代化嘗試、五十年日據，再加上超過七十年孤懸海外，真正納入西方體系，台灣在不同時期，獲得差異極大的文化資源，彷彿一棵樹被嫁接了多次。毫無疑問，多元的歷史來源，是塑造今日台灣的合理解釋，只追尋儒家傳統一個來源，顯然不能立論。特別是日據時代給台灣打下的基礎，特刊沒有迴避，作了客觀的介紹，肯定這段歷史的意義。從土地私有化、行政、法治、教育等制度性的建設，直到「一人掃五家」的民風的培養，都不是中國傳統的制度和文化所能做到的。雖然是痛苦的殖民地遺產，但的確使台灣吸收了日本百多年向西方學來的精華，在不情願之下獲得了質變。

但同時，多元的歷史來源，也埋下了台灣社會難以根治的內在分裂性。這主要是不同文化來源所造成的文化認同的分裂。台灣社會三百年，從未有過穩定的文化整合過程，「社會欠缺主導禮教的仕紳階級」，也未能形成自己的精緻文化（三百年大多是亂世）。事實上，台灣的文化人在

不同時期一直扮演社會反叛角色，一路反清、反日、反國民黨反下來，無法承擔文化整合的使命。反之，一個文化上未整合的社會，只靠威權（滿清的酷政、日本占領者、一九四九年後的戒嚴體制等）壓服，更加深社會的內在分裂。（遲至二〇一三年，我在台北偶見一本杜正勝散文集《台灣心、台灣魂》，說「台灣無史」，其實是文明史太短，近代又因政權懸空而一再被外力「殖民」，故而「歷史情結」一層壓一層，如原住民對漢人、統派對日本、獨派對中國，五味雜陳，很難從日本殖民中承認「近代化」的積極、從漢人移民中承認文明的移入。又及）

總之，《天下》這期特刊所打開的台灣歷史畫卷，抹著一種海洋的蔚藍色。它大概是中國文化的邊緣色彩之一。中國或許還該有游牧文化的草綠色、高原文化的褐紅色等等。可惜，他們還都被埋在那中原文化的土黃色底下。我想，文明由中心向邊緣的轉移，已是中國的大勢。我已經不再把中國未來的期望，寄託給氣數已盡的那個「中心」。雖然最近從北京還傳出一群太子黨人的頗類似當年滿清昏君的聲音，他們說，區區幾個邊緣海島，能成什麼大氣候？他們實在沒有那種眼光可以看到中國文明的新色彩已經在邊緣泛起。他們將會同大清一樣，輸給歷史。

一九九二年二月

「堅船利炮」的故事

一百五十年前，發生在台灣最南端的一個偶然船難，引發了島上閩、客、原住民以及美國、清朝多方一觸即發的戰爭，最終由於斯卡羅頭領的智慧，簽下台灣第一份國際和平盟約「南岬之盟」，紛爭終得落幕。這個故事今天終於拍成一齣大戲、一部史詩，二〇二一年八月在台灣上演。

一、千古一見

說它是史詩，值得大書特書，並非虛言，因為台灣被稱為「南島語族」發源地，在六千年前從這裡擴展到浩瀚洋面上，逶迤南下掠過印尼群島、菲律賓，再到南美洲西岸外海的復活節島，直達非洲東部外海的馬達加斯加島，一個海洋文明，相對隔絕，而它的原鄉，居然奇勝「堅船利炮」之西洋軍隊，並得以締結和平，然而就在這次船難二十七年前，英國的「堅船利炮」攻陷了海峽對岸並不遙遠的廣州，再遲到一九〇〇年八國聯軍攻陷北京、燒掉圓明園，大陸板塊上的千年輝煌文明，反而不堪一擊。

一敗塗地的大清，曾經嫌棄台灣這個「蕞爾小島」，對斯卡羅等原住民，從未正眼瞧過，一概斥為「生番」、「化外之地」。

這是一個歷史奇蹟。被海洋包圍、在文明演化數千年之外的人類，與歐亞大陸的探險者、航海者、殖民者相遇，則是一個更大卻充滿血火的故事，最著名的，便是秘魯高原上的「千古一見」。

我在《鬼推磨》中寫過一個「文明滅絕史」的章節，從西藏文明在今天發生滅絕危機，聯想到印第安文明當年的「免疫力悲劇」：

湯恩因比在其《歷史研究》中，從文化與圖勘定地球上（或他所謂的「生物圈」內）二十一種文明，其中有七個存活到今天，十四個已經滅絕……其實湯恩因比早已說了「文明衝突」，何時成了杭廷頓的發明？湯氏極言各類文明在空間上的接觸（征服、殖民、奴役、掠奪），背後都是所謂「高級宗教」在做驅力，西方基督教從中世紀晚期至二戰烽火寂滅，已睨視環球無對手，卻不料從俄羅斯冒出個「共產主義」來，定睛一看，它不過是披著馬克思外衣的俄國東正教……

文明衝突唯有「優勝劣敗」，是個老黃曆了，湯恩因比大談「自然法則」，又駁斥史賓格勒的「命運說」，但是按照他的「挑戰與應對」範式，弱勢文明的滅絕，依舊是命裡注定。〈文明在空間的接觸〉一章中，他逐一詮釋近代西歐與東歐、遠東、中東各文明的縱橫捭闔，卻對美洲本土文明寥寥幾筆帶過，定義為「應對困難局面不成功」。

印第安文明的悲劇根源，後來在生理學家賈德・戴蒙的研究和著述裡有了最新解釋。他濃墨重彩地書寫一五三二年底秘魯高原上的「千古一見」——率領八萬大軍的印加帝國皇帝，居然被西班牙入侵者皮薩羅所生擒，這個無賴手下只有一百多個烏合之眾，人力懸殊是五百倍以上，然後戴蒙問了一個問題：「為何印加皇帝不能捕獲西班牙國王？」給出的答案，近因包括槍炮、武器和馬匹的軍事科技、來自歐亞大陸的傳染病、歐洲海軍技術、中央集權的政治體制和文字等等，遠因則是所謂「自行發展糧食生產業」（food production arose independently）的領先群倫、所向披靡。這套理論，不過是把西洋「堅船利炮」說——曾令大清一敗塗地，又往前倒溯了三百年而已，一八六〇年僧格林沁的兩萬五千蒙古騎兵，不是也在京郊八里橋呼嘯衝向英法聯軍，結果只有七人生還嗎？

那位可憐的印加皇帝後來被皮薩羅囚在一間小屋裡，作為人質向印第安人索取贖金，一俟黃金堆滿屋子，他就被殺掉了。戴蒙說，這個事件是「世界史的一扇窗，許多殖民者和土著的衝突，跟皮薩羅俘獲印加皇帝有異曲同工之妙」，我便立刻想到班禪喇嘛，他不正是被北京「囚禁」了一輩子，而向西藏索取的贖金，豈是黃金可以比擬？戴蒙特意詮釋印加帝國的天真、無知、輕率中計，背後乃是文化作祟，如印第安文明未產生文字、新大陸的隔絕使資訊閉塞、從未面對入侵者而無從生出戒備心等等……。

「文明相遇」從來就是征伐驅趕、招降納叛、改土歸流，賈德・戴蒙又添加了一個「語言代換」過程——斯卡羅的故事提供了另一個全新的向度。

二、一言喪邦

「秘魯高原上的『千古一見』」，對中國近現代史影響劇烈——我在另一本書《瘟世間》中，又進一步詮釋：

印第安人因隔絕而無免疫力，被西班牙征服者帶來的細菌滅族，這就是中國如椽大筆梁啟超所恐懼的「亡國滅種」，這是一個虛言嗎？晚清士大夫誤讀西典而迷信「天演」觀與弱肉強食，也是過度緊張？恐怕當年嚴復他們並不確知西班牙殖民者征服美洲的細節呢！新大陸土著因免疫力不足而亡於瘟疫，乃是現代生物學揭示的真相，而最早的抗生素要到一九〇一年才出現，免疫控制的整套理論構架遲至一九七四年才完備。

然而，從思想史的角度去看，在激進思潮澎湃的中國近代，又沒有第二個人對後世的劇烈影響能與這個「筆鋒常帶感情」的「飲冰室主人」相匹儔，「一紙風行，海內觀聽為之一聳」，黃遵憲甚至說他「一言興邦，一言喪邦」。只須稍爬梳一下，「亡國滅種」的危機意識在中國刻骨銘心、百年不泯，其催發戊戌變法求「全變」、「速變」、導引「五四」啟蒙救亡於先，遵奉馬列、躬迎專政、聊發共產及「文化革命」狂想於後，激進思潮如水銀瀉地，覆不可收，尋此濫觴，追溯上去，驚駭一世，鼓動群倫者，非梁任公莫屬，而後來在歷史舞台上風流過的人物，有誰不曾被他那令人「攝魂忘疲」、「血沸神銷」的文字觸過「電」，包括毛澤東在內。難道這個邏輯是，新大陸的「細菌戰」之未預期效應，竟在大洋另一端的東亞桑梓，誘發了近現代激化思潮，進而導致蘇俄暴力革命元素乘虛而入，將神州浸入血泊？

激進化的後果不是「亡國滅種」，而是「亡黨亡國」，可是中共以「韜光養晦」之計，「全球化」之框架，廉價勞力之優勢，利用西方牟利本性榨取它，自己則成功穿越合法性、市場化、網際網路三道關隘，實現了「數位化列寧主義」的崛起，西方大夢如鼾；而西方失去「領先」，又在歐洲受福利主義拖累而過早衰落，美國則技術被偷、貿易被騙、領袖被唬，讓中共當小孩一樣耍了好幾任總統，終於悔青了腸子。

經濟學、政治學、思想史，一切從十八世紀誕生的典範，都在瘟維度裡被顛覆。假如你熟悉思想史，就會懂得我們今天的一切，包括苦難、愚昧、饑荒、文革、貧富，一直到中學生恨透了高考而跳樓，其實都跟嚴復、梁啟超，以及他們「誤讀」的「秘魯高原上的『千古一見』」有關。

可是，發生在海峽對岸的這個故事，我們從來就不知道，雖然它很近很近……。

三、百越密碼

斯卡羅這個故事，最先是由台灣名醫、著名歷史小說家陳耀昌說出來的，他寫了一部小說《傀儡花》，影集《斯卡羅》即由它改編而來。

二〇一八年底我去台北觀選，由季季引薦，名醫兼暢銷書作家陳耀昌，在老爺飯店設宴招待我，當場送我兩本他的巨著《傀儡花》和《島嶼DNA》。

陳醫生豈止是小說家，他還是一個人類學家，以「幽門桿菌」創立一門「細菌人類學」，十足一個亞洲的賈德・戴蒙。他從人類學解釋中國的人種劃分，是最令我心醉的：

目前科學家一致認為，六、七萬年前，人類出走非洲後，有一支沿喜馬拉雅山南麓由印度次大陸進入中南半島，再由越南北部往北推進到大陸東南沿海，這就是百越的祖先；另一支繼續北上到黃河流域，成為北方純種漢人始祖。

這樣他就以人類學，劃分出中國自遠古，就分南北兩種人：漢人與越人，又稱「華夏與百越」；他又發現鼻咽癌這個「百越密碼」，假設約兩萬年前這種基因突變在百越人身上發生，而數千年前有一群百越人，跨過海峽，他們就是台灣的平埔及高山原住民；然後他們的基因又發生幽門桿菌的變異，使之異於留在大陸的百越族。

當然，他也以這個密碼搜索那浩瀚洋面……。

中國文明大趨勢，「中唐轉折點」，即指「安史之亂」，從此北衰南盛，越變越南，近代走到海邊，恰好遇到「堅船利炮」，也恰好有一個「斯卡羅」的故事發生，卻不在華夏文明之內，而是在「化外」……。

輯二

地緣「達爾文」

大結構與帝國解體

這個世界完結過多次。三千年前，赫梯人洗劫了巴比倫。西元前六一二年，亞述的尼尼微破城。一百年後，控制黃河流域三個世紀的周室東遷，天下大亂。在西方，希臘城邦的民主和自由，到西元前三三八年終結了。又到前三十年左右，延續了三十個王朝的古埃及，和亞歷山大大帝的希臘世界，同時滅於羅馬人之手。西元五世紀前後，黑白匈奴大氾濫，古典世界瀕於坍塌，西羅馬傾覆，中國分南北朝，波斯奄奄一息，印度笈多王朝滅亡——每一次崩潰，在當時人看來，都是世界末日，但其後又總有更燦爛的文明湧現。

一九八九年那場血光之災後，中國人對自己的未來，除了大崩潰的恐懼，彷彿沒有其他更樂觀的看法。鄧小平說，如果共產黨垮了，中國就會崩潰，亞洲就會混亂。知識精英們說，中國一旦失去權威，就會重新陷入封建割據、軍閥混戰、生靈塗炭。海外一些名流，每每也拿東歐和蘇聯說故事，極言其後果不堪。這一來，中國老百姓嚇住了，他們說，算了吧，鬧個兵荒馬亂，還不是咱們當百姓的遭殃！我自己好像也頗相信此類「崩潰」說，讀了那本《黃禍》[4]，出了一身冷汗，寫了一通談「黃」色變的文字。這些看法，與其說是對未來的冷靜分析，不如說是某種強迫性的歷史記憶使然，它們大概包括：世界的（羅馬帝國解體後的黑暗中世紀）、近代的（大清帝國崩潰後的軍閥割據）以及眼前的（東歐共產體制消亡後的亂局）。中國人一時看不到出路，就只好拿這些歷史記憶互相嚇唬。難怪哈佛大學的史華慈教授（Benjamin I. Schwartz），在一九九〇年夏天的一個討論會上嘆道：傳統中國的政治總是徘徊在一個固定的形式上，不曾出現其他的選擇（Alternative），似乎只要能維持天下不亂，便不曾好好思考另一種政治形態的可能性。換一種思路去對付那種令人窒息的預設的「崩潰」說，或許有柳暗花明之感。

一、古代世界的終結

「對我這個愛爾蘭人來說，羅馬帝國的完結是無所謂的。」

布朗教授（Peter Brown）笑咪咪地對我們說。他在普林斯頓大學專治古代史，一九八九年發表一本專著《古代後期的世界》（*The world of late Antiquity: AD 150-750*）。這本書提出一個看法，從西元一世紀到八世紀，許多古代文明毀於蠻族鐵蹄，過去史家都認為，世界漸漸進入無文化的黑暗中世紀。但恰好在這個時期，從古羅馬衰亡中孕育的天主教（西方）、拜占庭的東正教（東歐和俄

4 大陸作家王力雄所撰政治寓言小說，虛構黃河潰決引發中國崩潰。

國）和穆斯林的回教（阿拉伯），構成一個新的文明格局。這個格局一直延續到今天。

那天布朗教授應邀來給我們講一個題目，叫作「古代世界的終結」。開宗明義他就提出一個問題：西元四七五年西羅馬滅於哥德人之手，這個龐大政治結構的終結，意義何在？史學界對此一直有截然不同的看法，最難解的一個矛盾就是：一方面，西方歷史是一個連續的歷史（羅馬法、拉丁文）；另一方面，西歐的文明恰恰又是因為羅馬帝國的滅亡才成長起來。如何解釋這種連續和斷裂？

演講前，布朗向我們推薦了另一本書《穆罕默德與查理曼大帝》。此書成於一九三五年，作者亨利・皮朗（Henri Pirenne），是一個比利時的反日耳曼主義者，曾被關進納粹集中營。書寫完十天後，皮朗去世。此書以極豐富的材料，證明西羅馬滅亡後，羅馬的經濟和文化並沒有完結，而是在比較小的結構中存活下來，演成新質。因此自成格局。皮朗此說，一舉將中世紀史提前了三百年。

二、大結構控制力可疑

布朗說，把羅馬的政治結構，與它的經濟、文化分開來看，這是皮朗的一大貢獻。皮朗並不覺得羅馬政治結構的終結有那麼重要。他把地中海看作一個生態單位，是羅馬的中心，有如中國的長江和運河。地中海交通快捷，從羅馬到埃及走海路，只需十天，走陸路卻要一個月，而且運費高出五十六倍。因此，西元四七二年羅馬城的陷落，以及君士坦丁堡又延捱了一千年，其實都不重要。

倒是西元六四二年伊斯蘭海軍攻占亞歷山大里亞港口，控制了地中海的制海權，羅馬帝國真正不存在了。所以，羅馬的滅亡，是一種生態的滅亡。

然而，皮朗又指出，正因為「地中海生態」消失了，昔日帝國的貿易和稅收不復存在，西歐君主們只有靠土地的稅收來維持財政，農民只依附地主，職業軍隊沒有了，世界統一的感覺也沒有了，這才逼出一個封建主義。

我不知道，皮朗的這種「分離法」能否用於中國歷史。我只知道，雖然我們頗為「中國的封建社會為什麼這樣漫長」而苦惱，其實我們壓根兒沒有真正「封建」過。大概，不是因為封建制而漫長，恰恰因為沒有封建制而漫長。漫長的不是封建制，而是別的什麼東西。是不是羅馬式的那種大的政治結構？金觀濤[5]先生曾有「超穩定結構」之說，然而，果真有「超穩定」的東西，那不會是政治結構，而是文化的連續性。至少，按照皮朗的說法，一個社會的政治、經濟、文化不會「一榮俱榮，一損俱損」，那麼，說中國社會高度整合不易轉型，說中國不整合不統一便沒有現代化可言，說中國一旦失去共產黨的權威就會「灰飛煙滅」，大約都是神話。

我想，羅馬的政治結構，又何嘗不是一種生態現象呢？帝國體制的功能，集中於征服世界，從北非到撒哈拉，從西班牙到不列顛，這樣大的結構，本身就是一個不自然的東西，其控制力是很可疑的。帝國在其漫長的邊境駐紮大量常備軍，沿英格蘭北部、萊茵河甚至北非，都築起永久性的壁壘，頗像中國的長城。但所謂的「羅馬世界」，其內部另有一個看不見的疆界，僅僅環繞地中海。

5 大陸歷史學家，與其妻劉青峰合著《興盛與危機》一書。

對羅馬人來說，巴格達很近而不列顛很遙遠。布朗教授說他在北英格蘭看到古羅馬的「長城」時就想，羅馬人的生活多麼乏味呀！如果它不滅亡，我們就沒有亞瑟王的故事，沒有後來的城堡，而城堡就代表了一種新的生活方式。事實上，從北非出土的羅馬莊園，已經有很高的牆，顯示對周圍有很大的控制力，莊園主儼然一個小皇帝，只是為了享受繁華才去羅馬。後來，他們都待在自己莊園裡不去羅馬。羅馬作為一種生活方式，也就消亡了。

羅馬退出歷史以後，歐洲的政治結構從此變成比較小的單位。帝國式的結構，叫人不堪忍受，封建的政治單位相對小而分散，有競爭，人的生存狀態，也多元一些。這是帝國終結的一大意義。那些處在邊陲的民族和他們的文化，逐漸走向中心舞台。他們的心態，比較容易超越那種大羅馬情結。歐洲中世紀，除了基督教，沒有其他大一統的結構。眾口一詞的「黑暗中世紀」，其實也大值得懷疑。君不見，巴黎的聖母院，科隆的大教堂，都是那時的傑作。即使連綿不斷的宗教戰爭，也終於打出一個洛克所說的「容忍」，打出政教分離的制度性妥協，神歸神，人歸人，奠定了歐洲近代社會的基礎。

三、羅馬不亡，哪來歐洲？

西元四七五年西羅馬崩潰之後，「古代世界」就終結了。老式帝國的政治結構，到近代紛紛解體。倒是本世紀在共產制度下，又出現令人不堪的帝國模式。不過，來也匆匆，去也匆匆，活不過二十世紀。蘇聯的解體，像一齣神話，連俄羅斯人都把那個帝國棄之如敝屣，放波羅的海諸國走掉，真可謂「提得起，放得下」。我們中國人好像就差這點氣度，其他大概都不在乎，就捨不得那個大一統，情願大夥兒都在裡頭摽到底，否則就是玉石俱焚。中國人在大結構的生態裡活慣了，除了泱泱大國的感覺，不知道「小結構」的滋味，要超越「大中國情結」（或可稱「大羅馬情結」），是不容易。

由此我便想到台灣和香港。它們好像是從一個大結構裡被甩出去的碎塊，在邊緣自行運轉。它們受那個呆板的大結構制約，但它們自身卻靈便得多。久而久之，大結構慢慢僵死，而邊緣的碎塊卻越來越活躍。大陸與港台，不過四十年的分道揚鑣，當年遠東第一大都會上海的風光，盡悉被香港占去；高雄躍為世界第十大港。上世紀八十年代，廣東受「港」雨「台」風薰染漸次開化，粵語風靡大陸，北京「小痞子」競相模仿；連窮鄉僻壤的海南島，竟也引來幾度「淘金」狂潮。怎能想像，當初若將港台也攏進這大一統裡來，如今豈不早就一股腦憋死？這就如同布朗教授所感慨的，倘若羅馬不亡，哪有他的祖先？

那天布朗最後談到，他的老師寫完《古羅馬滅亡史》說，讓人奇怪的不是羅馬消失了，而是它為什麼能在那裡待這麼久？我想，這個問題如今該問中國人了。

北衰南盛

中國的概念，上古時指黃河下游的中州一帶。春秋「九州千七百七十三國」，大抵不越長江。湖廣、江南、巴蜀之地皆為「群蠻」、「百璞」的未開化區。然而幾千年歷史的走勢，卻是中原的文明之氣越來越南移，經濟人文都漸漸聚集到南方，並取代長江以北的文明發源地而主導全國。南北朝以後，中國的格局便有了南北之分。此南北盛衰之轉變，可窺見中國經濟、人文、歷史的諸多關鍵。歷史的造化，非人力所為。古代社會，中原的華夏族受游牧人南下的壓迫，若無江南轉圜之地，恐怕早就沒有生存餘地；待到江南糜爛，大帝國便要另起爐灶了。南中國雖通向太平洋，文明南移的趨勢確也開發了南洋，但這個方向卻始終未能成為中國文明向外延展的主要通道。中國人的中原心態，歷來重北輕南，雖幾度被北方游牧文明所征服，卻又永遠鄙視東南的文明邊緣地區，及至工業文明從東南方向逼迫過來時應對無措，在整個近代，都錯過了東亞崛起的機遇。回頭來看，南中國對於中國文明的意義便尤其厚重，而未來的發展，中華民族將更為倚重這個南中國，則是無疑的。

一、第一帝國與中原喪亂

文明的搖籃為什麼首先不是長江流域而是黃河流域，這件事我們至今說不清，只知道到司馬遷的時候，他仍在講關中「膏壤沃野千里」而「江南卑濕，丈夫早夭」（雖然他也說過楚越之地「地勢饒食，無饑饉之患」），顯然比北方好活），但中原這個搖籃至少有兩個地理上的嚴重問題，長久地影響著中國的文明和歷史。其一是高含沙量的黃河及其支流的洪水氾濫，天候形成的不斷饑饉，使春秋各諸侯國經常為「阻糴」[6]而生戰事，治水又大多以鄰為壑，所以封建狀態不利於治水和賑災，中央集權若非人為也是自然力量所驅策的；其二，離這塊降雨量並不豐沛的農業區以北一千華里之外，便是游牧民族出入的異常乾旱的塞外，綿延兩千里的國防線與十五英寸雨量線吻合。因此黃仁宇先生說，因治水和救荒，中國即須組織大帝國對付，可見得歷史並非全是人為。

秦皇築長城，漢武征匈奴，都是第一帝國（秦漢）的大事功。可這兩件事都恰好顯出，中國在各種技術（財政、司法、行政、通訊等）尚未成熟之前，就在很大的規模上組織起來，以一天子而統御千軍萬馬，的確是政治上非常早熟，可是它的代價卻是「只好先造就理想的數學公式，向下籠罩著過去，掩蓋了具體的人事和經濟的複雜性」（黃仁宇語），制度簡單，中層架構脆弱，結果大帝國常常首先從內囊裡腐爛起（如外戚、宦官、朋黨攪作一團），龐然大物便在瞬間崩塌，社會頓成地獄，所謂「白骨蔽平原，千里無雞鳴」。《後漢書》記載，東漢桓帝永壽二年（一五六年），

6 春秋時代到災荒年景，鄰國不肯接濟糧食，成為「阻糴」。

全國人口五千零六萬六千多人，此數字已是因王莽之亂減少了一千萬，但又經東漢末年之大亂，到西晉時被消滅了三千三百九十萬人。這個代價，或許就是為早熟的大帝國所付出的。

中原喪亂引起第一次人口大遷徙。一路北上遼東，另一路南下江南、荊楚、巴蜀，因此兩晉時南方人口密度大增。此時北方已是所謂「五胡亂華」的局面。緊接東漢末年的大亂，南北朝之際，歐亞兩洲同時發生民族大遷徙，均受蒙古高原的「噴發」所推動。先是北匈奴被東漢擊敗，西走歐洲，接連擊潰日耳曼族和哥德族，西元四七二年阿提拉攻陷羅馬城。降漢的南匈奴也趁漢室內亂紛紛南下，擄掠人口，執漢懷帝北去。東西兩大帝國都在匈奴的鐵蹄下覆亡。南北朝時，南方小朝廷雖有長江作屏障得以苟安，但南北疆界則是「越變越南」的趨勢。

二、中唐轉折點：北衰南盛

西羅馬覆亡後，偏安一隅的西歐始進入封建社會，到近代之前，不復有類似帝國出現，古代世界在西方就此終結。但在中國，很快又有所謂第二帝國（隋唐宋）的興起。本來，東漢覆亡以後的三百多年裡，中國需要從頭到尾重新來組織，但中國人只是把原有的制度在江南複製，等夷狄衰退後再到全國的規模上去複製帝國。所以隋祚短促，無非是複製暴秦。

盛唐以東方共主的姿態出現，既是七、八、九三個世紀世界上最繁榮的國家，又以「天寶開元」盛世而為中國歷史不可逾越的顛峰，但唐朝三百年間中國卻發生了一個大變化，是為秦漢至明清間最大的轉變關鍵。此誠如錢穆先生所說：「唐中葉以前，中國經濟文化之支撐點偏倚在北方

（黃河流域），唐中葉以後，中國經濟文化之支撐點偏倚在南方（長江流域）。此大轉變，以安史之亂為關鍵」。

以「漁陽鼙鼓動地來」而叛唐的安史之亂，恰好發生在「稻米流脂粟米白」、「齊紈魯縞車班班」的開天盛世，雖說也有唐玄宗腐敗、用人不當、縱容藩鎮的責任，但從社會制度上看去，第二帝國（隋唐宋）依然如同第一帝國，滿足於大而化之的簡單制度，如黃仁宇先生所說，官僚政治所想控制過於龐大，實際掌握不深，引用的原則過於簡單，當中籠罩著很多不盡不實之處，是一種「金字塔倒砌」的不穩定系統。後來宋太祖接受唐朝教訓，也只會耍「杯酒釋兵權」的小聰明，而削弱藩鎮的後果，則是完全忘了北方國防線的至關重要，以致終於連長城也抵擋不住，令蒙古入主中國。倫理上最重「華夷大防」的華夏文明，在政治文化上的早熟而幼稚，便導致這樣的悲劇。

明清兩朝（第三帝國）其實也並無長進。朱洪武雖費盡心計加強中央集權和皇室的權力，卻不能防止他一死便有骨肉相殘，也不能防止整個明朝皇帝的無能和宦官政治的黑暗。大清三百年雖有康乾盛世，疆域也擴展得最大，政治制度仍是大而無當的一套，且以外族統治中國，心理上無安全感，異常狹隘與殘忍，道咸以降，面臨西方、日本挑戰而不肯變革，使中國嘗盡恥辱，積弱不堪。

三、移民潮與經濟南移

春秋地廣人稀，諸侯采邑多在長江以北，國計大體依賴北方農業，其中齊國有魚鹽之利，得天獨厚，最為富庶。南方雖有川澤山林之饒，但都是未開發的蠻夷之地，《史記・貨殖列傳》說，

「江淮以南，無凍餓之人，亦無千金之家」。楚國雖然強大，但農產貧乏，所能貢獻於周天子者，不過桃弓棘箭而已。自春秋至秦漢，黃河流域的人口密度遠大於長江流域，尤其關中、中原一帶，土地肥沃，農業發達，秦人得其地而能兼併六國、漢高祖據北方而能戰勝楚霸王，均非偶然。但秦漢兩朝在關中、中原的經營，包括長安、洛陽兩京師，都在漢末、兩晉的大亂中成了銅駝荊棘，中原膏粱之地皆為「流血塗野草，豺狼盡冠纓」。所以，東漢覆亡後，中國人口長期地由北向南、由西向東遷徙，其騰出的空間，勢必被長城之外的游牧人所填補，因之，黃河流域本是開發較早的農業區，卻倒退為半農半牧狀態，而江南則因移民而得到開發，火耕水耨狀態為之一改。

那時向南移民的路徑，大致有以下幾條：其一江左線。晉代王公士族，及青兗并冀諸州流民，沿古邗溝渡江，寄居建康及太湖流域邊緣，所以有「古代朔方士族，萃居江表」的說法；其二淮南線。司、豫兩州流民沿淮河各支流到蕪湖、潯陽及鄱陽湖區寄居；其三漢江線。關中及長安、洛陽京畿之流民，則順漢水走襄陽、南郡及洞庭湖區；其四棧道。秦雍流民大多取棧道入蜀求食。東晉元帝南渡後，於大江南北諸州設僑州僑郡安置流民，同時，北方失籍流民多投當地大姓為客，政府又頒行給客制度，此客家人之由來。

南遷人口使東晉農業大為興盛，荊揚兩州，即今兩湖沼澤區及長江下游流域，不出四十年就已「餘糧棲畝，戶不夜扃」、「絲棉布帛之饒，覆衣天下」。這個經濟基礎，不僅使南朝各代皆得以奢靡無度，建康城裡是「六代競豪華」，整個江南也是「南朝四百八十寺，多少樓台煙雨中」，而且，也為隋唐的繁榮打了底子，唐人形容開天盛事是「江淮綺穀，巴蜀錦繡，但充後宮玩好而已」，雖然意謂政府財政所依仗者並非南方，但江南也已富庶起來。

安史之亂後，中原再度喪亂，劉宴寫信給元載說：「函陝凋殘，東周尤甚。過宜陽、熊耳，至虎牢、成皋，五百里中，編戶千餘而已，居無尺椽，人無煙爨，蕭條淒慘，獸游鬼哭」。向南移民浪潮再起，「襄、鄧百姓，兩京衣冠，盡投江湘，故荊南井邑，十倍其初」，政府財政遂唯江南是賴，韓愈說：「當今賦出於天下，江南居十九」。南北盛衰由此便在中唐以後定局。此後再度經歷唐末大亂、北宋覆亡以及南宋對江南長期專一的經營，到朱元璋統一中國時，劃天下為十三布政使司，南方占了九個，北方只有四個，明代對南方的偏依更加明顯。而且，明朝向北發展的機會已不存在，只求再築長城要塞做一個防守者，相反則積極開發雲貴，向南延展。

四、北方人文大殺播遷江南

中國人文的淵藪，在關東齊魯之間。《史記・貨殖列傳》說「泰山之陽則魯，其陰則齊」，「其俗寬緩闊達，而足智，好議論」，「猶有周公遺風，俗好儒，備於禮」。兩漢儒學大盛，承春秋淵源，仍以齊魯為重鎮，一時大師均起於其地。關東之地，即今河南、河北、山東一帶，人文鼎盛，不僅大儒文豪極多，還有「關東出相」之說。因此，漢末以前，中國人文的正宗只在北方，此外只有蜀中是一學術「飛地」。三國時儒生避亂南下，劉表在荊州收羅人才，開壇講學，為一時之冠。到晉代時見於紀傳的大人物，以三大流域計，仍以河域最盛，江域次之，粵江流域尚無大人物可記。

經魏晉南北朝之亂，北方人文大殺，中州人物過江如鯽，「吳下之音，多與古合」。北方落入石勒、劉淵之輩手中，視衣冠士人如牲畜，且民風以射獵戰鬥為能事，則南去之人視河北如夷狄之地，自古為禮儀之鄉的齊魯間，「率多獷戾」，中原文哲之氣衰盡。而江左人文蔚盛，超過北方，南朝已然，於唐尤甚。不僅「翰苑詞人，播遷江潯」，「金陵會稽，文士成林」，而且「雖呂閭賤品，處力役之際，吟詠不輟」，竟令白居易自稱「不得獨步於吳越間」。

唐以前，政治人物多為北人，尤以關西、山東兩大系人物壟斷政壇，南人幾無進仕之途。北人認為，「南方君子，安知朝禮」，視之如蠻夷，唐初依然。當時人物之出身與地理的關係，河渭流域之北人最為優越，江域之南人次之，嶺外之人又次之。中唐以後，國家財計仰給於江南，南人始得步入政壇。此外，科舉以經術取士，北人有歷史傳統而占優勢。但人文南移之後，經學發達，開元初年，天下進士，河北只剩一人。但官僚集團中，位高權重者仍以北人居多，習性保守；中下級官員多為淮漢以南之人，秉性強悍，凡革新、政變多由南人發難，蓋因不甘屈居下品。

盛唐以降，南方人文藝術徹底壓倒北方。晚唐五代之詞，以南唐西蜀為最盛，李後主曠世不逮，淮南張泌、廣陵馮延巳都是第一流的大詞人。而「中原多故，風流歇絕」，統計五代詩話詞人，竟無一北人。這個局面，到北宋不改，始知人文北衰南盛，五代成定局。及至明清，中國人文的鍾靈之氣，大致凝聚到江浙湖廣。明代陽明之學，成為後世數百年的一個源泉，流被天下。儒家講學成風，書院如林，但最著名的幾座，像白鹿洞書院、嶽麓書院以及東林書院等，都在江南。有清一代，人文薈萃，盡在江浙。清初大儒，崑山顧炎武、餘姚黃宗羲、衡陽王夫之，北方只有一個博野顏元。史學上的浙東派、乾嘉考據學的吳派皖派、文學上的桐城派陽湖派，一代宗師，畢集於蘇皖。道咸後經世致用之常州學派興起，爾後奇偉之才漸轉湘粵之間，康梁二氏起於沿海，受西學沁濡，攪起軒然大波；而嶺南奇特豪傑之士層出，遂執中國之牛耳矣。

五、下吳越如流水

長江流域自漢末兩晉以來逐漸成為中國文明的另一依託，遂使各朝代因政治經濟的需要而廣修圖籍地志，大興驛傳郵鋪，治水開河，以溝通南北。此端緒當首推隋朝，煬帝好大喜功，敕虞世基等撰「區宇圖志」千二百卷，規模宏大，盡囊山川城廓。宋太祖討平五代各國，搜索其圖籍，「唯蜀、江南最多，凡得蜀書一萬三千卷、江南書二萬餘卷」。宋代也開始治理長江淮河，疏導太湖，興修海塘。

揚州當運河與長江交匯處，中唐以後，北方經濟大壞，一切仰賴南方供給，而貨運以水道為便，於是淮漢以南，西自民峨，南自嶺表之財貨，皆匯聚揚州為轉運口，朝廷鹽鐵轉運使移駐揚州，諸道節度使也在此設邸店，南北漢胡之商旅競趨於揚州，文人墨客筆下稱揚州富甲天下，並非虛誇。這些開發都使中央得以聚斂南北兩個流域的物產，支撐起唐宋以來以皇室消費為主體的龐大城市經濟，武則天之神京（洛陽）、北宋之汴梁、南宋之臨安，其繁華都是當時舉世無雙。

到明代商品經濟漸開，靠北方棉花而興起的江南織造業尤富盛名。萬曆時江南最發達的城市要數蘇州，「總一海內，閩粵之賈，趁風航海，不以為險，故珍貨遠物，畢集於吳之市」，明清兩朝數百年不衰；江南湖廣也遍布專業性市鎮，「每歲浙直湖湘客人腰纏過梅嶺者數十萬，皆置鐵貨而北」。貿易由南北互通有無而走向海外，福建商賈經營大宗絹絲鐵糖，「無日不走分水嶺及浦城小關，下吳越如流水，其航大海而去者，尤不可計」。南中國的崛起使中國經濟空前繁榮也空前複雜，只能應付小自耕農經濟的國家管理制度更形捉襟見肘，既無現代化的技術管理支配資源，也缺乏成熟的民間商業組織的輔助，所以不僅王安石的變法不能成功，明中葉的所謂「資本主義萌芽」也胎死腹中。

六、徒有通洋之利

中國經濟南移的最大意義，在於利用東南港口而將內陸型經濟轉為開放。對南洋的貿易和移民在隋代就從南海郡（廣州）開始了，經唐宋兩代，廣州、泉州、明州（寧波）成為西太平洋最大的通商口岸，陸游說：「萬里之舶，五方之賈，南金大貝，委積市肆，不可數知」。來自大秦、天竺、大食及南洋諸國的富商多以廣州為家，往往滯留數十年不歸，築宅其地，富甲一方，唐末大亂時，廣州外僑被殺者，竟有十二萬人之多。

唐以後閩粵海岸的意義越來越明顯，不僅鄭和七下西洋，都是從泉州馬尾港起航的，而且民間「通番」貿易大興，「豪門巨室，間有乘巨艦貿易海外者」，以致海禁政策不能維持。中國的出口那時就常常處於出超地位，迫使外商用墨西哥銀元來償付，使白銀大量流入中國。通洋之利，不僅是民間財源，也是「天子之南庫」。應當說，在世界性的海洋貿易時代興起之前，中國已經作了長期的歷史準備。然而，儘管中國在十一世紀就已感受到某種現代化的需要，但整個龐大而簡單的政治系統依然不能更新，私人財產權不能擺脫皇權和宗法而確立，社會無法在商業法制的層次上有效管理，所以十七世紀以後當以海洋勢力和貿易競爭為整合的時代一旦來到，中國沒有內在的競爭潛力，只有閉關挨打。中國政治上的內陸性，始終壓抑了它經濟上的海洋性。

七、亞洲第五條小龍？

從歷史長程看，中國的內陸性從根本上抑制了南中國的作用。上個世紀末以來，從中國東南興起的資本主義的政治和經濟的力量，在短短半個世紀裡就被歷史淘汰。蔣介石之敗退大陸，即是新興資本主義力量無法戰勝中國強大內陸性的一次歷史性失敗。

一九四九年以後的中國大陸，或可稱為「第四帝國」。共產黨基本上就是靠這個內陸性贏得了江山，但它不過是在中國複製了暴秦暴隋，統治不到三十年也同樣幾乎被這個內陸性拖垮。中國的北方不再有游牧人的鐵蹄，中國的海岸線也不再有西方的堅船利炮，可是中國卻陷在貧困落後裡不能自拔。

八十年代鄧小平的改革，無非就是放開對南中國的捆綁；「六四」屠殺後他也幾乎是靠南中國去搞「經濟北伐」。這個南中國對於香港、台灣、日本乃至歐美的意義，也變得越來越非同尋常。人們已經在預測，亞洲的「第五條小龍」，就是這個南中國。太平洋時代也好，大中華經濟圈也好，大約都離不開南中國的起飛。然而，南中國畢竟只是中國的一半，它的命運，還繫於那看不到希望的另一半。

蒸汽壓路機式的漢化

《河殤》曾有「蔚藍色文明」一說，當年頗為標新立異，而我們身陷「黃土高原」，受困於知識的貧瘠和內陸型的封閉，以為那「蔚藍色」獨屬歐羅巴，卻不知近在東方的婆娑之洋上，便有一個龐大民族群體，存活在無數的島嶼上，其領域東西橫跨地球一多半的經度，擁有人口一億五千萬，乃是史前便興起的一個「海洋文明」，人稱「南島語族」（Austronesian）。

一、假說台灣乃南島語族的原鄉

從非洲東部外海的馬達加斯加島，到南美洲西岸外海的復活節島，再逶迤北上掠過印尼群島、菲律賓，直達台灣，在這浩瀚洋面上，六千年前曾發生過大規模的人類遷徙，稱為「南島語族擴張」，這個神祕的航海族群，是從哪裡來的呢？

大洋上早已渺無痕跡，只留下「語言化石」。「南島語族」共有九百五十九個語言，卻含有相同的關於海洋、水族、熱帶植物的詞彙，由此也引起關於它起源的種種探索和假說。一個驚人的假說，便論證台灣乃是龐大「南島語族」的原鄉，並為國際學界所接受。此說認為南島民族由亞洲大陸而來，可能與侗傣（Kam-Tai）語族或南亞語族（Austroasiatic）原是一家，大約在六千年前分家後，到台灣來，又大約在五千年前，開始從台灣南下擴散到菲律賓群島，主要是北部呂宋一帶；再到婆羅洲、印尼東部，然後往東、西兩方擴散，東至馬里亞納群島（關島、塞班島一帶）以及南太平洋，往西則到馬來半島、蘇門答臘，直至加羅林群島、波里尼西亞、紐西蘭。

接下來，關於來自亞洲大陸何處，又延伸出「西來說」和「南來說」兩種遷移路線。「西來說」指南島語族直接由福建、廣東來到台灣，「南來說」則指此族群從南中國先去了東南亞，經由越南、菲律賓到台灣。到此，這項人類學探源開始摻進現代意識形態的「政治正確」，「西來說」指台灣土著人直接來自大陸，而滿足了「台灣自古就是中國領土」的欲念，「南來說」因為繞了一個彎子，便「撇開了大陸」，則支撐了「去中國化」的意願。其實，「南島語族」究竟來自何處，有那麼要緊嗎？

二、南島語族被華北漢人逐進大洋

在生理學家賈德・戴蒙（Jared Diamond）看來，這個「南島語族」，可能是被說漢語的華北人，從亞洲大陸驅趕到太平洋上來的，他們甚至可能就是當年華南人的孑遺。如此壯闊的史前大波瀾，也被戴蒙建構成一種簡略的「語言代換」過程（language replacements），可參見其名著《槍炮、細菌與鋼鐵》[7]。此說基本脈絡是，華北的漢語族群向南擴張，驅趕或同化了華南土著，即那裡的苗瑤語系、傣／仡岱（壯侗語系）的族群，而後者迫於來自北方的壓力，則從華南掃過熱帶東南亞，包括泰國、緬甸、越南、馬來半島，掀起另一波更為徹底的語言劇變，把先前曾在那裡的語言統統消滅。於是，殘存於大陸漢語海洋中的苗瑤語系，成為語言孤島；南島語系則飲恨大陸，存活於整個太平洋上。

這本書的理論框架，有點像是把「物競天擇」的達爾文主義，擺進生物、地理、環境等新學科中，做了嶄新的綜合和闡述，要旨無非是，地理環境、氣候、物種等先天優勢，注定了誰能獲得農業的先機，便可獨領風騷於史前，而滯留於狩獵／採集階段的族群，只剩下滅族的份兒，其斷言「優勝劣敗、弱肉強食」之決絕，比天演論有過之而無不及，卻都是言之成理的。「語言代換」寫來輕鬆，卻涉及戰爭、謀殺、傳染病、移民殺戮土著的血腥過程，最後迫使降族採用新語言；而華夏正宗從來蔑視未開化的夷蠻戎狄，漢文明的擴張，一向也是征伐驅趕、招降納叛、改土歸流。神州自古東有九夷，南有百越，相傳楚滅越，而越之子孫流落波濤大海；百越之族則遭北方華夏人擠壓，亦避遁南亞，此皆為上古歷史，恐怕還不是新石器時代那邈遠的一萬年前的波瀾呢！

戴蒙以演化生物學等多學科重建「史前史」，也困惑於中國無數其他語言消失而只剩漢語獨霸的反常。一般而言，人類學研究中，遺傳的證據最有信服力，文化證據次之，語言證據則最弱，但是在中國文明的個案裡，恐怕需要倒置這個順序才行——關於中國，離了漢語和漢字，便什麼歷史、文明都免談，倒也佐證了戴蒙之「語言代換」說的睿見。

三、史前史：蒸汽壓路機式的「漢化」

戴蒙此大作，闢出第十六章專講中國，標題設為「中國是怎麼變成中國的」，從頭到尾都在困惑和質疑這個龐然大物，彷彿是我們星球上一個不自然的孤例，以至於說「連問一句『中國是怎麼變成中國的？』都覺得有點荒謬。因為中國有史以來，就是中國」。

他的這些質疑，乃是今天中國人徹底失去的一種想像、思考的維度，我將其歸納為六點：

一、「百代皆行秦政制」，從西元前二二一年到今天，一直是中央集權制；

二、自從文字在中國地區出現以後，數千年來一直維持單一的書寫系統，而歐洲的拼音書寫系統雖然同出一源，今天卻出現成打的現代系統，互不相同；

三、中國從來不是一個「民族大熔爐」，因為十二億中國人裡，有八億說「普通話」，這是世界上用語人數最多的一種語言；另外三億人說七種方言，不過都是跟「普通話」極相近的方言；然而一個「正常」國家，如美國和俄國，都是近代才完成統一，國民中應包括許多說不同語言的族裔；

四、中國維持如此長久的統一，亦即其維持語言和文化的一致與一貫，有悖於人種遺傳學。華北人與華南人，顯然因所處環境、氣候差異極大，而遺傳差異也很大。華北人與西藏人、

7 王道還、廖月娟的中譯本，台北，時報出版，一九九八年初版。

尼泊爾人極相近，而華南人更接近於越南人、菲律賓人。

五、戴蒙所謂的「語言代換」過程，就是「華化」（漢化），始之六千年前「新石器時代」，「南島語族」的形成脈絡如下：

華北漢語族群→華南土著

華南土著→熱帶東南亞土著→台灣

台灣→整個南太平洋

六、他總結：中國至少形成了兩個「獨立發生農業的中心」（independent centers of origins of food production），一北一南，但是只有在華北孕育出來的一種文字書寫系統，所向披靡，翦滅了任何其他的可能性，此乃漢文明一統天下的通靈寶玉。總之，中國的「不自然」概因「統一」得太早，也即「華化」得太徹底。

四、中國對亞洲三國的漢化

地理生物學所描述的這種史前史的「語言代換」風雲，曾是文明史裡未著一字的。所謂「漢化」（sinification）即中國文化的同化（assimilation）和擴張，西方漢學領域早有的一個說法，也譯為「中國化」，對應的詞是disinificaion，脫漢。漢唐兩朝，中國文明強盛而遠播四周，但並非無遠弗屆，其間自有其限制。華夏文明覆被四海，無非是漢代的武功，唐代的文治，其中有一半還歸功於佛教的法力。漢化的歷史積澱，即「漢字文化圈」（中國文化圈），基本上就是三國：韓國、越南、日本。

漢化第一波的興起，應是漢武帝在西元前一百年征服高麗，佛教被立為國教，中文書寫也被引進，國王還設館教授儒學。但是中國的文官制度卻在高麗無法戰勝當地豪強，也使中國不能徹底控制韓國，到唐朝依然。唐朝改採朝貢制度，接受高麗的藩屬地位，此宗主關係反而使漢化在韓國達到高峰，中國的技術創新、時尚、禮儀皆在韓國落地，上層社會習儒為榮，而平民階層信佛成風。

南亞的越南，卻在文化上更獨立一些。漢唐之間，中國征服越南，並引進其稻米種植，北方的農業和人口增長甚為受益，越南則從中原學來灌溉技術，其農業也受益匪淺。越南對漢化，沒有韓國順遂，其區別在越南人的忠孝觀和婦女地位，跟中國有明顯差異，儒家的父權制（patriarchy）在此沒有適宜的土壤，反而是佛教更受歡迎。中越之間的交換互利，似乎可以歸結為兩件大事：大米與佛教。

漢化在日本，愈加偏向佛教一端，是有意識的（intentionally）選擇性吸收。西元六四六年的大化改新，模仿中國的中央集權制，日本文人皆苦練中國書法和儒家經典。奈良時期佛教更是盛極，有五大寺，後來唐朝鑒真東渡，於奈良又建唐招提寺，以及西大寺，於是有了奈良七大寺。日本直接、間接從中國傳入六個佛教宗派或學派，晚唐以後自然還有禪宗傳入。

綜上所述，華夏澤被，皆朝東南：一個島國、兩個半島。漢文明背後的亞洲腹地，則是游牧人的跑馬場，於是「漁陽鼙鼓動地來」，盛唐戛然而止。農耕族群與游牧族群的爭奪生存空間，即胡漢之爭，充填中華兩千年史，戴蒙教授的遊戲規則到此失靈，農耕人並不占便宜，毋寧是幾番夷狄入主，明末顧炎武所謂「亡天下」是也，更不消說十三世紀的「蒙古風暴」洗劫歐亞，萬里荊棘銅駝。野蠻人有時候也「創造歷史」。漢文明在血泊裡依舊有「同化」的韌力，不覺自己也被野蠻「同化」了幾分，卻是無人深究的。

五、近代化與亞洲的脫漢

東南方瀕臨大洋的「漢字文化圈」，到近代民族主義興起，便面臨瓦解，因為近代化過程總是伴隨著語言運動，連中國本土都有「五四新文化」。漢字書寫系統的正統地位受到挑戰，稱為「脫漢」，在東南「三國」又大異其趣，緩急分殊。

如越南，十七世紀法國傳教士帶來羅馬拼音字母，起初也不能與漢字相抗，直到越南獨立，特別是胡志明得手政權後，羅馬化越南文由國策扶植，遂將漢字驅逐。在朝鮮半島，北韓情形類似北越，即共產體制於一九四九年全面廢除漢字，改行十五世紀韓人自創的「訓民正音」；南韓則廢止不徹底，夾雜使用漢字不絕如縷，後來政府又頒布「新訂通用漢字」千餘字。日本又類似南韓，其文字改革初頗激進，有以假名全面取代漢字、羅馬字化、限制漢字三種方案，後因混亂而終止，改由政府不斷頒布「標準漢字表」，終使千餘字穩定在日文裡。

這種「脫漢」的情勢，也是近代一股潮流，所謂「中心衰落，邊緣崛起」，歐洲亦然。頗可玩味者，不只是民族主義者／共產黨人在文化變遷中的操弄角色，更是文化認同抗拒的逐級遞升——越邊緣抗拒越激烈；而且，在一個反西方、反傳統、反漢化的鏈條中，中國只是一個次中心，位置尷尬，卻也暫時被冷戰的新格局掩蓋著。有一個所謂「共產主義陣營」關係，臨時替代了中國與韓、越（皆為北半部）的歷史關係，而且是舊式宗主關係的復辟；而在冷戰的另一側，即「工業東亞」，三十年前的「亞洲四小龍」，也是一個神話，此四地的經濟發達或因緣於冷戰超強博弈之偶然（如韓戰），亦不過是國際資本運作的殘羹剩飯，卻過度解釋為「儒家文明現代化」，繼而又作「民主轉型」的延伸敘述，其實台韓兩地只具跛足民主制，而港新兩地從未有過。冷戰外殼褪盡，中國大陸的帝國舊姿態必然再現，當它面對破碎的「漢字文化圈」，也只能望洋興嘆，卻唯有一個台灣，因為跟它的文化關係更加曖昧，而逃脫不了。

六、台灣文化的認宗歸祖

在漢文明的地緣文化上，東亞的台灣離北京最近，政治分離殊為不易，若某種機緣湊巧，或能走掉，但它稍縱即逝，一旦錯過，便只剩徒勞，其中是否也包括文化認同的抗拒呢？這是本文所感興趣的。在這一話語中，南島語族的再發掘，自然提供了遼闊的想像空間。

一九六四年在台灣發現的「大坌坑」，一個新石器時代文化遺址，距今七千至五千年，絕對是文化認同的強大原初資源。哈佛考古學家張光直詮釋：「在中國有兩群早期農業文化平行發展：一為黃河中游的仰韶文化，另為東南沿海的大坌坑文化。」前述戴蒙教授已指出，一個農業發生的中心，便意味著一脈文明，台灣島與整個華夏文明，竟平起平坐了，令對岸的「統一」話語霸權大打折扣；設若一個龐大的海洋文明在台灣找到了「祖庭」，這個島上的總統再去「遙祭」遠在陝西的黃帝陵，就有點勉強了。

但是，關於台灣文化上的「認祖歸宗」，又有時間上的另一種「遙遠」：掉頭轉向認同那萬頃碧波裡的南島語族，自然是台灣原住民的歸宿，可對於無論四百年前，還是六十年前來到此島的兩撥大陸族群來說，也似乎有點勉強。這遙遠，是四百年與七千年的距離；或許，把南島族群趕出大陸的，恰是四百年前過來的那個族群的祖先，即華南人呢？而七千年前就分岔了的兩個文明，是不能由你任選一個的。

「去中國化」，是否即指台灣人要去走一趟「脫漢」，即「漢字文化圈」那三國曾走過的路？能走得通嗎？把文化認同當作政治分離的鋪路石，是一件斬筋拆骨的事情，末了也只能構築一座海市蜃樓；將漢字書寫系統，當作中國「大統一」的替罪羊去攻擊，純屬幼稚思維。還不要去說，一個族群拋棄它唯一擁有的一個書寫系統，是一件「不可能的任務」，即使看一看韓、越、日三國的前轍，便知輕率拆卸文字書寫系統（「文字改革」）的後果是什麼，如韓國人的後代，已經無法閱讀他們祖先的典籍。「脫漢」後的韓國，還生成一種「黑色幽默」，近年來不斷跟中國人爭奪漢文化「祖宗品牌」的專利權，聲稱諸如活字印刷術、針灸、圍棋、粽子，甚至漢字，都是他們發明的，而引起被民族主義充分餵養的中國憤青們暴跳如雷，惟有令人噴飯而已。

連雅堂曾有「美麗之島，婆娑之洋」一語，真乃畫龍點睛。這個島嶼，面對一座大陸，背靠一片大洋，夾在中間，這個位置就是痛苦。一個是她無法拋棄的根柢，一個是被她遺忘了幾千年的起源，兩廂都由不得她。然而，不偏倚一側，取兩廂之利，方為上策，如何運用中華文明滋潤的智慧，拆解大陸的欺凌，回首親昵那無言的大洋，即善用「南島關聯性」，重構「南島共同體」，她才美麗得起來。

漁陽鼙鼓動地來

二〇二三年五月十六日三點三十分，俄羅斯空軍攜帶六枚匕首超音速導彈，黑海艦隊九枚 Kalibr 導彈，還有三枚 S-400 和伊斯坎德爾 M 型陸基導彈，共計十八枚從北東南不同方向對烏克蘭基輔發動了襲擊。

十八枚導彈全部被擊落攔截，這是人類空戰史上的首例，即戳破了俄羅斯超音速導彈不可攔截的神話。

一、驚醒內亞

此際，正盛傳烏克蘭將對俄「春夏大反攻」，但是澤倫斯基一再強調他需要更多時間準備，烏克蘭反攻，遇到俄國頑強抵抗，鏖戰空前激烈，信息也非常混亂，截至此書出版之時，尚未分勝負，由此。「後俄烏戰爭時期」（post R-U-war era）不會到來，可是普京不勝即敗，比戰爭更大的失敗，乃是「大俄羅斯」意識形態的再一次崩解；接下來，全世界會不會看到諸如俄羅斯政治混亂、社會動盪、經濟瓦解、軍隊倒戈，包括普京被繩之戰爭罪犯歸案，以致聯邦解體等等更大的動靜，則是「後俄烏戰爭」了，這個大動靜會發生在俄羅斯東頭的中亞腹地，俄羅斯歐洲板塊怎樣，已經不足為奇。

「中亞」背後是廣袤的「內亞」，和整個歐亞大板塊的縱深。內亞一東一西，正有兩個強權，西邊的俄羅斯在衰敗，此刻又被拖進戰後泥潭；東邊的中國正在崛起，欲與美國爭奪霸權，其「一帶一路」，所謂「絲綢之路經濟帶」，正要穿越這個不確定地區。

所以這個「春夏大反攻」意義深遠，可能將演化成一次非同小可的歷史槓桿作用，此撲朔迷離，恰在俄羅斯的大顛覆，勢必影響北京，也肯定緩解台海局勢，網上名嘴們眾口一詞：普京輸掉侵烏的直接教訓，將是遏止習近平侵台。

廣袤內亞的東緣有個新疆，習近平在那裡實施「種族滅絕」政策，形同摧毀那裡的一切制度建置，恰與內亞正在醞釀的無政府狀態吻合。美國作家羅伯特・D・卡普蘭（Robert D. Kaplan），曾在《外交事務》雜誌發文〈歐亞大陸即將到來的無政府狀態〉稱：

> 中亞國家哈薩克、吉爾吉斯斯坦、土庫曼斯坦和烏茲別克斯坦正隱約浮現的危機可能加劇這種危險。這些威權國家持續的穩定令中國愈加易於控制其自身的中亞少數民族，但時間或許正在耗盡。這些政權中的一些，是由同一批具有布里茲涅夫時代中央委員會委員特點的人士領導，自從冷戰結束以來，他們一直執政。如今，這些領導人正在老去，他們的政權合法性可疑，他

們的經濟依舊與俄羅斯和中國自身漸趨放緩的引擎保持聯絡，他們的人口正變得更加伊斯蘭化。也就是說，對中亞來講，爆發一場類似阿拉伯之春的運動，時機或許已經成熟。

二、十五英寸降水線

「內亞」在中國歷史和中文語境中，究竟是什麼？

「人們還記得秦始皇修的古長城嗎？如今它還沉睡在沙漠之中。茫茫流沙從北方一步步蠶食過來，狂風雕塑著它，彷彿它是一個千年的流放者，躺在這荒漠之中，凝固成一個沒有答案的沉思。」《河殤》

我三十年前寫下的這段文字，至今還可以讀出一股悲涼來。

英國科學家李約瑟論斷長城是農耕民族的最後疆界，隨後中國史學家黃仁宇有一驚人發現：長城恰與十五英寸降水線重合，從而證實了李約瑟的設想。

至於長城，其實是一個很淺近的圖騰，在歷史上找不到什麼描述。對它大概只能追溯到抗日戰爭時期，它成為從歷史上借來的「抵禦外寇」的一個符號。可是如果你梳理一下歷史，會發現完全不是那回事，是個錯覺。滿清八旗就是踏破長城，滅了朱明。這個明長城，還比早先那個秦長城，退縮了一千華里，哪裡談得上「抵禦」？黃仁宇說「十五英寸降水線」是農耕文明的邊界，正好跟明長城重合。最妙的是，一部關於長城的電視片裡，又在陝西的長城拍到了「華夷天塹」四個字！

謝選駿寫過一本書《神話與民族精神》，其中分析長城，剝離它的精神是「保守防禦」。這並不是說，我們主張擴張、侵略，而是說中華文明對挑戰的應對，是防守型的。

王魯湘在引入選駿的觀點時，又表現出異常謹慎的學究氣。他翻閱了大量關於萬里長城變遷的考證史料，對比了秦長城與明長城在建築時的截然相反的動機和時代背景。他其實還在遵循著「大膽假設，小心求證」的治學態度。當我告訴他，魯湘似乎並不激動。忽有一日，他如獲至寶地大聲叫道：「夏駿，趕快去借一部新拍的長城電視片，我從那裡看到陝西紅石峽長城上有『華夷天塹』四個字，真是鐵證如山。」《龍年的悲愴》

然而我始料未及的是，「沒有答案的沉思」，卻要在三十年後才能解開。至此，我讀到至少四種關於內亞的論述，試分而述之。

三、胡漢碰撞融合

華夷之爭，在中文和中國歷史語境中即「胡漢之爭」，我在議論台灣名醫兼暢銷書作家陳耀昌的「百越密碼」時寫道：

> 關於「華夏與百越」，還有另一種劃分：「蒙古人種」與「馬來人種」，總之也是南北兩個人種，所以在喜馬拉雅山南麓分道揚鑣，走到南方去的就是馬來（百越），走到北方去的就是蒙古（華夏）。那麼，蒙古高原乃至俄羅斯草原上的胡人呢？他們稱為「突厥」，無疑也是蒙古

人種，但是不屬於漢族，「胡漢之爭」毋寧是這個大陸板塊上兩千年歷史的主題。

「胡漢之爭」這個亞洲大陸上兩千年的主題，自然也是所謂史學之眼，中古史的重中之重，其大家非陳寅恪莫屬，他早在四十年代所著《隋唐制度淵源略論稿》就指出胡化、漢化問題實際上是胡漢文化的對立，判別胡人和漢人是以所受文化，而不以種族和血統為依據，並一再告誡治史者：「此點為治吾國中古史最要關鍵，若不明乎此，必致無謂之糾紛。」史家陳寅恪的「民族和文化」之眼，在今日中國學界恐已廢弛，因為習近平對待中國西北乃至中亞的政策，已經倒退到種族糾紛與壓迫。

唐朝人對河朔地區「胡化」現象多有觀察者是杜牧，如《唐故范陽盧秀才墓誌》：「自天寶後三代或仕燕或仕趙，兩地皆多良田畜馬，生年二十未知古有人曰周公、孔夫子者，擊飲酒策馬射走兔，語言習尚無非攻守戰鬥之事。鎮州有儒者黃建，鎮人敬之，呼為先生，建因語生以先王儒學之道，因複曰：自河而南有土地數萬里，可以燕趙比者百數十處，有西京東京。……（入王屋山）始聞《孝經》、《論語》。」這都說明當時社會文教之淺薄，河朔地區尚武輕文。杜牧的論述，也被司馬光收錄到《資治通鑒》中。

自然，唐代史料對陳寅恪影響很大，一九四二年他完成《唐代政治史述論稿》，其上篇《統治階級之氏族及其升降》中分析中央與河朔集團關係時，指出河朔地區與中央存在著嚴重的文化對立，由此得出結論：「唐代安史亂後之世局，凡河朔及其它藩鎮與中央之問題，其核心實屬種族文化之關係也。」

他指出，漢魏西晉時為文化水準很高的河朔地區，在唐玄宗文治燦爛之世卻轉變成了胡化地域的原因，是由民族遷徙造成的。遷徙於河朔的少數民族主要由兩部分構成，其一是東北少數民族；其二是西亞人，「中亞羯胡必經由中國西北，而漸至東北」，中亞胡人東遷有三個重要的時期，「其遠因為隋末之喪亂，其中因為東突厥的敗亡，其近因或主因為東突厥之覆興。」分析中亞胡人乃陳寅恪用力最多、文章篇幅最長的研究，他通過爬梳大量有關河朔將士族屬的記載，並結合他們所具有的共同特徵——勇健善戰、善於經商，判定康、安、石等姓均為中亞月氏胡種（昭武九姓）。

他根據中古時代多民族文化碰撞融合的史實，提出了著名的「關隴集團」、「山東集團」、士族門閥社會、「胡化說」等新史學概念。在陳寅恪看來，中國在魏晉南北朝隋唐這數百年裡都屬於門閥社會階段。門閥家族勢力的盛衰，對王朝的興滅有著根本性的影響。例如，形成於西魏時期的關隴軍事貴族集團，就是解讀西魏、北周、隋、唐歷史的一把鑰匙。關隴軍事貴族集團是關隴地區胡漢大融合的產物，令人驚嘆的是，北周、隋朝、大唐的統治者都出身於關隴集團。該集團開創的「關中本位政策」，一直影響到唐朝。而在唐朝，不僅有四方少數民族漢化，也有河朔漢族百姓「胡化」的現象。陳寅恪的研究對中古史有框架性影響。

在崇奉中華傳統的錢穆眼裡，漢胡之爭即華夷之變，他說得很沉痛：

> 中華之受制於異族，有三期焉：一曰五胡、元魏，再曰遼、金、元，三則滿清。當元嘉之末運，一時名流勝望，相繼南遷，其留而在北者，猶守舊轍，務經學，上承兩漢之遺，皆南士清

玄之所鄙吐而不道者。然而胡姓之貴，受其薰陶，綿綴不絕，卒成周、隋之治，下開唐基，此第一期也。遼、金用漢人，僅保所掠而已。元人挾其武疆，最鄙漢化為不足尊，其治無可言。時則中華之文運幾輟，然譬如嚴冬雪虐，枝葉雖辭，根荄無傷也。故明人之學，猶足繼宋而起。滿清最狡險，入室操戈，深知中華學術深淺而自以利害為之擇，從我者尊，逆我者賤。治學者皆不敢以天下治亂為心，而相率逃於故紙叢碎中，其為人高下深淺不一，而足以壞學術毀風俗而賊人才。……說者猶謂滿清入關，足為我所同化，政權雖移，中華之文運依然，誠淺之乎其為論也。（《中國近三百年學術史・引論》）

當然，陳錢兩位大家皆斷言，安史之亂使盛唐戛然而止，中華文明始有越變越南的趨勢。

四、「永恆的壓力」

余英時教授分析胡漢之爭，更延伸到向海洋發展的新命題：中國的文明，為什麼呈現了一種從黃河流域向長江流域擴展，又向海外擴展這麼一個長達一兩千年的態勢？這就是因為受到了北方遊牧民族的擠壓。大家都知道這個基本的歷史常識。從漢朝時，北方就有匈奴人，南北朝的「五胡亂華」，北方的遊牧民族，一直擠壓黃河流域以及後來的長江流域的農耕民族——漢民族，長達一兩千年，將中國文明往南、往東擠壓。來自北方的壓力，在中國的發展過程中，稱得上是個「永恆的壓力」，就是在將來也還會遇到。

非常概略地講，政治史的背景是內陸亞細亞的少數民族（中國史上所謂「胡人」）從漢末以來此起彼伏地向中原漢族政權施壓力，把北方的中國人不斷推向東南沿海地區。東晉和南宋的兩次所謂「南渡」便對中國人口從北向南遷徙起了最重要的作用。例如今天台灣新竹的饒平林氏宗族，其祖先最初是在東晉初年從北方南渡到福建，成為閩林的一世始祖，後來在南宋之末又由福建汀州遷至潮州饒平。林氏後代最後在乾隆年間渡海來台。（見莊英章、周靈芝「唐山到台灣：一個客家宗族移民的研究」，收在《中國海洋發展史論文集》，中央研究院 三民主義研究所，一九八四年）舉此一例，即可見台灣的發展史並不真的是從十七世紀初年才開始的，其中有些因素甚至必須上溯到一千五、六百年以前。（《海洋中國的尖端——台灣》）

所以我在普林斯頓遇到余教授，他對我說：「你說中國文化沒有海洋文明，這種看法是值得商榷的，」余教授說得很客氣，「但是我很贊成你提出的關於海洋文明和內陸文明的矛盾。」他認為，中國文明是從黃河流域發源的，南北朝以後重心移向長江流域。我們一般談中國文明談到這裡，就不往下談了。他說，宋以後，特別是明清以後，中國文明向整個太平洋地區進行發展和開拓，但本土的中國人談得很少。整個南洋的開發，以及現在南洋諸國的早期歷史，都跟中國的移民、中國海外社會的發展有關。中國宋代以後，中國向太平洋的發展，實際上就是中國的海洋文明。但是中國人自己不談它，只談長江、黃河。

五、中國的「高科技」武裝成吉思汗

中國自身的歷史上，中亞的含義非常慘痛，其中包括西元一千年之際世界最領先的中國宋朝，居然滅於落後的遊牧民族。華裔史學家孫隆基的絕妙詮釋是，宋代的科技文明武裝了蒙古的全球征服：

在這裡，正是提出當時世界「第一軍事大國」宋朝為什麼滅亡的第二重解釋之處。宋代的軍工業，如煉鋼和火藥之用於戰爭，其成果很快就為敵手所分享。中土的軍隊遜於遊牧民族者主要在騎兵，因此宋代大規模生產的鋼鐵多用在裝配步兵的盔甲、強弩和裝甲戰車方面，它們配合城牆，基本上是採防守戰略。發達的煉鋼技術到了金人手裡，就設計連人帶馬全部用鋼鐵包裝的拐子馬。北宋的火藥武器還在燃燒彈階段，抵禦胡騎的效用不大。到了南宋時代進展至爆炸彈藥階段，但此時的發明已非宋人的專利。用鐵殼內裝火藥的「震天雷」——即世界史上第一種榴彈——是金人發明的。最早的管形射擊武器——亦即是槍的前身——是金人用紙筒做的「飛火槍」，南宋為了對付蒙古，於一二五九發明「突火槍」，用巨竹為槍筒，用火藥射出「子窠」，乃子彈的前身。滅宋以後蒙古人用金屬管子代替竹筒。

從西元十一到十三世紀宋遼金西夏蒙古之間的長期「戰國」狀態，是當時世界「高科技武器」的實驗場所。後來蒙古以世界上最優秀的鐵騎，配合第二千年初期東亞戰場的戰爭水準和戰爭科技——火藥和宋人發明的世界上最早的化學武器如「毒煙」等等，橫掃歐亞大陸無敵手。當時的蒙古人只有一百萬人左右，比宋朝的軍事部門還要小，卻幾乎征服了全世界。

他還指出更奇異的一點：

蒙古軍西征把中國的「高科技」西傳。尤其是火藥武器來到歐洲，其水準又往上翻了一番，從此歐洲在這方面領先。至十六世紀初，西歐人將最新型的火炮裝在戰艦上，配合中國發明的羅盤，開始征服海洋……。

六、東亞通常鬥不過內亞

中國的西域史新秀劉仲敬，拓展了別有洞天的「諸夏諸亞」觀，重新梳理出一套當代胡漢論說。他指出諸夏和諸亞，是兩個異質性很強的文化共同體，它們之間始終發生衝突，史上元清兩朝「胡人入主中華」，即蒙古和滿洲的入侵，就是這種衝突的一部分，這個衝突早在殷商和周朝就已經開始了，從中國文明史上可以看到，東亞通常鬥不過內亞，東亞越是統一的時期，反而越弱，越容易被征服，這也是大一統政權的一個副作用，它消除了各邦之間的競爭，不像歐洲那樣有分裂競爭的關係。東亞歷史上最強的時候，反而是春秋戰國時期，這就像歐洲近代資本主義的起源，軍事技術的進步，關鍵因素就是各邦的競爭。歐洲雖然也受到蒙古人和其他遊牧民族從烏克蘭草原上來的入侵，但是最終能夠轉弱為強；而諸夏面對諸亞，因為在大一統格局下就越來越弱。所以劉仲敬認為，諸夏（中原）想要復興，只有恢復春秋戰國時期各邦分立的狀態，像西歐那樣在分立中，相互競爭而趨於強大。

劉仲敬這套論說，用於今日新疆西藏如何呢？劉仲敬以波羅的海不凍港哥尼斯堡為例，分析德國為什麼失去它，「原因不是因為日爾曼人和斯拉夫人的民族問題。根本原因在於：大日爾曼的自我塑造步入歧途，造成了德國和世界不可調和的結構性衝突，地緣政治的理由注定東普魯士形同絕地，它像闌尾一樣插入斯拉夫世界，在任何衝突中都會首先被切斷。」他認為，只要把德國換成中國，把東普魯士換成內亞，就會明白地緣形勢的危險性，這不是人力所能改變的。他說：

> 內亞其實只有兩個問題：正統性的失敗和地緣政治的緊張。這兩者都不是民族問題，「民族」只是一個方便的藉口而已。正統性的失敗是中國整體的失敗，而地緣政治的緊張才是內亞的特殊問題……內亞鬥爭的升級不是地方性因素造成的，也不可能局部解決。只要中國在世界體系內的合法性建立不起來，她最脆弱的地緣斷層就會首先潰敗。所謂的民族矛盾，其實是中國和世界結構性衝突的暴露。

長城以外、西方史家稱之為Inner Asia，即內亞，東起滿洲松花江流域，越過山西高地，向西到關中盆地、青海西藏，然後到印度北部、伊朗一直延伸到烏克蘭大草原，這個廣大的地區，劉仲敬稱之為「諸亞」。

他說這裡是一個高度流動性的草原地帶，技術和資訊的傳播速度非常之快，是一個四通八達之地。在十六世紀海路興起之前，世界上傳播速度最快的，就是草原上的商隊和騎兵，從烏克蘭到蒙古邊境，商隊在草原上沒有任何障礙，行進飛速，此即縱橫草原、橫貫東西的各種商隊，蒙古人的、穆斯林的、伊朗拜火教徒的，發揮了近代歐洲商團的作用，也相當於海洋上大英帝國的艦隊，在十五世紀以前的世界史上，內亞草原就近代史上的海洋。相反，東亞在地理上比較孤絕，如果從揚州到曲女城，到印度，更不要說是到大不里士，坐著牛車或者是馬車，速度非常慢；反之從各大主要文明的核心區到東亞來，只有通過內亞大草原，也非常遲緩，東亞，長城之內，也就是諸夏，是處在被動地位上的。此說其實並不新鮮，似乎在重複西人的「蒙古風暴」說，即成吉思汗是一個更早的哥倫布——航海大發現、乃至一四九二年的哥倫布發現美洲，由此打通全球，而成一個「世界系統」、一個所謂「開端」，不料往前追溯二三百年，曾有横掃歐亞大陸的蒙古鐵騎，勾連了西歐和東亞，締造了一個更早的「世界系統」。

七、歷史教訓是什麼？

一帶一路的政治基礎，是中亞舊有的蘇式極權結構，被中共的擴張想像所延長，其實正在消失。

千年前中國的火藥，未預期地促成了西歐的領先；而今中國的崛起，包括它在中亞的事功，含義曖昧不清；中國內陸安定的前提，是中亞的安寧，中共搞亂新疆，再搞亂中亞，只會「漁陽鼙鼓動地來」；中亞不是一個漢人的領域，不要幻想它，而滅絕這裡的維吾爾族，目的究竟是什麼？

這裡曾經是所謂第一個「世界系統」，我在《鬼推磨》中寫過一節「蒙古風暴」：

「全球化」，實際上在講一個關於「世界系統」的問題，很冷僻，新近出現了一個「蒙古風暴」的概念，是其論說之一。十三世紀，來自蒙古草原的鐵甲騎兵，在歐亞大草原橫衝直撞，即一場世界性的「漁陽鞞鼓動地來」，打碎了古典世界的邊界，重播了舊大陸廣袤地域的人種，改變了三大宗教的勢力範圍，警破了歐洲人的自我中心，留下了現在亞洲的框架。以致千禧年前夕，《華盛頓郵報》選出「本千年第一人」，不是哥倫布，不是牛頓，而是野蠻人成吉思汗。因為「他和他的子孫締造了一個廣大的自由貿易區，橫跨歐亞大陸，大大地促進了東西文明的連接」。

達蘭薩拉[8]感懷

在喜馬拉雅山南麓的一個小車站裡，一位年輕僧人，穿著絳紅色僧袍，照例一見面就抖出兩條雪白哈達，搭上胡平[9]和我兩人脖頸。五十年前達賴喇嘛抵達這裡，「下了火車的那段旅程我還歷歷在目。車行大約一小時，我看見遠方積滿皚皚白雪的高峰，就在我們的正前方。」此刻我們所看到的，依然如此。年輕僧人漢話說得很好，汽車盤旋山路之間，他對我說他最愛讀胡平的文章，「別的漢人的文章我只讀一遍，只有他的文章，我一定要讀兩遍以上」。後來在那座小山城的西藏流亡政府裡，不管我們走進哪個辦公室，只要一提胡平的名字，幾乎無人不識，可知胡平在達蘭薩拉的知名度之高，原因則是大部分流亡藏人只讀一本漢語期刊，即《北京之春》。

要讓信佛的藏人弄懂漢人——曾信鬼神、後又無神論，自是不易，更不要說那種經歷過「毛崇拜」、「鄧崇拜」抑或乾脆「錢崇拜」而財大氣粗的「現代化漢人」了，所以簡潔明快的漢文，如《北京之春》這本「老牌」異議雜誌，乃是藏人勉強能接受的，它大概在語言和說理上都做到了「下里巴人」，胡平的政論文一向風靡，訣竅在哪裡？這次在達蘭薩拉找到了答案。這個細節很有象徵意味：被中國體制視為異端的不同種族的兩個流亡群落，雖不到形同陌路的地步，彼此能欣賞的地方卻很有限，這基本是語言障礙，也有文化隔膜。

一、漢人脫不掉的「奴才命」

漢藏的民族衝突，固然有許多歷史、政治和資源爭奪的現實糾紛，但根源還在隔膜，及其背後的互相無知。從西藏雪山向東淌出的長江黃河所孕育的平原漢人，因人口龐大，文明悠久，又放大了這種無知；近十幾年她經濟強盛，終於可以「雪恥」般地傲視欺負過她的西方洋人，但卻不妨礙漢人拚命學語言（英語）、偷器物（技術），哪裡還會對那寒冷的世界屋脊有興趣？我從不認識一個懂藏文的漢人，而有意願了解西藏的漢人，不是異議分子，就是怪物。中共曾拿「剝皮抽筋的農奴制」妖魔化西藏，只是一個淺顯障礙，你看漢人信基督教或佛教（如法輪功）都不難，一到藏傳佛教這裡就發懵。

漢人的通俗文化，是個頗諷刺的例子。在中國「經濟起飛」時代，電視劇風靡宮廷題材，尤其是「清宮戲」，各種「清帝爺」和太監，乃至貝子貝勒及其「格格」們，是十幾年家喻戶曉、街

8 印度北部山區小鎮，現為流亡藏人政治中心。

9 胡平，中國民間政論家，《北京之春》主編。

議巷談的「大明星」，神州遍地的漢人們，彷彿回到他們滿清「主子」當家的朝代再去做一次「奴才」，可是竟然沒人知道，那年月清朝皇帝是奉喇嘛教的西藏法王（達賴喇嘛）為「黃帽上師」的——被滿族人統治了近三百年的中國，跟西藏是一種「師徒關係」——電視劇播了一集又一集，卻始終沒有教會漢人這個「歷史常識」，這種娛樂的「知識含量」是零。

雖然從文化角度看，整日價電視裡吆喝著「喳」、「主子爺」、「奴才在」，是讓老百姓回爐一趟「奴才」而樂呵呵的毫無感覺，但從「政治經濟學」來看，「廉價勞動力」就是「奴才」，二百年前歐洲人就預言到這景象，當時他們用了一個詞「黃禍」，因為大群馴良、熟練、節儉、拖著辮子的中國工人是西方工業社會難以競爭的。真乃一語成讖。

二、「漢人的西藏」

另一方面，西藏對中原現代漢人的意義是多重的：大一統的、殖民的、地理的、資源的、旅遊的、音樂歌舞的、邊疆文學的、喇嘛教的、農奴的，等等，在大眾傳媒（文革「積澱最深厚」）也即市井的層面，歌舞的和旅遊的「西藏」大概是最「深入人心」也霸權最大的一個意義。

它的源頭，我們可以追溯到那首「北京的金山上」，由才旦卓瑪[10]演唱，是「文革」中音量最大的幾首歌曲之一，它甚至已經代換成漢人的「崇拜」儀式，雖然這首歌是借藏人的歌喉，把北京說成「神山」，把毛澤東說成神——借藏傳佛教的藝術來塑造漢人的「現代迷信」，也是一種「洋為中用」吧？我們可以發現，自由化的八十年代，西藏乃至整個邊陲的聲音，在中原是頗為沉寂的，那其實是一個正常現象。到九十年代，那聲音又「洪亮」起來，領頭的一首歌，是李娜[11]唱的「走進西藏」：

走進西藏，也許會發現理想。
走進西藏，也許能看見天堂。
呀拉索，走進雪山，
呀拉索，走進高原，
呀拉索，走向陽光……

意義空洞、徒然的高亢，它只剩下一個「西藏」的包裝外殼，卻風靡神州。那是一個「旅遊西藏」正在勃興的時期，患有「意義失重」的漢人青年，大部分只被地理意義上西藏的廣漠、巨大所震懾，或著迷藏傳佛教的奇異，或沉醉於邊陲風情（「香格里拉」[12]），這些都不妨去配合對西藏的征服、掠奪甚而滅絕。我們要問的是，為什麼陷入了滅頂之災的藏族，在現代漢人的意義世界裡，卻好端端地留下一派浪漫歌舞和壯麗河山呢？

10 藏族，西藏日喀則人，女高音歌唱家。
11 漢族，河南人，學豫劇出身，後為大陸流行歌手。
12 虛構的東方群山中和平寧靜之地。

「走進西藏」——你是走進哪個「西藏」？這是一個最簡單的意義。對於漢人來說，西藏在文明、宗教的意義上，一如她的地理軀體，也是廣漠、巨大的，憑藉「旅遊」是不可能簡單逼近的。更大的困難，還在於現代史的篡改、閹割和掩埋，使漢人基本上完全失去接近真實西藏的所有通道。你永遠在「走進」一個漢人虛構的「西藏」。

三、從「大中國」走掉？

如此一個「大漢族」，才使中共得以拿「民族主義」破爛貨，做一次意識形態而毫不費力，漢人那未曾療救的百年恥辱，一轉臉就變成欺負弱小民族的沙文主義，就是靠這破爛貨的點化。所以在達蘭薩拉的流亡藏人會這樣問我們：「將來中國民主了，讓一人一票決定其他少數民族的命運，不是更慘嗎？」天曉得！不過大陸人是說過這種話：「咱十幾億人，每人吐口唾沫也把台灣給淹了！」因此據說台灣人認為當下正是台灣走掉的絕佳時機，千載難逢。他們也是漢人（閩南人）呢，也鄙視海峽那邊的另一種漢人。

要從大中國「走掉」，可謂一種跨世紀興奮，並非「少數民族」的一廂情願，也是「邊緣漢族」的時髦，大家都巴不得甩掉那個愛耍恨、又貪婪也很擁擠的「大一統中心」，去過自己的小日子。最慘莫過香港人，一百年優哉游哉，末了還得「回到祖國懷抱」，叫劉曉波痛惜地居然喊了一腔「三百年殖民地」。其實台灣「走掉」也談何容易，正經是不能落到香港的地步，「一不留神」就「掉進去」。

這邊藏人很幸運，有達賴喇嘛這麼高智慧的一位法王，極清醒「走掉」豈是一件簡單的事情？除去印度的限制、聯合國的冷漠等因素，即便今日版圖的「西藏」（衛藏）走得掉，那已經劃入青海、雲南、四川的藏區連同無數的寺院及其僧俗大眾怎麼辦？難道扔掉不成？千百年歲月鑄就的「命運共同體」，怎能逞一時之快而拆碎？我想這便是「中間道路」[13]的依據所在。

四、空靈的境界

「渭城朝雨浥輕塵，客舍青青柳色新。」達蘭薩拉讓我想起王維的名句，大概海拔高（兩千米），靠近雪山，春季涼爽清新。也叫大昭寺，也叫祖拉康，跟在拉薩一樣，是這個小山城的中心，雖在西藏境外，如今卻是藏傳佛教的麥加，我們逗留十天裡，就有兩件大事發生，即三月十九日達賴喇嘛在此傳法之際，當眾談話堅持「最高政治領袖」，言辭懇切；再者是第二天的流亡藏人大選日，投票站就在這裡，兩件事都驚動世界。

此地前院是「大乘經院」，後院即尊者[14]官邸。每日喇嘛們在經院二層詠經，聲浪漸次由低攀高，宛如波濤；任憑信眾整日流連，除了藏人，絡繹不絕的善男信女多為歐美青年，他們到此或駐

13 達賴喇嘛在一九八八年提出：西藏不謀求主權獨立，而是在中國框架內尋求西藏三區的自主自治。

14 來訪漢人皆隨藏人稱呼達賴喇嘛為「尊者」。

足片刻，或默然席地打坐，皆虔心膜拜尊者，又彷彿承受雨露。

我們有幸到此拜見了達賴喇嘛。那天下午輪到我們進去，他就在門廳裡等著，永遠穿著那著名的絳紅色僧袍，一上來就拉著胡平問：「speak English?」我跟在後面應道：「Broken English.」他笑著回頭說：「Like me.」我上一次近距離見到他，是二十年前，在紐約哥倫比亞大學，這次他紅堂堂相貌依舊，聲如銅鐘，幽默如故，而且一如既往地期待中共再次出現「改革奇蹟」，這次他問「溫家寶屢言政治改革」該作何估計？我們自然視為「作秀」，或「溫影帝」怕留歷史惡名，或孤掌難鳴，尊者聽罷默然。

待又談到中國「維穩費」已超過軍費，尊者提起一件舊事：「我給毛主席寫過兩次信，第一次他給我回了信，第二次我再去信，就沒有下文了。我知道他不會再回信給我了。」此言自有話外音，作何解讀？我不敢妄言。但我懂得尊者的大思路，既然佛家不殺生、既然西藏不能「獨立」只能「自治」，那麼漢藏只有「和解」一途，達賴喇嘛也只有這麼一個立場，永遠不變，選擇都留給你們漢人了。這是「空靈」的境界，我只覺得，當今汙濁的世道與這境界實在太不相稱，枉負了他一世的苦心。

五、父子兩代「走」藏獨

我們剛到這裡，就聽說尊者有個侄子在美國不幸遭遇了車禍，我心裡咯噔一下，因為我有慘痛的車禍經歷，對此很敏感，接下來就引出一個故事，是關於達賴喇嘛的大哥達澤仁波切。

「仁波切」意思即「寶」，指精神領袖。他長弟弟十三歲，本名圖登吉美諾布，很早就被青海塔爾寺選為主持，晚年一直為「讓贊」（藏語「獨立」）奮鬥，有個住在美國的康巴[15]人嘉央諾布回憶了跟他的交往（嘉央諾布《回憶第一位讓贊步行者》，引文自唯色網站「看不見的西藏」）。一九八八年達賴喇嘛發表「史特拉斯堡宣言」，是為「中間道路」出台，達澤仁波切知道弟弟放棄了「獨立」非常傷心。由於印度的限制他也只能流亡北美，七十三歲開始推動「國際西藏獨立運動」，「並且領導了幾次獨立步行活動，行蹤遍及美國與加拿大」、「他很有精神地邁著步伐，反戴著一頂白色的棒球帽，告訴美國：西藏是一個獨立的國家。」

他跟達賴喇嘛的理念不同，「他與共產黨人的交往經驗，使他堅信中國對西藏的意圖是邪惡的」、「這一幫人都是粗鄙、自以為是、狡詐而又喜好殺人的人——他們都是非常野蠻血腥的中國內戰的產物、毫無人性的人」、「許多人都是前軍閥的手下、傭兵、土匪、地頭蛇等等」（大部分漢人都不能有見及此）。美國《新聞週刊》記者約翰・艾夫唐所著《雪域境外流亡記》記載，共產黨進入青海後，就囚禁了塔爾寺主持達澤仁波切，威逼他前去拉薩誘降甚至殺害他弟弟。這個經歷叫他很早就洞悉「北京要吞併西藏，並計劃使西藏的僧俗生活方式逐漸解體，用馬克思主義的國家來取代西藏的僧俗生活方式」，因此「獨立」成為藏民族信仰、語言、生活方式存活的基本條件。

二〇〇八年他去世，兒子晉美諾布繼承遺志，接力和平徒步遊行，竟於二〇一一年二月十四日

15 即康巴藏區，位於四川西部與西藏東部。

遭遇車禍身亡，終年四十五歲，而他的兒子們又接力繼續奮鬥……。

六、殖民地的反抗

達賴喇嘛自傳裡說，他初到達蘭薩拉的翌日清晨，一醒來就聽到一種鳥鳴，「我向窗外逡巡，卻不見牠的影蹤，只見一片宏偉壯麗的山巒」。我們看到這幅壯景，卻是從女作家朱瑞住所的露台上。她是《傾聽西藏》的作者，此書獲達賴喇嘛親自作序推薦，褒揚她溝通漢藏兩族的努力。朱瑞說她這本書，其實是創作一部長篇小說的副產品，那部小說《拉薩好時光》，描寫了漢人入侵之前的迷人西藏社會，兩本書皆由台北允晨文化付梓出版。她此刻恰好也在這裡，熱情邀我們去山坡上她的寓所吃飯、聊天並且贈書。

席間大家談起一個喇嘛的自焚，那是剛從四川阿壩州傳來的消息，格爾登寺一個叫平措的小喇嘛，才二十歲，三月十六日獨自一人離開寺院，走到街頭突然就變成了一團火，他在火焰中掙扎並高呼：「讓嘉瓦仁波切[16]回來！」、「西藏需要自由！」、「達賴喇嘛萬歲！」……很快大批軍警就把駐有兩千五百個喇嘛的格爾登寺圍得水泄不通。

這個事件的爆發時機，恰好跟中國民間的「茉莉花運動」重合，但它其實是一個純粹的西藏抗議，跟北非的伊斯蘭革命沒有關係。當時朱瑞立刻到達蘭薩拉的格爾登寺，找到平時跟平措很要好的一個小喇嘛，去年才翻越雪山過來的，他說：「本來，阿壩地區在二〇〇八年三月十六日抗議時，死了很多人，所以三年後的今天，許多藏人都在寺院和家裡點酥油燈紀念遇難者。平措的紀念方式是自焚。」

我們反觀二〇〇八年三月「拉薩事件」[17]，它在漢藏關係史上的重要性，跟一九五九年「拉薩事件」是同等的，將隨著時間的推移，越來越會被證明。文革後有一個流亡藏人的參觀團，獲准回西藏考察，達賴喇嘛的三哥洛桑三旦也在其中，他在蘭州遇到一個坐了十九年牢的藏人對他說：「無論中國人說什麼、做什麼都不可信，無論他們講我們藏族什麼都不可信。我們團結一致反對他們，在西藏全國各地都有地下組織，甚至在監獄裡也如此。尤其是年輕人十分堅定。」（《雪域境外流亡記》）西藏成為二戰以後非常罕見的一個殖民地，駭人聽聞地被奴役、被壓榨，獲知了這一切的洛桑三旦得了憂鬱症，一年後去世，尊者說他「因心碎而死」。

七、甘地的兩個傳人

所以二〇〇八年藏人的反抗毫不奇怪，在那以後，甚至達賴喇嘛都開始實行「戰略轉移」，如王力雄[18]所言，「很多時間和精力都放在與中國知識分子、學生、反對派人士及宗教人士的見面交流上。」

16 「嘉瓦仁波切」是藏人對達賴喇嘛的敬稱，意為至尊之寶。
17 二〇〇八年三月十四日發生在拉薩的衝突事件。
18 中國作家，以《黃禍》而知名，他也是一個西藏研究者。

王力雄有一文〈獨派力量在崛起〉還指出：「主張獨立的力量不但增強，且有變成主流的趨勢……之所以發生這種變化，的確是中國政府的政策所導致，當達賴喇嘛的溫和姿態一再遭到無理拒絕甚至羞辱時，如何還能讓藏人相信他的中間道路有前途？」

這情勢跟漢人民間社會，自北京奧運會以來遭到越來越嚴酷的壓制，如出一轍。無獨有偶，劉曉波領銜發起「零八憲章」溫和建言竟遭重判十一年、由此榮獲二〇一〇年諾貝爾和平獎，而被壓制激怒的反體制漢人們，也對他的「無敵論」[19]嗤之以鼻。兩位諾貝爾和平獎得主的境遇，何其相似乃爾！王力雄曾在達蘭薩拉遭遇藏人對他「不明確支持藏獨」的抗議，胡平則竭力為「無敵論」辯護而在網絡上被圍攻，又何其相似乃爾。

達賴喇嘛對藏民族而言，是「手持白蓮的觀音」，至高無上，而劉曉波只是一個異見知識分子，漢人八〇後知道他的也寥寥無幾，這又有天壤之別；尊者是修煉至化境的活佛，精神已然純淨，超越了憤怒和欲望的大自在者，相比之下，劉曉波活在凡塵中，自是煎熬萬分！不過他們同時作為極權主義的反抗者，是平等的。更有甚者，他們倆作為聖雄甘地的傳人，都對填補亞洲的價值欠缺，建下垂世之功。

二〇一一年四月二十二日

19 二〇〇九年十二月二十三日，劉曉波在法庭上做最後陳述，題為《我沒有敵人》。

生態源、冰川與滅絕

我對佛教，完全是一個門外漢。達賴喇嘛從佛教講環保，很智慧，讓我傾倒。一方面他說，環保跟宗教、倫理或道德無關，那些都是奢侈品，而環保則是生存底線，因為跟大自然為敵，人類無以生存；另一方面，他又強調環保需要倫理和信仰，因為人類的貪婪，即佛教所稱的「三毒」貪嗔癡，才是大自然的災難根源。

中國的「經濟起飛」，僅僅十年，環境全面惡化，生態遭到破壞，正符合達賴喇嘛的第一句話。黃肖路說，一九七〇年她隨父親黃萬里[20]下放鄱陽湖畔的幹校，一日傍晚父女倆大堤散步，感嘆眼前鄱陽湖的景色，黃萬里隨口吟誦「落霞與孤鶩齊飛，秋水共長天一色」，王勃《滕王閣序》的名句寫於西元六七五年，離一九七〇年是一千三百年，卻景色相去不遠。但是僅僅四十年後，今天鄱陽湖幾乎乾枯了。這麼一個細節，讓人知道中國「經濟奇蹟」的破壞力有多大。

20 黃萬里，清華大學水利系教授，中國著名反對三峽大壩民間運動的靈魂人物。

王維洛[21]說，二〇一一年長江中下游缺水厲害，尤其湖北，洪湖水只剩幾十釐米深，根本原因是湖北省承擔了中國兩個最大的工程——三峽和南水北調，兩個工程是姐妹工程。南水北調一條引水水道要打破七百多條自然河流的流水，把中原大地所有的水流都給切壞。這個缺德工程，就是江澤民要辦「〇八奧運」，向北京供水十億立方水，匆忙批准上馬。

湖北這個例子，可稱是一個「叢聚」（cluster）。第一，它是華夏江河湖海全面告急的一個縮影：黃河河道萎縮，九七年斷流二百二十六天，三百天無水入海；長江十年之內將變成「第二條黃河」；全國七大水系皆汙染嚴重；五大湖容量劇減，水質汙染；近海赤潮頻發，渤海魚資源告罄，已是「空海」。第二，它又是「超級工程」（megaprojects）的另一個縮影。「凱迪網」出現過一個「中國超級工程一覽目錄」，那個貼文的題目叫「讓老外看得目瞪口呆」，一共一百零六項，除了南水北調，還有西電東送、西氣東送、高速公路的「五縱七橫」、光纖電纜的「八橫八縱」等等，典型反映今天中國那種肆無忌憚折騰大自然的靡費無度，玩大自然近似小孩玩積木、在海灘堆沙，可說是十八世紀工業革命以來全世界從未有過的好大喜功的狂熱。

所以，這又應了達賴喇嘛的第二段話，沒有克服貪婪的精神資源，環保是一句空話。甚至，中國即使有了民主制度，而多數人要求過上「第一世界的生活標準」，那麼政府就會把「資源高消耗型」發展模式繼續搞下去。

國內環保界和學人也在研究、呼籲。他們反省華夏歷史上的經濟開放模式，稱之為「吃祖宗飯，奪子孫路」的路子，最著名的例子，自然是黃土高原，在〈禹貢〉[22]土壤分類的等級中被載為「上上一等」，曾經是森林茂密，草原肥美，經過上千年掠奪式的開發，成為一片荒山禿嶺，水土流失嚴重，大量泥沙被沖進黃河，形成了世界罕見的「懸河」。雲貴高原是另一個例子，古代被視為「瘟疫之鄉」，反而逃過了過度開發，成為中國唯一倖存的熱帶雨林，物種驚人得豐富，但是明清之際，大量人口遷入，開山墾荒，亂砍濫伐，把原始森林毀為農田，森林覆蓋率下降百分之三十四，許多地方都成了童山禿嶺。

今天在「西部大開發」的浪潮下，西藏的生態也開始面臨劫難。西藏是「地球第三極」，是北半球氣候「調節區」和「啟動器」，也是「江河源」和「生態源」。青藏高原上的冰川，是許多河湖水源的補給來源，東流有長江、黃河，西流有印度河，南流有瀾滄江、怒江、雅魯藏布江等。長江發源的冰川叫姜古迪如冰川，綠色家園[23]召集人汪永晨說她九八年去，那裡還是「高原草甸，滾滾江水」，有七百多跳冰川（一個冰川稱一跳），十一年後再去，冰川已經全部消失，「很多長江源的支流已經完全乾涸了，一點水都沒有」。另據報導，黃河源區，青海瑪多「三江源區」的四千多個湖泊，百分之九十以上已經乾涸。

雅魯藏布江據說是地球上最富含水力發電潛能的兩條河流之一，但攔截此江，便如同摧毀西藏高原極脆弱的生態系統。在雅魯藏布大峽谷那個著名的「大拐彎」處，據稱中國正計劃興建三十八億瓦特的水電站。中國會歇手嗎？未來二十年中國能源需求面臨巨大缺口，要增加二十六座

21 王維洛，德國華裔水利工程師，曾參與三峽大壩前期論證。

22 《尚書》之一篇，記載各地山川、地形、土壤、礦產。

23 中國環保中心，致力於環保與監控。

兗州煤礦、六個大慶油田、八個天然氣西氣東輸工程、四點三個左右的三峽水電站的裝機容量、二十個大亞灣核電站和四百個大型火電站。

西藏高原的兩側，各有一個最古老的所謂大河文明，華夏和印度，兩邊都應當拜西藏雪山為「養育父母」，中國倫理講究「滴水之恩，湧泉以報」，可是我們今天看到的恰好相反。這裡有兩個層次的隱喻：在生態的含義上，破壞西藏的生態，意味著摧毀我們自己生態的源頭；在精神的含義上，藏傳佛教蘊含的巨大資源，尤其是十四世達賴喇嘛從中提升出來的普世價值，可以接濟我們的文明缺失，我們卻正在下手把它滅絕。這也正好應了《孟子》裡的一句話：天作孽，猶可違；自作孽，不可活！

暢銷書《槍炮、病菌和鋼鐵》的作者生物地理學家賈德・戴蒙（Jared Diamond）又寫了一本著名的《崩潰》，提出環境崩潰使文明消失的所謂「五點框架」：生態破壞、氣候變更、強鄰在側、好的貿易夥伴、文化價值觀上如何應對生態；前兩點和第五點，是對任何文明都適用的；有趣的是，第三點「強鄰在側」和第四點「好的貿易夥伴」，恰是一對悖論的因素，套在中藏關係上再合適不過，因為敬畏大自然的西藏文明擁有最先進的生態倫理，她卻不能守護她的「天上人間」完好如初，不幸因為她華夏強鄰的虎視眈眈，恰好是毀滅藏傳佛教，才能最終占有西藏的自然資源。

漢人自己對於「三峽大壩」這種「斷子絕孫」的缺德事，也是很無奈的，比如李銳[24]二〇〇四年給胡溫寫信再談「三峽」禍事，提到黃萬里當年曾對他說，將來三峽出事，要在白帝城頭修廟，並用鑄鐵立三人跪像，中間一女，兩邊各一男：錢正英[25]、張光斗[26]、李鵬[27]。這當然也是一種中國傳統。中共不僅毀了中華民族的山河，更毀了這個民族的精神資源，中國還有純正的佛教嗎？我們恐怕需要再從西藏引進一次佛教，就像當然唐朝玄奘「西天取經」一樣。

二〇一一年七月十日

24 前毛澤東祕書，水電部副部長，反對修建大壩。
25 前中國水電部長，主持多座大壩的興建。
26 清華大學水利系教授，主張興建大壩，包括黃河的三門峽和長江的三峽。
27 前國務院總理，曾任水電部長，主建三峽大壩。

天人恩怨、天外視角

二〇一一年「六四」之日，疲憊地從華盛頓回家之後木然去找電視看，在《國家地理》頻道上，劈頭撞上一部大製作，看得我屏息凝神、目瞪口呆。「六四」第二天是世界環境日，我對此毫無概念。

從頭到尾的空中航拍，足足九十分鐘，說大氣磅礡已不夠，電影語言裡空前的宏大敘述。記得八十年代，日本NHK放送公司肯花一百萬美金來買黃河拍攝權，據說令北京中央電視台最垂涎者，即對黃河的航拍，他們拍的一萬尺膠卷裡，動人心魄的一段，只有鳥瞰下的黃河，我第一眼的感覺，像青藏高原上的一條動脈大血管。但是跟法國航拍大師揚・阿爾蒂斯-貝特朗的這部《家園》（Home）一比，就是小巫見大巫了。

一、人類對地球的背信棄義

失落家園二十年的流亡者，去看那終極意義上的大家園的奇偉、哀愁和瘡痍滿目，似乎對鏡頭裡躑躅非洲荒原的一群獅子的憂鬱症，和碧藍海水裡痛苦打滾的一頭大鯨，也會心有靈犀。YouTube上說，「全球觀眾首度同時在網路、電影院、電視頻道與露天放映場觀賞一部電影」，有法語、英語、西班牙語、德語、俄語與葡萄牙語等版本。

或許航拍營造了某種距離感，賦予這部環保紀錄片某種天外視角，和啟示錄式的解說風格，娓娓道出我們星球的神奇和悲涼，以及她四十億年遺產孕育的聰慧人類的背信棄義，一部二十五萬年的傷心史。

鏡頭鋪陳著一個個自然神話，從水開始。地球的神奇，在於她離太陽不遠不近，恰到好處，使得水處於液體狀態，變成泉溪、瀑布、水蒸氣、雲雨、海洋、冰川，周而復始，永恆循環；樹則從土壤吸吮水分，再吐氧到空氣中，構築起一種微妙而脆弱的平衡，乃孕育生命，和一條生物鏈，那頂端便是人類，二十五萬年的一個造化，可能恰是地球的掘墓人？

人類的文明，和地球的災難，始於同一個源頭，那就是農業。人類果腹之道若止於狩獵採集方式，便吻合地球的微妙平衡。不幸的是，這鬼靈精發明了農業——植物和牲畜的馴化，得以大量繁衍人口、由遷徙而定居、養得起吃閒飯的政客（政治、統治）和文人（文字、藝術），還偶然得到兩樣副產品：鐵和細菌，獲得征服能力，征服異族和地球。

至今仍有四分之三的人類是背靠青天，「土裡刨食」，但美國只剩下三百萬農民，卻可以餵養地球上二十億人。另一方面，美國每年從中南美洲國家輸入兩億磅牛肉——食肉的喜好，產生速食業和食品業的經營動機，乃是美洲雨林毀滅的背後主因。貧窮農夫們「砍燒」原始森林，種植牧草，每分鐘摧毀七十二英畝雨林。《家園》則從空中展示了驚心動魄的集中營式巨型牛場，數百萬牛隻蠕動之間，寸草不生，正好是「風吹草低見牛羊」的反面；欄外馳道上大卡車穿梭往來，運送穀物、黃豆作飼料，那又是收獲於砍伐森林騰出來的土地。於是，森林變成牛肉；牛的壽命甚至短於一道製肉工序。這就是「新農業」。

樹的神話破滅了。《家園》說：「地球花了四十億年來製造樹林。在物種鏈條上，她至高無上」。樹是地球之肺。一棵雨林樹木，一生經根部汲取三百萬加侖水，再以水汽釋入大氣，凝雲降雨。天設地造的平衡樞紐斷了。砍樹就是對地球施行剝皮術。鏡頭裡，婆羅洲和海地兩個島嶼，被剝得最慘，裸露的山體血淋淋，猶如被斧子剁開的牛肉。早在八十年代，大氣中百分之十五的新增二氧化碳來自單一事件：為牧地而焚毀美洲熱帶雨林。

二、文明是擷取陽光的不同形式

一個「吃」字，成為地球的禍根，對「吃」便有了種種新解。有本書叫《古老陽光》（*The Last Hours of Ancient Sunlight*），說地球與太陽的適中距離，讓人類得以「吃陽光」。一株植物便是一束陽光——儲存的陽光；一隻肉類動物，更是陽光的一座儲存器。這些新奇的概念，敷衍出一種嶄新的文明論說：所謂文明，不過是擷取陽光的不同形式而已，文明越高級，擷取得越巧妙、越徹底。

人類不能直接吃森林，但可以經由反芻動物吃更多的植物，這就是放牧和飼養。從動植物身上擷取陽光，演進到從土地上更多更穩定地擷取，就是農業文明了。

奴隸制度便是把某人體內的陽光取出來使用的一種方法。奴隸不僅是工具，也是「能源」——動能、貯存的能量、可消耗的能量。據說因此，金字塔、長城、灌溉系統等大型工程，只出現在階級嚴明和大量蓄奴的社會。

中世紀發現了煤——埋在地下的陽光，四億年前被植物捕捉到的，乃是陽光的儲備銀行。十九世紀中葉，發現石油，才真正打開古老陽光的庫藏，人類生存無比容易、舒適，人口膨脹，在不到千分之一的人類歷史裡，繁衍了人類總數的百分之九十，就是因為「吃陽光」太容易了。但是石油儲存在往後四十五年之內將被耗盡。

石油的傑作是超級都市，能源揮霍出來的嘉年華會。洛杉磯的傳奇是：方圓一百公里、汽車與人口數量攀齊、白晝不過是輝煌夜色的延續、距離概念由英里換成車程分秒，這傳奇正被全世界複製。把洛杉磯拋在後面的，是海灣的杜拜（Dubai），用「石油美元」堆砌的人工奇蹟：棕櫚島和幾個世界之最——廁所水管都用黃金的七星級酒店、沙漠裡的巨型室內滑雪場、幾成爛尾工程還要攀升到一千米高的杜拜塔，而她的石油儲量估計二十年內將枯竭。

「杜拜」奇蹟，也強烈地對比著它的反面：世界上尚有五億人生活在沙漠裡、每天五千人死於水汙染、十億人無安全食用水，同時也有十億人缺糧，而世界一半的穀物正用於牲口飼料或燃料。

在「吃陽光」的文明結構裡，對資源的占有，就是對財富的占有，但是非洲最大石油輸出國尼日利亞，卻是七成人口生活在貧困線以下。

三、改革將世界貧富差距「中國化」

《家園》提及中國不多，有兩次都在關於超級都市的鞭笞之中：深圳從小漁村變成大都市只用了二十年，而上海在二十年裡豎起三千座大廈。此即中國的「改革開放」，被放在全球視野下的真實含義，而中國正在接軌的「全球化」模式則是：占世界人口百分之二十五的富裕國家（北美、歐洲、東北亞），消耗世界總能源的百分之七十以上，享用全球百分之六十以上的食物，消耗百分之八十五以上的木材——這不正是鄧小平的那句「一部分人先富起來」嗎？一項最新調查顯示，中國現有三十萬個「千萬富豪」，卻只占總人口的百分之零點零二三。

怎能說中國沒有「全盤西化」？世界貧富差距，在一九六〇年產生突變，到一九八九年貧富差距增加兩倍，百分之二十的世界富有人口，控制了超過百分之八十二的世界財富，然而世界上百分之二十的窮人，只得到百分之一點四的世界財富，是六十比一的不平衡。而中國恰是在八九之後，瘋狂地加入到這一「世界差距」中——它的「經濟奇蹟」，便是成功地把「世界差距」內化為「國內差距」，貧富差距從改革初期的四點五比一擴大到現在的十二點六六比一，其取徑，是榨取中國人口百分之九十以上的廉價勞力，以及中國極為稀缺的資源，向那占世界人口百分之二十的富國提供廉價的產品，換來世界第一的外匯存底和政治穩定，吉尼係數突破警戒線，還有那「一小撮」中國富豪（當年一小撮「右派」還五十萬呢）。所以，中國的引進外資，其實是引進貧富差距；也所以，西方輿論以「全球化」論說接納中共，因為它不必再「圍堵」而是「夥伴」。

人類還有出路嗎？科技是一柄雙刃劍，它帶來的工業化使人類得以蹂躪地球，卻也是靠它揭露了人類的劣行——北極冰帽融化、每年六十億噸碳傾倒進大氣中、全球氣溫變暖加劇、大量物種滅絕……但是，解決之道就不能只靠科學，更是一個人文、倫理問題。這裡首先遇到的是人類的一種情緒，即麻木，所以高爾[28]那部鼎鼎大名的環保片子起名《不願面對的真相》（*An Inconvenient Truth*），其實 inconvenient 這個詞有「煩擾」的意思在內——好不蔫兒的（這是北京俗語），你沒事找事呀？無疑，環境危機之壞消息所挑戰的，是當下最理想的生活方式，想要撼動它，談何容易？

西洋文明遭遇根基性的撼動

西洋文明自經歷二戰之奧斯威辛[29]質疑以來，還未遭遇過像環境危機所帶來的如此根基性的撼動，其劇烈程度有沒有華夏文明在近代遭遇船堅利炮時李鴻章驚呼的「三千年未有之變局」？大概要等石油告罄才見分曉。他們遭遇的對手，不是另一個更強勢的文明，而是他們自己——在人們麻木的背後，是一組傳統、信念和典範，從來所向無敵，質疑它唯有他們自己。西洋文明自有其深邃

28 艾爾・高爾，美國前副總統，後為環保活動家。

29 奧斯威辛集中營，成為納粹滅絕猶太人的代名詞。

之處，知識分子秉持的真理精神，也不容他們沉默，石油興起的「能源夢幻」，距今不過五十年／一個世代而已，反思之聲已然大作，從達爾文直到基督教。

在天人之間，反省直指所謂「天命」——征服、統治生物乃「天命所繫」，治理地球的命令來自聖經，「文明生存線」擴展到了太空。可是在另一端，西洋哲學的支撐又是唯物主義，伽利略說世界之存在，不過因為人看見了它；亞里斯多德稱宇宙、自然界由簡單原子構成，人皆能操弄；笛卡兒則進一步指整個宇宙即是一部大機器。這種信念使人類逸出宇宙整體，而獨立其上，視地球和所有動植物為「自然」、「原野」，自己則是「文明」——優越的、予取予求的。這是在天人之間「以人為尊」，預設其他萬事萬物只是黯淡模糊的背景，人類具有決定萬物生死的知識與權柄，若承認「物」皆有其各自的生存權，便從人的手中拿走了一切。

從天人關係延伸到人人關係，便是從人類統治所有生物，合乎邏輯地延伸出一部分人類比其他人類更適合作統治者，以及消滅所有競爭者，這是殺人方法日新月異，現代戰爭使利器達到極致的根源，也是文明征伐、種族滅絕的根源，其歷史可追溯至古羅馬，以及希特勒對付非印歐語系人民、哥倫布對付伊斯帕尼奧拉島上的泰諾和阿拉瓦克人、英法荷葡比西殖民者對付美洲印第安人、盧安達的胡圖人對付圖西人、剛果薩伊的圖西人對付胡圖人（幾乎殺光了僅存的三千多個俾格米人，一種矮小人種，中東非洲僅存的狩獵採集族人）……。

人不是上帝用泥捏成、而是從猴子變來的——達爾文「適者生存」的天演觀，與其說是顛覆了神創說，不若說是解釋了另一種「天命觀」。疾病使歐洲人殖民南北美洲成為可能，而食品製造、牲畜馴化所提供的病毒「免疫力」，幾乎可以視為「上帝的恩賜」。新英格蘭地區百分之九十五的印第安人死於瘟疫，一位清教徒牧師寫道：「上帝用天花來結束爭議，印地安人一村又一村地滅亡，一些村子甚至無一人逃得過這大毀滅。」弱肉強食的進化故事，接著又從生物界躍進人類社會，撩撥起近代以來血腥的「現代化競爭」、帝國主義戰爭和共產極權的肆虐，人類死傷無算，野蠻空前。

也許，反省至今還只能算「於無聲處」，資訊時代要弄點響動，還得靠影視，如這部《家園》；也許，出路就像「替代能源」一樣，尚為渺茫。但是《家園》片尾的呼喚還是「悲觀已經太遲」。這對中國又意味著什麼？我們暴富之後肯節省一些嗎？我們奇蹟般的年增長肯降下來嗎？一旦降了會不會天下大亂？靠經濟發展拯救的中國專制，肯為地球放下屠刀嗎？這已不該由西洋文明來反思了。

輯三

商鞅術、口腔期

中國整個就是一齣相聲

中國沒人不愛聽相聲，侯寶林是世界少有的巨星——他少說也有幾億粉絲，連毛澤東都愛聽他的《關公戰秦瓊》，於是他又堪稱是一位「後極權藝術大師」，因為他講究說笑、調侃的技巧，叫你抓不住「右派」、反黨的嫌疑，居然可以出入中南海，存活於文字獄極酷烈的毛澤東時代，一個「箝天下之口」的世道，直到文革他才遭殃，而文革壓根是「霍布斯叢林」。而今中國忽然批相聲是「三俗」：庸俗、低俗、媚俗——最後一「俗」，是「新馬」[30]術語，未知是誰教給只曉得卓婭的胡錦濤[31]。

我這裡就想借這個由頭，說說「低俗」二字跟這個時代的姻緣，因為今日「盛世」，其實就是「低俗」釀造出來的，它是上層建築，GDP連年以十增長，不過是被它「反決定」的經濟基礎。

一、靈魂紛紛熄滅的「痞子運動」

二十年的歷程始之於喜極而泣。一場嘉年華會式的革命倒在血泊裡，便需要某種低俗、輕薄的過度，來降溫和冷卻，這個當口，一切娛樂其實都是相聲。全中國的小說，有一陣子好像都叫痞子王朔給寫了，劉曉波誇他：「你的語言中有大量的政治辭彙，也有時髦的外來辭彙，你把文革式的革命辭彙和新時期的尼采們放進油滑的北京痞子腔的口語中，於是你的語言顛覆的毀滅性剩下的只是價值廢墟」。大眾的幻滅和失語，唯有借著王朔「千萬別把我當人」的自嘲而獲得慰藉，這不僅是「去政治化」，也是「去理想主義」、「去五四精神」、「去反體制」，痞子也未預期地與思想家的「告別革命」，在思想史的高度上合流。當中國人終於厭倦革命，好不容易去擁抱世俗的時候，全世界正巧在另一個節骨眼上：埋葬了共產黨體制。這還不夠編一齣相聲嗎？

當時小說家韓少功有一文〈逐漸死亡的小說〉發表：

用存在主義的假大空代替庸俗馬克思主義的假大空，用性解放的概念化代替勞動模範的概念化……我們身處一個沒有上帝的時代，一個不相信靈魂的時代。周圍的情感正在沙化。博士生

---

30 新馬克思主義，指修正馬克思的古典理論，轉而借鑒西方哲學，但仍堅持其某些原則的新學派。

31 胡錦濤訪俄國答記者問，說他最愛讀的俄羅斯古典文學作品，是一本關於二戰英雄的回憶錄《卓婭和舒拉的故事》。

們在小奸商面前點頭哈腰爭相獻媚。女中學生登上歌台便如已經談過上百次戀愛一樣要死要活。白天造反的鬥士晚上偷偷給官僚送禮。滿嘴莊禪的高人盯著豪華別墅眼紅。先鋒派先鋒地盤剝童工。自由派自由地爭官。恥言理想，理想只是上街民主表演或向海外華僑要錢時的面具。蔑視道德，道德的最後利用價值只是用來指責拋棄自己的情夫或情婦。什麼都敢幹，但又全部嚮往著不做事而多撈錢。到處可見浮躁不寧面容緊張的精神流民。有政治痞子、商業痞子、文化痞子。有保守派的痞子，有新潮派的痞子。尼采早就宣布西方的上帝已經死了，但西方的上帝還不及在中國死得這麼徹底——靈魂紛紛熄滅的「痞子運動」正在成為我們的一部分現實。

二十年後再去讀它，仍不失一段妙文。

二、侯寶林爬手電筒光柱的隱喻

一場流血政治之後就會「非政治化」，其實不過是異化為另一種政治，而那又跟電視劇的一個黃金時代結伴而來。先前黨文化的那點料兒，實在糟蹋了這個立體化的傳媒利器，雖然電視劇在全世界都是低俗的。「六四」後的意識形態總管是個木匠，他要低俗，外加一個政治頭箍——李瑞環[32]喜歡「消費文化」，他保證不干涉思想無害、群眾喜聞樂見的玩意兒。第一個這種玩意兒是《渴望》，化文革為恩怨故事的一齣肥皂劇，五十集把全北京城看得斂聲屏息、哭哭啼啼，有人感慨：「《渴望》早點問世，興許天安門不鬧騰了！」它替李瑞環「藝術地」說了一句話：好好過自個的日子比什麼都強。但是老百姓哪裡知道，那廂朱鎔基[33]已經準備好把大夥兒全都「送回舊社會」去過日子。這情形，極像侯寶林的那齣《醉酒》，話說兩個酒鬼打賭，一個拿出手電筒朝上打一光柱：「來，你順我這柱子爬上去！」那位說：「別來這一套，我懂，我爬上去，你一關電門我掉下來呀？」

酒色財氣、笑貧不笑娼，都是先從電視螢幕上開始的，猶如「水中月，鏡中花」，大家過乾癮。忽然從螢幕上跑出來一群「哥哥妹妹」，國內的揶揄也頗辛辣：「四個不道德的女人共同使用了一個不道德的男人及其財產的『共產共夫』，叫做『發生在我們身邊的平常人的動人的故事』（《來來往往》）；徐志摩的風流舊事，顯得比瓊瑤編造的『才子佳人』更真實，問題是如何再將其中的三角關係炒作得更玄乎（《人間四月天》）；黑社會頭子專橫殘忍，卻戴上了『慈愛』的光環（《像雨、像霧、又像風》）；而《橘子紅了》分明是買一個小妾傳宗接代，卻要說『在你沒有說喜歡我之前，我是不會碰你的！』」。我的觀感比較簡單：社會主義崩解後，價值體系只會退回先前的舊禮教，毫無一絲「現代性」；另外，中國人看不來悲劇。所以最好還是相聲。

充斥螢幕的滿清宮廷戲及格格們的嬌嗔，很容易被誤解成對「韃虜風俗」的豔羨，其實不妨解

32 李瑞環，木匠出身的建築工人，一九八九年「六四」鎮壓後，由天津市長任上進入中央政治局常委會。
33 朱鎔基，五〇年代國家計委幹部，五七年打成右派，八七年出任上海市長，九八年出任總理。

讀成對十七年「毛澤東時代」的一種懷舊，後來果然有一所謂「血色系列」出現。「血色」一詞，係老鬼（《血色黃昏》的作者）所創，背景是「紅衛兵暴力」，文革災難都成了「浪漫」，此基調反覆被多部電視劇輪番演繹，填補了「知青文學」所忽略的城市幹部子弟階層和「大院文化」，正是現體制離棄「工農兵大眾」、轉而「只信任自己子弟」和權貴崛起的一個文化、美學折射。

三、口腔文化與人格「口腔期」

那時節，民謠時代尚未來臨，北京的政治笑話還比較青澀，諸如：文化部長是一個日本女人「賀敬之代」[34]；胡錦濤有「兔子肉」之稱，意謂跟豬肉燉豬肉味，跟牛肉燉牛肉味；江澤民喜歡拽英語，見上海公園裡一對戀人親吻，對來訪的美國務卿說：「They are making love」……都是不錯的相聲段子，但最後那個只能算粗口，坊間所謂「葷段子」。民間的這點刻薄，也是電視和春晚教唆出來的。

有人說，從趙本山到郭德綱再到小瀋陽[35]，個個都是滿清俗文化。這裡面的淵源也有人考證出來了：相聲是滿清韃虜藝術，起源於同治年間，由一個叫張三祿的起的頭，靠講黃色笑話、粗口，在劇場串場，逐漸演變成相聲。這點考證有多少價值無關緊要，但大的歷史背景沒有誤差，文字獄太猖獗了，而大眾的嘴巴不能閒著，則民間過嘴癮，注定會走淫穢、低俗的下三濫路線，以圖宣洩，這至少從滿清就開始了，有人概括為「口腔文化」，未知被魯迅列入他的各種「國民性」也稱「劣根性」沒有？他好像只說到「中國人尚是食人民族」，由此寫出《狂人日記》。

所謂「食色性也」，本來是說「飲食男女」兩件事，中國人都搞得跟嘴舌有關，不妨改為「食色口也」。這食字與口，已不消說，中國人「口腹之慾」的陰慘怪誕，登峰造極，鍾祖康[36]更從歷史上的「食人筵席」寫到現今的「嬰兒湯」；這色字與口，最現成的例子在用詞上，大凡「性幻想」都轉化成一個「吃」字，諸如占女人便宜叫「吃豆腐」，女人漂亮叫「秀色可餐」，兩性之間的嫉妒叫「吃醋」等等。

「口腔文化」說，與佛洛依德的「口腔期」交相輝映，這又從語言學轉向心理學，即玩笑有助心理健康。佛氏「人格發展五階段說」已是常識，其第一階段「口腔期」（oral stage），是說嬰兒主要靠吸吮、吞咽等嘴舌部位的活動刺激，得到本能性快感。移用此說到傳媒學上來，你會發現妙極了：在沒有言論自由的社會裡，人性受到某種禁錮，社會人格的發展就被限制在一定的宣洩區域，並氾濫無度，以此解釋中國人靠低俗、下流過嘴癮靡然成風，再恰當不過；這現象，又在網際網路時代獲得長足發展，蔚為大觀。早在網際網路發展之初，我就寫過一點觀感：「被壓抑的交流欲、發表欲一時都借網路宣洩，人們下筆肆無忌憚，人人可以赤條條來去無牽掛……這時候你才終於知道，一個沒有聲音的族群居然是深仇大恨的。」所以，江澤民、胡錦濤也是某種語言暴力的受害者，而那正好是他們對大眾施行文化專制的報應。

---

34 賀敬之，詩人，一九八九年「六四」鎮壓後，由他出任文化部代部長。

35 趙本山、小瀋陽二人皆為東北方言喜劇演員，郭德綱係北京相聲演員。

36 鍾祖康，香港政治評論家，暢銷書《來生不做中國人》作者。

四、中南海整體收買「嘴皮子」

不過，江胡對於暴力只停留在嘴皮子上，是不在乎的，因為他們雖然也強調所謂「兩桿子」（槍桿子、筆桿子），但曉得只有一桿子是要命的，另一桿子是「銀樣鑞槍頭」[37]，還不要說他們也是不怕你罵的。

他們也不怕政權爛掉，再昏聵腐敗，還能勝過明末清末？就說清末，國事到了難以收拾的地步，連年乾旱、蟲災，許多地方顆粒無收，而各級官吏的徵搜敲詐有增無減，饑民流離失所，赤地千里；道咸年間，九卿無一人陳時政之得失，科道無一摺言地方之利弊，京官辦事退縮瑣屑，外官辦事敷衍顢頇……後來終於有太平天國造反，而清廷只需一點點不顢頇：啟用漢人辦團練剿長毛，就挽救了江山。鄧小平也如咸豐，只有一項「不顢頇」：對外開放，任西方資本大舉登陸，江山無虞也。

當然他們也要防「洪秀全」——一個屢試不第的讀書人是可怕的，而且這些人都是大嘴巴。中南海總結毛澤東的經驗教訓，箝天下之口，須得同時收買一部分「嘴皮子」方能奏效，而且常常越是大知識分子，越好收買，如當時有所謂「京城四大不要臉」者（版本很多，皆以郭沫若為首，其餘三人中也必定有馮友蘭）。今天的收買，竟產生意想不到的效應——只要有一小批人無恥，就會啟動賽著「不要臉」的競爭，因為江澤民以一點「不顢頇」糾正了老毛的舊政策，即不是把文人統統打成「右派」、「牛鬼蛇神」，而是改為對知識分子「整體收買」——外匯存底世界第一了，這是一點小錢嘛！

國內有個友人對我說，那種局面真是一言難盡，開始大多數人急著躲避，也罵無恥，慢慢就都下水了，跟「下海經商」一樣。中國文人的兩面性是：無恥與激憤，兩相激盪，但恰好激憤治不了無恥，反而讓無恥獲得「受難感」，變本加厲；激憤是把空間讓給無恥，使無恥大行其道。這讓人想起魯迅當年，難怪他那麼激憤和尖刻。我則在想，不知道當年侯寶林若拿魯迅編一段相聲，會不會好聽？反正魯迅的小說拍成電影，都不好看。

五、老百姓連笑都被控制了

侯寶林身後無人，預示中國相聲的衰微。老毛當年曾誇侯寶林要當「相聲博士」，後來真出了一位相聲博士，不叫侯寶林，叫薛寶琨，他說了一句很有批判深度的話：「歷史上還沒有任何一個統治者，能夠像按電鈕一樣，讓大家笑。而我們竟然能夠做到這個。」

其實這個衰微早就開始了。薛寶琨不把馬季[38]列入「相聲大師」，讓人窺見端倪，他評說馬季的「歌頌型相聲」，指出他歌頌的那個對象，即「社會主義新生活」垮掉了。這裡還涉及到一個美學問題：歌頌不是一種幽默，而是控制；喜劇的性格，往往要在嘲諷中達到極致，將嘲諷異化為拍

37 「銀樣鑞槍頭，中看不中用」，出自《西廂記》唱詞。
38 馬季，北京相聲演員，曾師從侯寶林。

馬屁，喜劇就死掉了。

這是「黨管文藝」的下場。侯寶林走到文革是盡頭，就因為江青只准文藝歌頌，八個樣板戲等於一個「馬屁精」。後來鄧小平雖然把江青關進了監獄，可他照樣需要「馬屁文藝」，還不斷「反自由化」，於是「樣板戲」來了一個「新時期轉型」，變成臭名昭著的「春節晚會」。年年在那個舞台上，年年相聲被小品擠兌；億萬中國粉絲在除夕夜被調教著笑了十幾年，最後製造了一個最爛的「小品王」趙本山。中國人出賣了自己的笑，也葬送了讓他們咯咯笑的相聲。

至於專拿農民尋開心的那個東北活寶，我們借用四川才子魏明倫[39]的評論就夠了：「民眾對趙本山的批評實際上是對春晚的厭惡，趙本山壟斷春晚，春晚壟斷中國人的除夕，它們走到今天，已紅得發黑了！用過去戲行裡的話來說，就是『一龍帶九蛟，九蛟帶八怪！』」

中國人還會笑嗎？對此，劉曉波有一個極到位的詮釋：「最初的反抗在社會整個氛圍中被抹去了，最後大家哈哈一笑就完了。像商品消費一樣，消費反抗，消費社會黑暗，消費苦難和不公。社會有閒階層把諷刺性笑話和民謠這種東西拿來作餐桌上的佐料，把它當作精神『桑拿（sauna）』。在這個背後是對整個社會的精神麻痺，人的精神或靈魂變成最粗俗最淺薄的喜劇舞臺，民族精神迅速墮落為春節晚會的小品化。」（二〇〇六年底與藝術家孟煌訪談）

39 魏明倫，四川劇作家。

沒有「狂歡」卻有「春晚」

中國是一個奇詭的電視大國。一九八七年黑白電視機產量世界第一，彩電年產三千萬台，電視機的社會擁有量突破一億台——「第三世界」之窮國的「第一世界」水平，全國平時經常看電視的觀眾達六億人之多。電視對這個國家的政治、社會、文化影響之巨大、對人們心態塑造之強烈，也是世所罕見。電視在中國，一方面是「黨的喉舌」，是意識形態怪獸；一方面又是電子科技的強大媒體，是商業和消費文化的怪獸，這種兼具輿論控制和現代傳媒雙重性格的所謂「中國特色」，構成中國獨特的電視文化，以及在這種文化塑造之下的現代中國人的扭曲心靈。所以，認識當代中國，不可忽視對中國電視的研究。筆者早幾年曾涉足電視界，曉得一些掌故，現拈來一鱗半爪，或可展示一個獨特視角，以窺見當代中國文化性格形成之一斑。

一、中央首長家裡「戲園子」

一九五八年五月一日晚七時，中國大陸第一座電視台「北京電視台」開播，當時北京城裡只有三十多架電視機，擁有電視機的都是黨的高級幹部。據說毛澤東每天要看電視新聞，錯過了時間他會打電話讓電視台專門為他重播一遍，雖然當時的電視新聞不過是一些圖片罷了。周恩來一如他的風格，對電視「最關懷」，看到螢幕裡的鋼琴上擺著一瓶絹花，就允許電視台每天到中南海去採鮮花；看到電視裡戲班子的樂隊進了樂池，他說不像中國的作派。

一九五〇年代是世界電視大發展的時期。日本一九五三年才有電視，香港的第一家有線電視「麗的呼聲」開辦於一九五七年。本來，台灣引進美國技術，預定在一九五八年「雙十」節開播電視，這個消息導致了一場政治角逐，使北京倉促上馬，趕在台灣之前開播，電視成為「大躍進」的產物。全國到處是「土法上馬」辦電視，到一九六三年已有三十六座電視台，大多難以為繼，又紛紛停播。

開辦之初的北京電視台沒有自己的節目，只是「口播」人家的新聞稿，最早上電視的電視播音員，就是後來《九州方圓》節目的著名女主持人沈力。電視上百分之七十五的時段用來轉播電影和戲曲。第一部上電視的電影是《林沖》，比電影院還早演了兩個月，可見當時電視台之「霸道」。文化部和北京市委規定，所有新片在北京影院上映前半個月，一律交電視台播放，因為那時能看電視的都是一批特殊觀眾，老百姓與電視接觸甚少，偶爾在電影院裡看到電視新聞，也覺得那是「白饒」[40]的加片，而真正的電視在他們看來，不過是中央首長家裡的「戲園子」。歷史形成的中國電視特別是中央電視台的這種「皇家」身分和性格一直延續至今，在它早已成為所謂「公器」之後，仍然比其他媒體更多得到來自中南海的青睞或責罵，動不動就會打來一通電話，對一個鏡頭、一句措辭橫加干涉，所以作電視台頭頭的人，需要格外謹慎的「伺候」才行。

中央領導大多愛看戲，一九五九年「國慶」電視台連辦五場戲曲晚會，馬連良、譚富英、張君秋、裘盛戎、尚小雲、荀慧生等都是那時的「電視明星」，電視中心的三個演播室輪番請來各種劇目，從《李慧娘》到《紅燈記》，從才子佳人到工農兵，螢幕上彷彿沒有忌諱。不過，電視台從一開始嘗試拍電視劇（從東歐引進的新品種），就是活報劇式的廉價宣傳品。第一部電視劇叫《一口菜餅子》，是所謂「憶苦思甜型」的，以後幾年裡大約拍了一百多部，都是緊跟形勢、圖解政策、越拍越左，大多是「一條主線，兩三個景，四五個人物，七八場戲，六十分鐘，二百個鏡頭」。

一九六一年是「大躍進」和「文革」之間的一個輕鬆的低谷。北京電視台瞅空子辦了三場「笑的晚會」，大約是唯一值得回味的掌故。一個茶座式的舞台，以相聲為主，侯寶林[41]說開場白，搭配各種諷刺小品、洋相、笑話、獨角戲、折子戲，以及陳強[42]的「光棍哭妻」，和「人藝」[43]的絕活——北京小販街頭吆喝聲的配樂合唱「市井大合唱」。這些節目後來都被斥為格調不高、「討好

---

40 北京話「免費」。
41 大陸相聲演員頭把交椅。
42 電影喜劇演員。
43 北京人民藝術劇院，一九五二年創辦，首任院長曹禺。

小市民」，而毛澤東的所謂「裴多菲俱樂部」[44]和「死人統治活人」的恐嚇聲已遠遠傳過來了。

一九六一年時，北京已經有一萬架電視機。

二、電視鬥爭大會

一九六六年二月十七日，「大慶鐵人」王進喜應邀上電視講話。鐵人口才極好，講話不用稿子，「一九五九年底，我到北京開會，看到大街上跑的汽車，頂上背著個大包……」，上電視他就能倒背如流，還會隨口作詩，大白話合轍押韻，這種用電視螢幕直接推到人們面前來的「英雄形象」，樸直真實極具魅力，觀眾紛紛給電視台打電話：「讓鐵人喝口水罷」。此後勞模上電視的多起來，李順達、王崇倫、李瑞環、時傳祥、邢燕子等等，都一個個在螢幕上讓全國「振聾發饋」過，一批先知先覺的聖賢又都是一個大神仙[45]教出來的，電視對「造神運動」具有特殊功效。

一九六六年十二月，北京故宮博物院展出了一組大型泥塑群像——不是帝王將相，而是一百多個真人大小的農民向地主交租，這組取材於四川大邑縣豪紳劉文彩故事的著名泥塑《收租院》，是一九六二年毛澤東「重提階級鬥爭」的產物，在全國刺激起一股「牢記血淚仇」的狂潮。北京電視台則別出心裁製作了一部紀錄片，調動一切電視音像手段，從那些不會說話的泥塑木胎的嘴裡發掘出「字字血淚」的「控訴」：

鬥啊鬥，你是地主的嘴，你是豺狼的口，你裝不完地主的罪，你量不完我們窮人的仇……

拍攝者的技巧極好，他們將一組組泥塑的照片拼接起來，然後請榮寶齋[46]的老師傅作技術處理，再拍出一個長長的移動鏡頭，在舒暢的鏡頭流動和煽情的解說詞之下，使那製造出來的歷史幻象竟然成為真實。這部三十分鐘的電視片後來經文化部審定，擴印為三十五毫米電影拷貝在全國放映，也向農村發行了一千六百個拷貝。這部片子在「文革」中連續放映了八年之久，它的主題和話語，都名副其實是「文革」的一個摹本。

不過，當「文革」真正降臨時，公開的電視螢幕反而在那「群眾專政」中成為最易受攻擊的目標，殺氣騰騰的紅衛兵不僅指責電視台不讓他們「多看幾眼」偉大領袖，還怒斥播音員油頭粉面、洋腔怪調。北京電視台終於在一九六七年一月六日停播，各地紛紛效法，全國只剩上海台一枝獨秀。就在一月六日這天，上海台舉辦了第一場「電視鬥爭大會」，在螢幕上對陳丕顯、曹荻秋[47]施以「噴氣式」[48]，掛牌揪頭罰跪。這樣的「電視鬥爭大會」上海台搞過一百多場，鬥「走資派」[49]

---

44 上世紀五十年代匈牙利一個知識分子的學習小組，後遭鎮壓，文革前被毛澤東用來批評文藝界。
45 指毛澤東。
46 北京著名文房四寶老字號店鋪，建於清康熙年間。
47 時任上海市委書記、市長。
48 文革批鬥方式，把被批鬥者的兩隻胳膊向後上方或向側伸直，如同噴氣式飛機翹起。
49 毛澤東定名的文革罪名：走資本主義道路的當權派。

的樣板是在螢幕上向民眾示範的，流被全國。也出過笑話，如鬥上海音樂學院院長賀綠汀那天，徐景賢、于會泳[50]台前坐鎮，張春橋[51]在電視台主控室指揮，一千萬上海市民「觀戰」：

「賀綠汀，頑抗到底，死路一條，你知道嗎？」

「我在死之前有兩個要求，第一，完成我的七首管弦樂小品；第二，澄清事實，駁掉一切強加給我的罪名！」

全場炸鍋。張春橋下令停播。螢幕一片空白。

北京電視台停播一個月後又開播，螢幕上除了毛澤東的形象，就是群眾的「早請示、晚匯報」、忠字舞、語錄操[52]。一九六七年五月二十三日，江青主持一萬多人的大會紀念《延安文藝座談會講話》[53]二十五周年，從那之後，八個樣板戲[54]便占領電視螢幕，填補了整個電影和電視的空白期，一直到江青下台。也虧得中國有電視，老百姓不僅能看到這位「紅都女皇」[55]氣焰最甚的模樣，比如一九七六年一月，電視轉播周恩來遺體告別現場，她專門戴了一頂帽子去，不鞠躬也不脫帽，北京城裡多少台電視機前熱淚滾滾，惹得人們大叫「江青脫帽！」幾年後江青雖然進了秦城，老百姓終於也能在審判她的時候，從電視上再次看到她身為「階下囚」時依然驕橫的模樣。

一方螢幕，世事滄桑，盡收眼底。回頭去看那歲月，都可在螢幕裡找到蹤跡：十里長街送周恩來，百萬人廣場公祭毛澤東，《詩刊》編輯部主辦詩歌朗誦音樂會等等，老百姓哭來哭去，都是哭他們自己。

三、「抗美援越」與《安娜・卡列尼娜》

一九七九年一月三十日，為配合鄧小平訪美，中央電視台播放了「阿波羅」登月飛行綜合紀錄片——中國人在十年之後才看到這一奇觀，仍然興奮至極。那十年裡中國視美國為「頭號敵人」，國人能看到的外面世界只有一個——越南叢林，「抗美援越」是電視最頻繁的主題，《椰林怒火》、《南方風暴》，連篇累牘。北京電視台只有一個駐外記者站——河內記者站，從這裡發出的電視新聞的確是世界的獨家新聞：一九六五年關於美軍轟炸義安省痲瘋病院的新聞，引起世界公憤，北越總理范文同說「不亞於一個師的戰鬥力」；而同年發出的另一條電視新聞，是西貢美國大使館被炸，中國觀眾看到詹森副大使血流滿面的鏡頭時，卻會高聲歡呼。這就是中國人所受的「國際形勢教育」。

電視攝影機隨著鄧小平出訪而周遊世界，為老百姓打開了國門，看到昔日所謂「水深火熱」

---

50 二人皆為上海市文革造反派代表。
51 四人幫之一。
52 皆為林彪發明的崇拜儀式。
53 一九四二年毛澤東在延安發表的中共文藝政策講話。
54 文革中由江青扶植的政治化京劇。
55 美國女作家維特克所著江青傳記《江青同志》的中譯本書名。

之資本主義的富裕和繁榮（雖然也是表面現象），頓時心態傾斜，敏感而狂躁起來。當初尼克森訪華，美國電視攝影隊帶來全套彩色攝影轉播設備，大大刺激了周恩來，當即要買這套設備。中國電視事業便在國家的大量投資下展開電視攝影機發展，到一九七五年底彩色電視信號已接通全國，中央電視傳播網形成，一九七六年底已有大約三億人處於電視網覆蓋之下，一九七八年五月一日北京電視台正式改稱「中央電視台」，至此，中國在電視的意義上已經是一個沒法被封閉的國家。

但是，當時全國的電視機只有大約五十萬台，只是一個象徵意義的覆蓋率。儘管如此，電視畢竟不再是中南海裡的「戲園子」了；電影界也開始保護自己，不讓電視當「微型電影院」了，於是電視節目之荒，逼得中央電視台饑不擇食到香港買回十部港片、一部美國連續劇《大西洋底來的人》，「麥克鏡」[56]隨即在大陸風靡。一九八〇年以後，外國影視作為替代品暫時充斥中國螢幕，其中卻也有精品，如《安娜．卡列尼娜》、《這裡的黎明靜靜悄悄》等，讓中國人看傻了。不過，很多人同情卡列寧，罵安娜是「破鞋」。電視台也漸漸摸出了觀眾的欣賞力，老百姓不大愛看劇情片，最受歡迎的是那種搞懸念、吊胃口的多集連續劇。於是一部《加里森敢死隊》，典型美國佬的鬧劇，亂七八糟的好萊塢電影，在中國大出風頭，據說播放此片時，社會上犯罪率接近於零，但過後犯罪案件劇增。一個叫布爾斯坦的美國人專門作了一些調查，一些中國青年認為這部好萊塢電影表現了一個哲學問題：一時被社會看成罪人的人，到後來可以成為英雄。這種看法讓美國人大吃一驚：「一套快被遺忘的一九六七年系列片在一個電視剛剛興起的國家盛況空前深入人心」。不過這部二十六集的連續劇只播了十二集就被禁映了。不久，《姿三四郎》，一部充斥道德說教和矯情的日本武打片，征服了上海以後又進軍北京，弄得北京萬人空巷，連出租車司機和飯店服務員都找不到了。此後，巴西、墨西哥的那些所謂家庭倫理片——《女奴》、《誹謗》、《卞卡》等等，嘮嘮叨叨不厭其煩地滿足著長久乾枯的小市民需求。

四、「哭哭笑笑，摟摟抱抱」

毗鄰香港的廣東，最先領受港台消費文化的大舉進攻。廣東電視台以「近水樓台」的優勢，帶頭引進海外電視劇，如《血疑》、《海蒂》、《霍元甲》、《排球女將》等，後來還播放了第一部台灣電視劇《戰國風雲》，這些動輒幾十集的連續劇，讓大陸人第一次享受到軟性的充滿人情味的消費文化，幾億人被吊足了胃口，每次中央台轉播時，北京都是萬人空巷的盛況，商業化所裹挾的價值觀念，便在這「哭哭笑笑、打打鬧鬧、摟摟抱抱」之中瀰漫開來。大批港客又帶進日本產全頻道電視機，廣州一帶魚骨天線林立，廣東人從此不認北京是中心，一切隨香港風氣走。當時坐鎮廣州的兩位老臣楊尚昆、習仲勳曾明令禁止居民收看香港電視，卻屢禁不止。

國產電視劇始於一九七九年，第一部名叫《神聖的使命》，只是政策圖解的老套。中央台拍的第一部電視劇《有一個青年》，開始有了一點生活氣息，以後國人漸漸愛看國產片，產量也大增起來，一九八〇年全國共播出一百三十一部電視劇，大多是所謂正面題材，英雄落難，好人受屈，

56 《大西洋底來的人》劇中主角麥克戴的太陽眼鏡。

那時國產片還不會「哭哭笑笑」，也不會調侃幽默，嬉笑怒罵，總是一副正經面孔。安徽台拍了一部《最後一副肖像》，講中日戰後和解的主題，遭到普遍的批評。國產的第一部連續劇《敵營十八年》，大概是也想學點商業味，專講共產黨對敵使用「美男計」的故事，還搞了一點「床上戲」，頗為創新，卻引來一片指責：「別說潛伏十八年，要不了十八天就得暴露」，此片還被作為「精神汙染」的例證。

一九八二年以後，電視連續劇迎來了所謂「巨片時代」。山東台率先製作《水滸》，使古典名著的改編一時成風，中國電視劇製作中心又耗資巨萬拍攝《紅樓夢》和《西遊記》，雖然劇本和演技都尚欠火候，拍得非常勉強，但總算也是美女如雲，氣象萬千，把國產電視劇的製作水平提升了。不過，此時各地瘋拍電視劇，已經成了「不好不壞，又多又快」的盲目局面，一九八五年國產電視劇竟高達一千三百多部，卻只有一部《四世同堂》尚能雅俗共賞。正當此時，默默無聞的太原電視台，外請導演和演員，投資三十萬，只用了一百天，就拍成《新星》[57]，爆出一個大冷門。

五、體育與煽情

在一個封閉的國度裡搞電視這種大眾傳媒，常常使觀眾和控制者都被愚弄。強人的魅力會因電視的公開性而神話破滅，夜郎自大的愛國情結也會被剝得精光而惱羞成怒。電視裡的體育轉播便是一項不斷煽動痛苦的愛國情結同時立即把它宣洩掉的瘋狂行為。一九八一年乃是中國人的體育年。三月二十日中央台通過國際通訊衛星實況轉播世界盃排球賽亞洲預選賽，中國男排反敗為勝擊敗南韓獲小組冠軍，電視轉播之後，北大、復旦、科大學生立即在校園裡遊行，高呼「振興中華」——這個八十年代最煽情的口號，便是一場體育賽事的電視轉播下民間自發的產物。據說，那天還有人跑到復興門廣播大樓門前去高呼「中央電視台萬歲」。

用電視對民眾灌輸愛國主義之濫情是中國電視的一貫作法。二十年前，一九六一年四月，使電視和乒乓球同時在中國抱得大名的一場國際比賽——第二十六屆世乒賽，至今令人記憶猶新，整個所謂「祖國話語」都是在那時被植進心靈的。莊則棟的勇猛、李富榮的穩鍵、徐寅生十二大板扣殺星野、丘鍾惠絕境一球扳成女單冠軍等，這些彷彿是命運的決戰，當年都讓中國人如醉如狂。當時北京約有一萬架電視機，幾乎每架電視機前都擁擠著幾百人。到一九八一年的第三十六屆世乒賽，中國竟囊括了世界全部七項冠軍，中國彷彿拔劍四顧心茫然，老百姓反而早就對乒乓球沒興趣了，中國的乒乓球也從此從頂峰跌落。

此時中國人正為他們的大球苦惱。足球是再也不爭氣，連亞洲都出不去，讓球迷們痛苦萬分，電視台每轉播一次都要鬧事。突然，女排在日本奪得第一個中國大球冠軍，此後又「二連冠」、「三連冠」，一時成了民族英雄。一九八四年洛杉磯奧運會爭奪「四連冠」，在最後一局即將決出勝負時，實況轉播突然中斷轉為《新聞聯播》，觀眾勃然大怒，怨聲四起，因此，後來「十三大」開幕新聞專題，同中國足球衝出亞洲的關鍵一戰轉播時間衝突，經中央批准，把時段讓給球迷。

---

57 根據山西作家柯雲路的同名小說改編，以農村改革為主題。

六、「難忘今宵」

中國沒有狂歡節。舊時春節逛廟會；毛澤東時代還搞過國慶狂歡，後來都沒有了，漸漸變出一個電視上的春節聯歡晚會。畢竟，一年辛苦下來，中國人雖不必狂放幾日，至少需要捧腹大笑一場，這種以喜劇小品和相聲為主的輕鬆晚會，在電視螢幕上送到每家每戶，可滿足又要舉家團聚、又要邊吃邊看熱鬧的「中國式的狂歡」需要。

籌辦一九八三年春節晚會的總導演黃一鶴，挖空心思出奇招——搞現場直播、點播電話、讓馬季、姜昆、王景愚、劉曉慶[58]當主持人，一舉成功；一九八四年又請港星陳思思、張明敏、奚秀蘭，《龍的傳人》一曲唱紅，那場晚會多彩多姿，戲曲、評書、諷刺小品樣樣俱全，連海燈[59]的氣功也上了熒屏（螢光幕），真可謂憚思極慮。到一九八五年也許是江郎才盡，黃一鶴忽發奇想，離開十多年老式的「茶座」，到現代化的體育館去追求那種洛杉磯奧運會式的大場面、大製作，還發售一元一張的彩券，大造輿論，結果卻意外地砸了鍋——沒人想到，巨大而空曠的北京工人體育館裡如何能有熱騰騰的喜慶氣氛？上萬觀眾如何能夠坐在那裡六個小時不煩躁？他們原本是在家裡邊吃熱餃子邊看電視的。「什麼玩意兒，真臭！」北京人早就打電話來抗議了。此後中央台再不敢造次，每年春節乖乖回到老茶座裡玩小品。不過，已經有人開始厭倦這種年復一年雷同的晚會，「難忘今宵」已難忍受，不明白中國觀眾為什麼對它還沒過夠癮。鍾惦棐[60]一九八七年已在報上批評中央台搞包辦，用一場「大一統」的全國性晚會把其他節目都擠掉了。

七、語不驚人死不休

無論體育轉播還是春節晚會，都所費甚巨。比如，中央台哪裡有錢去租通訊衛星？全靠外商看上中國的巨大市場，肯來「廣告贊助」。一九七九年十一月中宣部批准新聞媒體承辦廣告。中央台接受的第一條外商廣告，是日本 CITIZEN 手錶廣告——「CITIZEN 領導鐘錶新潮流」，這句話在中央台播一年的廣告費只有五萬六千八百美元。日本人心機深，眼光也長遠，竟說服不諳此道的中國人在他們最單純的少年兒童節目裡播出帶廣告的卡通片，第一部五十二集的《鐵臂阿童木》就征服了中國兒童，收視率極高，繼之又是《森林大帝》、《尼爾斯》等等，有人說：中國電視台成了「日本台」。其實，中央台還是相當謹慎的，上海二台五個月的廣告收入一百一十七萬，從此不再吃皇糧。

像中央台這樣的全國性大電視網，經費還得依賴國家，中國的「社會主義」又忌諱純商業台，一九八四年榮毅仁提出要辦商業台，中央不批准。一九七九年中央台改全額預算為差額補貼，一九八四年又改為大包幹，每年四千萬元節目製作費中，國家撥款僅一千三百萬，餘下的二千七百萬都得依賴廣告，這樣一來，中央台只有靠提高節目收視率來賣廣告。用什麼好節目來填滿每晚

58 四人皆為相聲和電影名角。
59 四川籍武師，以一指禪功而著名。
60 中國電影評論家。

《新聞聯播》後的黃金時段，成為中央台頭頭的心病；對投資巨大的電視劇、紀錄片是否有「轟動效應」，更是早就有了「收回成本」的觀念。電視台的各級官員、編導人員都要設法製作和購買那些最吸引觀眾、但也最容易引起爭議的節目，以增加黃金時段的收視率，這甚至成為他們審查節目的一個重要標準，用一句中國成語來說，就是「語不驚人死不休」。對一些可能引起麻煩的片子，他們也是拿著自己的職位去冒險試一試。

由於中國擁有龐大的觀眾和市場，電視製作者總是幸運的，無論拍故事片還是紀錄片，只要有所創新，總能引起轟動。八十年代中期，中央台的紀錄片主要以山川風光為題材，並且大都是同日本合資的，所謂合資，無非是把「大好河山」的拍攝權賣給外國人，如絲綢之路、長江、黃河等，每一部的「協拍費」大概都是百萬美金。一九八三年八月播出的《話說長江》，擺脫畫面加解說的老套，採用章回結構，還引進兩位主持人陳鐸、虹雲，娓娓道來，頗得好評，在兩個頻道交替播放，連續半年之久，在全國引起一場「長江熱」；一九八七年又有兩部大型紀錄片播出，一部是《話說運河》，三十多集，採取邊拍邊播的方式，讓運河旁的普通老百姓走進電視，也講了許多歷史、文化和民俗，很有文化味。另一部是十二集的《讓歷史告訴未來》，敘述當中穿插了不少人物傳記資料和紀實性的文學手法，雖然仍不免有些官腔官調，但在紀錄片的處理手法上很有創新。這些片子的經驗，如所謂「河流片」的廣闊視野和文化意識、所謂「歷史片」打破時間和空間的跳越、聯想以及鏡頭的快速切換，都對提升中國電視水準貢獻極大。

對於文藝性或專題性節目，官方所採取的審查辦法，一般是項目計劃要審查；製作完成後還要送審，根據政策口徑剪掉有問題的鏡頭才能播出；播出後還會有一種沒有規則和政策依據的任何人都可以隨意施加的「後審查」，可能是幾個觀眾的批評電話，當然最要命的是中南海裡那些黨中央的老人們的電話，就可能不僅使一部片子被槍斃，還可能使它的製作者丟掉飯碗。這種審查制度到一九七九年開始發生問題，市場經濟衝擊電視，各家電視台都要千方百計用自己的節目提高收視率，而收視率最高的黃金時段可以賣最貴的廣告。《河殤》的製作和播出，基本上是在中央台的領導人全力支持下完成的，受到上面追查後，他們一面去向中央作檢討，一面又來同編導人員商量拍續集。「六四」以後，在對螢幕嚴格的控制下，還得有叫座的片子才行，否則中央台兩千多人的獎金從哪裡來？於是王朔的肥皂劇又風靡了，不鹹不淡的，中國人總算學會嘻嘻哈哈了……。

商鞅千年之術

一九四二年六月希特勒以「巴巴羅莎」計劃閃電擊潰蘇聯，希姆萊的黨衛軍跟隨在後面籌劃對占領區的「東方大安頓計劃」：組建三個巨大的「邊境定居地」、內含三十六個「定居要塞」，以十公里的間距通向德國；這些地區要移民百分之二十五的德國人，原住民的俄羅斯人、烏克蘭人、波蘭人，大部分逐往西伯利亞，留下少數人貶為農奴，承擔苦役，不予教育，頂多「數五百的簡單算術，會寫自己的名字」——這也叫著「人群圩田」，這個詞見於《第三帝國的興亡》，是由士兵／農民構成的一道牆，將「永遠地阻擋暴風雨和洪水般的亞洲人潮」。

這些紙上談兵的胡思亂想，因納粹德國迅速潰敗而未能付諸實施。但後世人們讀到這些史料，會好奇納粹將以何種技術管理這種「人群圍墾」？因為他們發明了「高科技殺人」的焚屍爐——滅絕猶太人的所謂「最後解決」，瓶頸是一個「殺人速度」的技術問題，奧斯威辛創造過一天毒死六千人的紀錄。法西斯未遂的「高科技監控人類」，戰後由英國作家歐威爾在小說《一九八四》裡面想像：「大洋國」裡無處不在的「一塊像毛玻璃一樣的橢圓形金屬板」、聲音關不上的一個裝置，叫做「電幕」，它監視所有人的隱私。這個天才虛構，於是成為「極權主義」的代名詞。如今在開放社會裡，「攝像監控」引起人們本能的恐懼，可能也是歐威爾留下的一種遺產。但是歐威爾想像力不逮之處，恰在高科技「監控社會」，後來居然出現在納粹德國煞費苦心想要防堵的東方。

一、土八路「鳥槍換炮」啦

老友某在美加教書多年回國探親，到北京攔了輛出租車，習慣地跟出租司機侃山，想聽他們有何新鮮「草泥馬」。「我看那老兄毫無顧忌大侃，就問不怕監聽嗎？」老友事後複述起來：「他指了指方向盤下端兩個黑色凸物說，這不，我把它給關了。不過我跟您說，也有咱關不了的玩意兒。」「那是什麼？」「每輛出租車都裝了跟蹤器，甭管你開到哪兒，總台全盯著呢，比如說今兒我開到豐台去了，超出了我限定的範圍，我車上有個喇叭就叫喚了：你丫去哪兒？你們隊長知道嗎？你要不理他，總台那兒就能把你的馬達給關掉！」

全北京若有十萬輛計程車，監控難度所需要的技術，莫非全世界獨此一家？而「計程車監控」水平，即一個「監控社會」的基礎標準。二十年前王丹倉皇逃出北京，往蕪湖投親戚遭拒，無措手間竟返回北京，口袋裡只有一張名片，是住在北京飯店的台灣記者徐璐，結果徐璐要了輛計程車來接他，警察也同時趕到。徐璐被驅逐出境時還在後悔，怎麼沒想到北京八九年居然已監控電話。低估中共的集權控制技術，是神州之外的一種「國際性幼稚」，至今如此，也可稱之為中國崛起的一種「國際大氣候」。

近年來，中國以公安人口資訊為基礎，加入人口和計劃生育等相關資訊資源，建立以公民身分號碼為唯一代碼的「國家人口基礎資訊庫」，在此基礎上形成一個動態管理機制，也就是所謂「公安大情報重點人員動態管控機制」，針對七類「治安高危人員」實施監控：涉恐人員、涉穩人員、涉毒人員、在逃人員、重大刑事犯罪前科人員、肇事肇禍精神病人和重點上訪人員等。若以公安部和衛生部的數字為據，錄入動態管控機制的吸毒人員有一百多萬，重度精神病患者一千六百萬，如果再加上刑滿釋放人員兩百至三百萬、重點上訪人員上百萬，那麼這個「動態管控機制」目前輸入的黑名單，至少有上千萬人。

怎麼「動態管控」呢？北京市公安局在近郊區流動人口聚集地，按照百分之五的比例，在一百個流動人口中招募五名治安管理員，即在五個家庭之中，招募一個家庭來監視其他四個家庭；而且，其中任何一人有異常，十分鐘之內有五個人趕去處理，一小時之內轄區的公安、衛生人員就可控制局面。毛澤東時代也搞「黑五類」、「階級敵人」的監控，靠的是街道里弄的「小腳偵緝隊」（也稱「馬列老太太」），相比之下，今日豈止是「鳥槍換炮」？Holocaus（大屠殺）是由於「科技」的加入，才成為可能——眼下中國這套東西的公開話語，就叫「科技強警」，乃是中國「崛起」的兩個十年間，以〇八年奧運、〇九年國慶為戰略目標（民族主義）而打造的「維穩系統」，所以到〇九年「維穩費」已達五千億之巨，超過軍費，因為「科技」是很昂貴的。

二、傳科的「全景敞視主義公安人口資訊」

關於「將科技手段轉化為直接戰鬥力的城市監控」，有一份《公安動態監控系統解決方案》作了詳細介紹：「城市重點區域監控、交通幹道監控、卡口監控、娛樂場所、監獄監控、審問室、法院遠程報導等系統。所有系統與城市中各派出所及上級公安分局到總局的多級聯網，並與城市110、119、122網絡合併，保證事件發生時，公安機關相應部門能第一時間把握現場畫面情況，並協助上級指揮現場，提高管理者的管理效率。」

這裡的幾個要素是：視頻監控、網路建構與使用聯網、資源共享；效果是「事前預警」、「快速反應」；目的是「防範」、「免疫」。這很典型地反映了「現代國家」以影像的採集和歸檔等技術手段，對民眾和社會實施監控。數位影像技術和網絡等「資訊社會新技術」的突破，並非只普及「民主」、「人權」，也使國家機器提升了監控的強度、效率和範圍。所以中國「群體事件」從一九九三年的八千七百起，飆升到二〇〇五年八萬七千起，十三年增加十倍，平均每六分鐘發生一起，呈現爆炸性成長——公安部二〇〇五年此後不再公布數據，清華大學孫立平發布二〇一〇年的數據是約二十八萬起，即後來五年是三倍的暴漲——但這個政權依然得以「維穩」，無疑直接受益於「監控技術」。今年二月胡錦濤還在中央黨校強調「進一步加強和完善流動人口和特殊人群管理和服務，建立覆蓋全國人口的國家人口基礎信息庫，建立健全實有人口動態管理機制，完善特殊人群管理和服務政策」。「揭竿而起」、「天下大亂」等前現代式的觀感和期待，已經預言、描述不了「監控社會」。

西方政治學的那套概念，如「極權」、「全能」、「鐵幕」等，也描述不了「監控社會」。倒是傅科以精神病醫院，作為現代社會監視的隱喻，深入研究了「監視」的社會和政治含義。他分析在醫院、學校、軍營和監獄中，都履行著一種「追求規範化的目光」和「能夠導致定性、分類和懲罰」的觀察、注視和監視，病人、學生、士兵、罪犯都是「凝視」的目標，他們都被「改造」著，整個現代社會就是一個「大監獄」。這就是他的「全景敞視主義」（panopticism）概念。他更指出，被監視者因為恐懼而時刻警惕自己的行為——監視者對囚犯的凝視（監視）的結果，是產生出在內心自我監管的主體，監視被內化，因此，一個持續的、無所不在的監管效果就達到了。傅科稱監視是「一種軟暴力」。

三、軍統與國保

不過傅科對「恐懼」的認知，也許未逮「中國特色」，特別是經歷過所謂「毛澤東時代」的中國。歐美「後現代大師」們憎惡西方資本主義，對東方「共產主義」情有獨鍾而常犯某種「原始盲點」。傅科他們的學術環境，有一個政治前提，即權力限制（分權）和司法獨立，所以他們不懂「監視被內化」，或者「自我審查」等，不是僅僅由於「被凝視」就能奏效的。這一點中南海的工程師們，比傅科清楚得多，他們知道至少還需要另外兩條：利誘和恐嚇。

「恐嚇」是國家暴力的一種氾濫。孫中山反清靠幫會、搞暗殺，接下來又是「第三國際」派特務來中國組建國共兩黨，所以這個源頭，使中國現代史上的「強人政治」，必定附帶「特務統治」。這段歷史一向很模糊，第一個研究者是美國人，柏克萊大學歷史學家魏斐德（Frederic Wakeman）教授，他傾晚年精力著《間諜王——戴笠與中國特工》一書，梳理了蔣介石領導「中國現代化」中的「特務政治」脈絡，著墨刻畫被稱為「中國的希姆萊」的戴笠，他的藍衣社就是「中國的蓋世太保」。

蔣介石至少從一九二八年收拾各路軍閥時，就開始重用戴笠和他的「十人團」，授予他祕密權力。一九三二至一九三五年間戴笠在上海跟共產黨地下組織的纏鬥，是此書很精彩的章節，「國民黨反間諜的成功無意中調節了共產黨內部的權力結構，從而為一九三五年遵義會議後毛澤東上升到至高無上的地位打下基礎。這是因為，蔣介石的祕密警察切斷了共產國際上海局與莫斯科共產國際常委會之間的電信通訊。」

抗戰前後蔣介石跟共產黨爭奪江山，讓戴笠組建在軍內層級最高、權威最大但卻隱祕的軍事調查統計局，擁有無處不在的耳目和爪牙，也使戴笠成為國民黨裡僅次於總統的權威人物，其聲名狼藉於刑訊和暗殺，都是「恐嚇」政敵和震懾社會的恐怖主義行動。刺殺楊杏佛、史量才、李公樸、聞一多等民主人士，皆由蔣介石親自下令。

魏斐德極內行地指出，共產黨內的反間諜運動，如一九四二年的「延安整風」，既是黨內權爭，也是對戴笠迫害的正常反應；而「如果不能想像二十世紀三、四十年代裡長期遍布中國的間諜和反間諜的活動背景，就很難理解後來在一九六六至一九七六年『文革』中，那個無數人被當作敵人『間諜』而關押、毒打、殺害的年代。」這是一個關於「暴力循環」，或者說「以暴易暴」的最生動詮釋。

中共奪取江山四十年後才遭遇群眾的大規模公開抗議，鄧小平、陳雲皆視為「生死存亡」，此後警察暴力逐漸蔓延到社會面，武裝警察尤其是「國家保安局」越來越成為政權依賴的支柱。一九九九年春的「法輪功」中南海請願事件後，中國司法當局濫施拘捕、刑訊、拷打、枉判，愈演愈烈，「國保」幾成今日「蓋世太保」；而最近「阿拉伯之春」帶來的驚嚇，又加劇了這種暴力氾濫的趨勢，失蹤、超期羈押、肉刑、凌辱、封口等等，逼近戴笠的殘暴水平，有將「公權力」異化為「國家恐怖主義」的趨勢。

四、一個「辱」字最折服中國人

今日中共暴力裸呈，雖因政權危機所致，但其來有自的根源，尚在暴君毛澤東那裡，一如戴笠乃是蔣介石的一條「犬馬」。今日與毛時代的區別，是少了一個「克里斯馬」，當年老毛的「魅力型」統治，虛設工農兵大眾一個「主人翁」地位，「地富反壞右」是一小撮，這個壞竟是特別用來讓毛「運動群眾」而設計的，因此「文革」才成為可能，毛借「暴民」之暴力收拾政敵並統御天下。而今顛倒了，權貴變成「一小撮」，只占總人口的百分之零點零二三，「魅力」全變成噁心，「暴民」不但玩耍不了，反成天下洶洶，武警一天都不能休息。

胡溫體制最好的選擇，只有「視天下萬民為芻狗」，搞商鞅酷法峻律。這不僅是毛澤東的遺產，更是古代中國幾千年的政治遺產。前秦諸子百家中，在政治領域對中國影響最巨者，非法家莫屬，所謂「百代都行秦政制」。春秋戰國是虎狼世界，充滿血腥征伐，各諸侯為生存皆採商鞅、韓非之酷政，以圖強國。這個傳統，對於今日堅守「專制」於普世價值包圍中者，依然新鮮。所以，立孔子銅像於天安門廣場，如何使得？

一九七三年九月，毛澤東會見阿爾巴尼亞國防部長巴盧庫時說：「秦始皇是中國封建社會第一個有名的皇帝，我也是秦始皇，是馬克思加秦始皇，比秦始皇還要偉大。林彪罵我是秦始皇，他以為是罵我，其實等於是在誇我。」毛雖不打自招，但說得近乎調侃，戲言而已。他真欣賞的是商鞅，博學的耶魯漢學家史景遷曾點出，毛澤東最欣賞「公元四世紀可怕的法家商鞅」。

毛懂商鞅酷政的要訣，在於窺出人性「好利惡害」之弱點，「民之性，饑而求食，勞而求逸，苦則索樂，辱則求榮」，毛蹂躪中國二十餘年，全在於利用和驅使人性的弱點，說他是這方面的一個「天才」，更為恰當。「饑勞苦辱」四端，又以「辱」字最折服中國人，中國曾是「禮儀之邦」，即使禮崩樂壞之後也還是一個面子社會，「樹有皮，人有臉」，而毛於侮辱之術，最為精通。大而言之，毛是瞅準了中國士大夫階層於近代「亡國滅種」憂患中積累起「國恥」感，而可以置私人榮辱於不顧的文化心理，大施淫威，又輔之以唯物史觀和民粹主義，便蕩滌了士大夫心中的那點浩然之氣。他早就對史諾說，那些懼怕商鞅的秦國人其實很愚蠢。

人性古今相通，可令商鞅千年之術至今管用，除非搭配點別的什麼；設若搭配「電子監控」，則「侮辱」之術效用倍增，會令老毛都眼饞。更奇還在，把馬克思的「空想共產主義」嘗過之後，再從頭來過一遍血腥的資本主義原始積累，中國人也得乖乖多進幾趟「煉獄」。這恐怕無論歐威爾還是傅科都想像不出來。

順口溜古今奇觀

胡適的《白話文學史》，開篇講「古文是何時死的」，緊跟著就講「漢朝的民歌」，提到漢武帝時，衛子夫做了皇后，她的兄弟衛青權傾一時，民間便出了順口溜：

生男無喜，生女無怨，
獨不見衛子夫霸天下？

胡適說民謠「只取音節和美好聽，不必有什麼深遠的意義」，其實民謠常常是朝代興衰更替的預警，還不「深遠」？為人熟知的就是明朝，謠諺首尾伴隨——元末昏暗，北方一個童謠「石人有隻眼，挑動黃河天下反」，便叫群雄並起，後另有一個童謠「十八子，主神器」，又叫二百七十年大明轟然坍塌。

一、相距幾百年的兩首民謠

是不是只明代多謠諺？據說唐宋以降，文風極盛，但幽默嫌少，謠諺只在民間流傳，無人留意，到明朝才開始有人整理笑話集。《明季南略》中收了一首順口溜罵奸相馬士英賣官鬻爵：

中書隨地有，
總督滿街走；
監紀多如羊，
職方賤如狗……

而今卻有順口溜這麼說：

中央幹部忙組閣，省級幹部忙出國，
地縣幹部忙吃喝，區鄉幹部忙賭博，
村裡幹部忙偷摸，學生幹部忙愛國。

兩首謠諺相距幾百年，測出的中國官場景觀，大致如舊，南明小朝廷與中國「盛世」的不可同日而語，卻只在物質層面，無制度變遷可言。甚至，我們對於當下中國，從一個順口溜裡，也能解讀個大概：全球化，民族主義，江湖兩代較勁，權貴社會裡貪腐遍地、色慾橫流，一樣都沒漏。

「野有誹謗」，是明朝的特色，或許毛澤東創建的「新中國」，與歷史上最相仿的朝代，就是朱明，而老毛也最神似朱元璋。據田家英[61]透露，毛澤東進京當皇帝前，在西柏坡與吳晗[62]談其《朱元璋傳》，說你寫朱皇帝殘暴，乃是書生氣十足，朱不殘暴，皇帝就坐不穩，而吳晗未予理睬，不對朱洪武筆下留情，後來果然慘遭荼毒。

二、中國式政治笑話與影射文學

此處穿插朱洪武的一個政治笑話。洪武年間，長江大堤蛀壞，疑水下有豬婆龍（揚子鱷）作怪，因「豬」犯國姓「朱」，官吏奏報改稱「黿」，卻又犯了朱元璋的「元」，民間有謠云：「癩黿癩黿，何不稱冤」——你乾脆改姓「冤」吧！取笑統治者的姓名，乃民間一大樂趣，如海瑞稱嘉靖為「家淨」，百姓叫崇禎為「重徵」（徭賦）。可見「政治笑話」，並非蘇聯東歐的「土特產」，中國自古就有。今日承傳此道，例如一則，說胡錦濤請來風水師問：

以前水災多，如今又旱災多，為何？

以前不怪你。皆因江澤民的一個「澤」字，能不年年發大水？

我這「濤」字不也是水嗎，怎麼變乾旱了呢？

你的「錦」字，在風水學裡配同音「井」也。這井裡能掏出多少水來，夠全國人民用？

有何妙計？
改朝換代罷！

風水師擺擺手。真是妙諷之間，不忘煮酒論人。

明朝大興文字獄，文人膽寒，也使得民謠旺盛。陳寶良著明朝風俗史《飄搖的傳統》西柏坡，專闢一節「大眾傳媒：民謠」，列數明代民謠的「輿論」功能，指其天籟自鳴，直抒己志，遠近相傳，映照政治的清濁、風俗的厚薄、人性的善惡。順口溜更是文學，就像詩歌，落成文字便凝固，與指涉對象分離，可流傳千古，如民謠說嘉靖權相嚴嵩：「可笑嚴介溪，金銀如山積，刀鋸信手拖。嘗將冷眼觀螃蟹，看你橫行得幾時。」四百年後，老毛駕崩，「四人幫」被擒，正值菊黃蟹肥時節，百姓們把三隻雄蟹、一隻雌蟹綁成一串，在街上叫賣，還有人敲著螃蟹說：看你橫行到幾時！

史家皆言明朝流弊，最甚者洪武廢相，終有明一代閹禍劇烈，所以最著名的順口溜，都是罵閹黨的，如成化年太監汪直，天下趨附，有謠云：「都憲磕頭如搗蒜，侍郎扯腿似抽蔥」，滿朝文武亦成寒蟬，被譏為「紙糊三閣老，泥塑六尚書」；天啟年的魏忠賢就更是氣焰薰天，民間流傳「八千女鬼亂京畿」，「魏」字偏旁上端一「禾」，拆開就是「八千女」。

---

61 田家英，毛澤東祕書，後自殺。
62 吳晗，明史專家，北京市副市長，文革中被害。

真所謂「防民之口，甚於防川。」明朝不僅謠諺發達，還有「匿名揭帖」、影射戲曲和影射文學，大凡都以因果報應詛咒豪門權貴。魯迅《中國小說史略》中的〈明之人情小說〉論及《金瓶梅》，引了開篇一段閒文說西門慶：

有一處人家，先前怎的富貴，到後來煞甚淒涼，權謀術智，一毫也用不著，親友兄弟，一個也靠不著，享不過幾年的榮華，倒做了許多的話靶。內中又有幾個鬥寵爭強，迎姦賣俏的，起先好不妖嬈嫵媚，到後來也免不得屍橫燈影，血染空房。

魯迅說這種影射文學「人物每有所指，蓋借文字以報夙仇」，聯想如今網際網路上拿「中央核心」惡搞的種種，便可知中共耗重資封網，敢情是還殘留了一點羞恥心呢！

三、五十年代官謠與民謠

世事變遷，恍然如夢，百姓們的幻滅，被主流話語排斥，也被主流媒體消音，只剩下順口溜這個管道，如這首《同志情誼》唱道：

五十年代人幫人，
六十年代人整人，

七十年代人哄人，
八十年代各人顧各人，
九十年代見人就「宰」人！

其實五十年代也沒有「人幫人」，那是另一幅光景，民間一派淒涼，網上有篇李興濂的《大躍進中的官謠和民謠》，發掘出罕見的幾則：「毛主席大胖臉，社員餓死他不管。」、「今反右，明反右，反得社員吃人肉。」關於饑餓的民謠，就更多了：

清早的饃，兩口嚼。
中午的麵條撈不著。
晚上的稀飯照月亮；
大人喝了餓得慌，
小孩喝了光尿床；
一巴掌打到街門上！

大饑荒、人相食，也曾是歌謠禍害的，那就是「官謠」，大躍進中煽虛火的鼓噪，當時省市縣、公社、生產隊各級都有民歌編寫班子，連老舍[63]都寫過養豬的快板書，後來周揚、郭沫若編了一本著名《紅旗歌謠》，也可稱「大話、牛皮匯總」。那種歌謠，也是一景，最國粹的「中國土特產」：

公社糧食堆雲天，社員爬上當神仙，扯片白雲揩揩汗，湊上太陽吸袋煙。
一頭肥豬大又長，豬身橫跨太平洋，豬背可以降飛機，耳朵成了飛機場。
一個稻穗長又長，黃河上邊架橋梁，十輛汽車並排走，火車開來不晃蕩。

四、順口溜宛如一本社會學

恰是有過此種「共產主義大躍進」的歷史經驗，所以到九十年代，搞起「資本主義大躍進」來，才會出現下面這番光景：

十億人民九億商，齊心合力騙中央；
十億人民九億賭，還有一億在跳舞；
十億人民九億瘋，還有一億練氣功；
十億人民九億愁，還有一億當盲流。

中國人都魔怔了，中國的順口溜也是瘋狂的。上面這個段子叫《大團結》，是退出流通的一種十元紙幣，一個極巧妙的反諷——這個民族已經掉到錢眼兒裡去了。

我們的順口溜，也開始面對「社會問題」了。有一曲《都市十八怪》：

> 影院只放錄影帶；豬肉牛肉加水賣；攤開麻將把客待；旅店拉客死活拽；染起頭髮充老外；汙言穢語隨口帶；鐵門鐵窗鐵陽台；下水道口缺少蓋；好人偏去充乞丐；富人都吃蟲眼菜；少女初夜當街賣；鍛鍊只有老太太；五歲開始談戀愛；交友只問帥不帥；避孕套常裝口袋；男女都是公用筷；都把官員當禍害；上班先學拉幫派。

這簡直可以在大學裡辦一個社會學系了，從消費者權益、貧富懸殊、女性歧視、性放縱，直到青少年被忽略而受害，一個順口溜便囊括了種種社會公害、機制弊端、風俗日下、世道危機。這是一個社會解體的縮影，其特殊性在於，中國是從一種禁慾的全能主義體制，朝著另一種所有向度都是相反的壞資本主義轉型，其代價是社會失範，價值崩解如水銀瀉地，摧毀道德倫理底線。

順口溜對社會景觀的綜合概括能力，也只有在中國當下的政治體制下，才會發揮到極致，休說絕後，也是空前的，如這曲《西方有個愚人節》：

---

63 老舍，旗人，中國現代著名小說家，文革中投湖自殺。

年過五十算青年，短訓三月拿大專，熬夠工齡就教授，照書抄錄算考卷，掃次大街稱雷鋒，退出占房算清廉，兩篇作文叫作家，出本爛書罵經典，掛個名兒當主編，拉筆贊助副主編，十人就有九人騙，還有一個在鍛鍊。

通篇都在說一個「假」字，是因為社會暢行無阻一個「騙」字，而中國人天天要過「愚人節」，其根源是這個體制「掛羊頭，賣狗肉」，從「東方紅，太陽升」那天開始，中國就進入「愚人節狂歡」了，接下來大夥兒也只好跟著黨中央一道自欺欺人。

即使你不去中國，也可以從順口溜中欣賞它的文化景觀：

兒歌竟被情歌代，影片叫好不叫賣；一部影片好幾截，戲曲只有老人愛；點歌騷亂成公害，歌星假唱放音帶；「大腕」一副港台派，義演不義把人宰；詩歌只有詩人買，雜誌半本廣告牌。

（《流行文化十大怪》）

「西化」也好、「港台化」也罷，反正不再是原來那個從收音機裡款款淌出廣東音樂「步步高」的中國，也不是高音喇叭裡放著楊子榮「打虎上山」樣板戲的文革中國，漫說「雷鋒叔叔」沒影兒了，連陳勝吳廣都去深圳打工糊口了。

又是順口溜，把那懷舊，抒發得最為纏綿、無以替代，農耕社會雖依稀可見，卻連最後剩下的那一把破涕為笑，也是寒酸的：

俺才吃上肉，你們又吃野菜了；
俺才有糖吃，你們又尿糖了；
俺才用紙擦屁股，你們又擦嘴了；
俺才吃飽穿暖，你們又露肚臍了；
俺才娶上媳婦，你們又獨身了；
……

二〇〇九年十月十八日

北京比巴黎還要醉生夢死

自一九九三年春以來，我再也沒有機會回一趟巴黎，不覺十幾年過去了。二〇〇七年夏天，友人譚雪梅女士邀請我和妻子傅莉去巴黎小住幾日，她的小女兒一家人正好出門度假，我們便下榻在那裡，常常往南漫步穿行巴黎舊區的巷弄，到龐畢度中心附近閒逛。那一帶是中央市場舊址，令我想起少年時讀過的一本左拉小說，書名極傳神：《饕餮的巴黎》，乃是二十部系列中的第三部[64]。路易·菲利普的「七月王朝」被視為文學上的「巴爾札克時代」，而接下來的第二帝國，便是文學上的「左拉時代」。

我這一代大陸人，少年時代悶在閉關鎖國中，卻對法蘭西「第二帝國」和拿破崙那個侄子並不陌生，端賴馬克思那本《路易·波拿巴的霧月十八日》，甭管讀不讀得懂，卻是人人都翻過兩頁的，甚至不少人或為此書汪洋恣意的揶揄筆調，而崇拜了馬克思，也未可知。這回我來巴黎，則發現這「第二帝國」與當下中國的「盛世」，竟有驚人相似之處。

一、巴黎大改造與神州大拆遷

我的遐想，正是被營建中央市場的奧斯曼，和他的「巴黎大改造」勾起來的。歷史對這個「拆遷大師」可說毀譽參半，但大規模拆遷影響的首先不是珍貴的文物建築，而是社會結構遭到毀滅性破壞，大批工人、手工業者、小商販被趕到環境惡劣的郊區，市區新建高樓群起，社會矛盾迅速激化，持續十七年的改建，也積累著社會仇恨，直接後果就包括一八七一年著名的巴黎公社起義。社會的失聲必須用歡樂和物質享受去覆蓋，民眾的想像力也要靠公共建築的宏偉、龐大、高聳去分散，那是另一種性質的「煽動」（demagogy），所以路易•波拿巴上台之前在牢獄裡就打好了巴黎大改造的腹稿，奧斯曼不過是他的計劃執行人而已。有了這個參照，我們就不難理解伴隨中國「經濟起飛」的烏煙瘴氣的「神州大拆遷」、遍布各地的「政績工程」及其貪汙，以及從北京的鳥巢、巨蛋（國家大劇院）、大褲衩（央視新樓）直到安徽阜陽一個區政府的「白宮」，都是政治含義壓倒建築審美的，所以中國人可以很自豪地在北京找到十九世紀中葉巴黎破碎的殘影。

拿破崙三世的大興土木，也是馬克思剖析他的一個特徵：為了「召喚亡靈」，侄子不斷需要打出叔父的靈幡，使死人復生。在此馬克思說了一段十分著名的話：

64 指左拉的法語小說大系《盧貢•馬加爾家族》，又名《第二帝國時代一個家族的自然史和社會史》，共二十部，《盧貢家族的命運》只是其中一部。

人們自己創造自己的歷史，但是他們並不是隨心所欲地創造，並不是在他們自己選定的條件下創造，而是在直接碰到的、既定的、從過去承繼下來的條件下創造。一切已死的先輩們的傳統，像夢魔一樣糾纏著活人的頭腦。

這個特徵，恰巧也符合鄧小平一口氣指定的兩代接班人的執政本質：「為的是要替波拿巴家族還債」——我們只需將「波拿巴家族」一詞換成「毛澤東和鄧小平」，就非常準確了。如果真懂馬克思，我們其實不必苛求鄧小平的傳人（江胡），他們的歷史使命被規定成這樣了，那是他們的宿命（destiny），而如果中國人不思改弦易轍，便也是大夥兒的宿命，外人概莫能助也。你說他們就不能超越點兒？馬克思說了，他們不能「隨心所欲地創造」，他們頂多多蓋點高樓大廈。

可是馬克思又說波拿巴乃是「一個平庸而可笑的人物有可能扮演了英雄的角色」，這意思彷彿告訴我們，竊國大盜也是有一定「創造空間」的，即「他比無恥的資產者有一個長處，這就是他能用下流手段進行鬥爭」，所以馬克思罵他是「流氓」、「老奸巨猾的痞子」，但此君到底也是幾度入獄又越獄，機關算盡謀江山，他那皇冠卻不是他叔父「指定」給他的，馬克思要是知道江胡等輩的權力來源，還指不定罵得多難聽呢。

二、小拿破崙遠不如江胡大手筆

其實在「給定」的空間裡，江胡比小拿破崙耍得還要花哨。波拿巴或許因投機而心虛，「想要扮演一切階級的家長似的恩人」，絞盡腦汁收買從金融投機家、實業家、地主、農民直到城市失業者（馬克思管他們叫「流氓無產者」），令第二帝國也「經濟起飛」，巴黎之繁華，在左拉筆下有交響樂般的宏大描摹。

中共鄧後之江澤民一屆，則是自六四血泊裡「臨危受命」，面對西方制裁和舉國仇慨，卻能夠在國內高壓肅殺的同時，大開國門以優惠斂入西方投資，再用廉價勞力製成低價商品傾銷西方，這種雙向的收買，哪裡是消費至上的歐美吃得消的？美國經濟界自己估算，中國的廉價產品為美國消費者省下六千億，令中產階級生活維持不墜。這麼大的買單，買出一個什麼「全球化」勞什子且不論，買昏了美國佬的消費欲，大夥兒撒歡兒花錢，寅吃卯糧，到底折騰出個金融海嘯來，再回眸一看，中國成了美國最大的海外債權人，也就是說，它是美國的銀行家。華爾街塌了，遷到北京辦公去了。

搞定了西方，收拾國內就是小菜一碟，從老百姓到知識界一概恫嚇、收買，連帶也把靠中國吃飯的西方漢學界一勺燴了。「收買」在這裡只是經濟學名詞，若翻譯成政治學名詞，應該叫「綁架」——先綁架中國人民／中華民族做肉票，再去綁架整個國際社會，到那個層次，西藏自然是肉票了，連台灣還沒統一進來呢，便預先也做了肉票的。北京卻無須像拿破崙三世當年那般窮兵黷武，二十年裡兩屆中國總理的頭等差事，就是在海外撒銀子，到歐美拿大訂單動輒百億，國際間約定俗成叫著「送大禮」，其實那是「溫柔綁架」也。

由此說來，《霧月十八》裡的刻薄剖析，套到中共頭上都嫌捉襟見肘了，設若馬克思活到今天，對北京的「收買」、「綁架」技巧，必定也會有精到之論，但他絕對想不到，市場經濟的自由資本主義體系居然在二十一世紀初差點兒崩潰，相去被它打敗的列寧主義計劃經濟體系，也不過二十年。馬克思主義是「笑到最後的」，西方輿論猛揍「雷根／柴契爾主義」，大唱社會主義／國家干預的贊歌，長嘆美國需要北京來「拯救」之感慨，一位鼓吹「後美國世界」降臨的專欄作家，建議歐巴馬登基後的第一要務，乃是選好一位駐華大使。這廂中南海裡據說也是跌破眼鏡，感慨「沒想到西方帝國主義垮得這麼快」，可自己心裡說，我幹的是比美國「牛仔資本主義」還要野蠻的原始資本主義，早把那社會主義扔得一乾二淨啦，要不然我怎麼弄得垮你們？

相似之處還很多。在兩者，都是所謂「現代性」登場的時刻，前面已提到大都市的改造，還有時尚、消費、摩登、休閒等，都是前所未有。拿破崙三世自然也要「大國崛起」，一八五五年和一八六七年分別舉辦了兩次萬國博覽會，令巴黎風光一時；北京則是不惜一切代價辦奧運，「八八八」地吐出百年晦氣[65]。兩者政治上的反動，又皆露骨而毫不掩飾——波拿巴復辟帝制，江澤民碾碎全部民間社會，胡錦濤則於「紅色聖地」延安西柏坡極為纏綿，又對「紅色孤島」朝鮮古巴傾心不已。

三、盧貢・馬加爾家族移民北京

民風習俗的巨變，最是相似。道德倫常江河日下，厚顏無恥暢行於世，這一幕幕法國十九世紀中葉的浮世繪，在左拉的巨構《盧貢・馬加爾家族》中，都有驚世駭俗、近乎瘋狂的刻畫，二十部頭的相繼問世，不斷遭致社會憤怒、評家鞭笞、連載停刊、讀者退單、司法糾紛。其中人們所熟知的就有：《貪欲的角逐》、《小酒店》、《娜娜》、《家常事》、《萌芽》、《土地》，然而這裡的每一部小說，也都是左拉的巨大成功。到此，中法兩個民族的差別出現了：「第二帝國」的荒淫喧囂，可以造就左拉這樣的偉大小說家，而中國醉生夢死的「盛世」卻是精神／文化極蒼白的，整個社會良善剝落、欲望赤裸、人性晦暗，悲喜哀樂充斥人間，卻不能使乾癟的文學藝術有所觸動。

於是，我們不妨在血腥、粗鄙的中國資本原始積累之大背景下，讓左拉的文學想像力再次翩然起舞，猶如盧貢・馬加爾家族的成員們一個個相繼「移民」到中國去（如今也是一種時髦）。盧貢這一支脈皆為社會上層人士，如曾侍奉康比涅宮廷、任帝國大臣的歐仁（《盧貢大人》），急不可耐要去中南海找大內高手曾慶紅等人切磋討教一番；他的弟弟阿理斯蒂德（薩加爾），那個在《貪欲的角逐》和《金錢》裡肆無忌憚的地產投機商，一百多年前在法國已經賠得精光，此刻嗅到上海城市拆遷、土地批租的腥味，立馬竄來，也對著名的「東八塊」垂涎欲滴，日後他如何跟江澤民之公子別苗頭，細節尚未公開。他們的表侄奧克塔夫（《家常事》、《婦女樂園》），野心勃勃的大百貨老闆，這會兒卻是法國家樂福集團中國總店的負責人，因經營有方，日營業額達一億人民幣，〇八年春因西藏問題遭遇中國愛國民眾抵制，處境維艱。

馬加爾這一支脈多為底層勞工，因為有酒精中毒的遺傳基因，即使移民中國也不能鹹魚翻身，如妖女娜娜，先是在湖廣一帶被某省長包養著，不久她捉弄伯爵侯爵的毛病又犯了，竟將那省長一

65 指北京奧運會選定北京時間二〇〇八年八月八日晚八時舉行開幕典禮。

通揭發以致被判了死刑，她乾脆自己經營起這「繁榮娼盛」的生意，專門往港澳、東南亞包括台灣出口「北女」，順便也做一點「統戰工作」；她的同母異父哥哥艾蒂安（《萌芽》），則試圖將他在蒙蘇煤礦的罷工經驗，輸出給中國暗無天日的煤礦業，卻發現當過主人、也專政過其他階級的「中國無產階級」，一盤散沙、膽怯猥瑣，又熱衷內鬥，組織起來還需一個相當漫長的過程……他們的母親齊爾維斯（《小酒店》），大約因自己前世的悲慘遭遇，來到中國以後就發現這裡龐大的下崗女工群落，乃是被男性遺棄、再被國家遺棄的「雙重邊緣人」，而她自己後來不僅「武裝」了馬克思的「階級理論」，也懂了一點「女權主義」，兩者在中國當下都大有用武之地，於是她變成了一個「女革命家」，啟蒙中國姐妹們上訪告狀，追討自己的權利。

馬克思是看到第二帝國崩塌的。他在一八六九年說：「『如果皇袍終於落在路易・波拿巴身上，那麼拿破崙的銅像就將從旺多姆圓柱頂上倒塌下來』——這句話已經實現了。」果然第二年就發生了色當慘敗。有趣的是，小拿破崙跟馬克思都流亡在倫敦，而我們絕對沒有那種想像力，去遐想他倆曾相約在一家咖啡館裡，坐下來聊一聊。

將屍骨築進城墻

我們趕到的時候，那牆還在。

遍體鱗傷的牆體上塗滿了自由的口號，真是一座冷戰的墳墓。西面這一側，四面八方趕來的人都以砸下一塊牆土為快，那情景，不知為何令我想起《三國演義》裡董卓遺屍街頭，洛陽百姓蜂擁而去，爭割那廝一塊肉的描寫。東德軍人三三兩兩還在牆頭巡弋，長筒皮靴謹慎躲閃著攀上牆來的西邊人的無數手指。許多青年在牆前留影，想把自己同這一歷史瞬間定格。我站得遠遠的望著，心裡卻只有一股楚酸，為我們自己的那個廣場。

一、布蘭登堡門前

一九八九年冬季，我在歐洲四處演講，絕望地複述著那個廣場和那個大陸……友人南茜來電話：「柏林牆開了！咱們去吧。」她領我們幾個流亡者從巴黎趕去，火車穿越比利時和西德，在萊茵平原的晨霧，和那童話般恬靜的西歐農舍、林帶中穿行。一進入東德，某種似曾相識的單調和壓抑襲來，彷彿是一個冰凍在過去的世界。東德警察上車來驗簽證，我竟冷不防覺得就要被捕了，把那本通行歐共體的藍皮難民護照都攥出了一手汗。

我們當然只能進西柏林，這個一九六二年靠西方三國空運達十四個月的「孤島」。西柏林街頭擁擠不堪，估計每天有二百萬人從柏林牆東德那側過來，而西柏林總共只有二百萬人。布蘭登堡門前萬眾歡騰，像里約熱內盧的狂歡節搬過來了，只是歐洲的風格，華爾茲、手風琴和薩克斯風，飄蕩的花裙和飄蕩的卷曲唇鬚。

我們卻沒有這種心情，黯然離開狂歡，去找當地《每日報》的主編聊聊。她已在憂慮統一的問題，說牆打開了，總理柯爾趕來演講，即興引在場的數萬東德人唱西德國歌，他們不唱。向她問起天安門，她說，東西德都怕天安門在這裡重演，有些事很微妙，昂納克是主張壓制的，但不願武裝鎮壓，取代他的蓋爾茨則同戈巴契夫有改革的默契，周圍國家對東德也有制約，使它不可能單獨像中國那樣幹法。軍隊和警察都看到了鎮壓的後果，這是天安門對東歐的影響，她強調。只是一些微妙的差別，卻是本質的不同。

暮色中我們去東西德邊界一個著名的關卡——「四國權力」才能通過、好萊塢影片中常出現的雙方交換人質的那個橋頭。一路伴行的都是返程的東德人，要從那個檢查站（卡子）回去。到橋頭天已漆黑，我們隨著東德人魚貫朝橋中央走去，一直走到東德軍人出現的地方，同一個上尉聊了幾句：

你能過來嗎？
還不行。將來會的。
聽說過天安門嗎？
是的。那真可怕。所以我們才選擇另一條路……。

回巴黎不久，就傳來羅馬尼亞起義的消息。那晚，我們正在一位崇拜達賴喇嘛的法國女士家裡作客，電視螢幕上布加勒斯特的民眾正攻打電視台，報導說死了數千人。我忽然哭起來，那位女士問怎麼啦？

為什麼又要死人？

法國女士只摸摸我的肩頭，沒說話。

二、推倒「假牆」的隱喻

二十年後，歐洲政要再次聚首布蘭登堡門下，玩了一個輕鬆詼諧的遊戲：重新推倒一座「假牆」——沿著柏林圍牆的舊址，德國學生們製作約一千個彩色、塗鴉的大型塑膠泡骨牌，組成一公里半長的一道西洋骨牌（多米諾）「圍牆」，由波蘭前總統瓦文薩揚手推倒第一塊，接下來是蘇聯前總統戈巴契夫與西德前外長根舍，其象徵意義是，柏林牆倒下引發的連鎖效應和新歐洲的誕生。

這廂，中國人「站乾岸兒」似的欣賞著這一幕純歐洲式的遊戲——這一次，中國媒體放肆地報導這個經典的「專制崩潰」話題，因為它跟中國無關，或是「柏林牆」倒塌的骨牌效應不涉及中國，它在中國從來沒有倒塌。它的確是一座「假牆」——西方人大多認為市場經濟和WTO已經摧毀了中國的「柏林牆」，所以二十年後那一晚，柏林盛典空前，夜空煙花璀璨，十萬人冒雨參加盛大露天音樂會。

他們看不見另外一種牆。他們的眼睛——那對自由、開放、市場的藍眼珠子，只能辨識史達林式的、混凝土結構的「柏林牆」，卻對免掛馬克思標誌的一道隱形牆沒有反應，或者說，從那牆後只要送出廉價產品來，他們就斷定那裡已有一雙亞當·斯密的「看不見的手」，絕不會再有「柏林牆」。

拆牆者不再認識新的築牆者，這是一個「後冷戰」的大故事，甚至，這才意味著真的「冷戰終結」。因為，一種新的遊戲開始了，西方人還沒來得及從「鳥巢」[66]上空眼花撩亂的焰火裡醒轉過來呢。

牆的歷史，並不是從一九四五年才開始的。「柏林牆」從一開始就是一個歐洲人的遊戲。東方有更漫長的築牆史，和古老得多的城牆。那和混凝土毫無關係，梁思成說，北京城牆內心都是「灰土」，用黃土、白灰、沙子混合，澆上糯米粥，蒸熟再反覆夯實，數百年下來，堅硬如鐵。若再到秦始皇築長城，乾脆將屍骨築到城牆裡，讓死士防守在城牆內心裡——這樣的防禦概念，有幾千年歷史了。

三、中國「打牆工藝」的現代化

我很久都沒有弄懂華夏文明不具擴張、出擊的「侵略性」，究竟意味著什麼？原來，那不過就是「關起門來做皇帝」而已，不喜別人來問家務事。當然城牆是必備條件。於是，在這種格局底下，統治模式和城牆防禦技術二者，其中必有一項與時俱進，方能維持，設若集權方式不變，則打牆技術勢必不斷改進。

毛澤東的四九中國，與西方絕交，受蘇聯卵翼，乾脆閉關鎖國，效仿朱洪武「片帆不準下海」，倒也簡單，無非神州裡面「不愛紅裝愛武裝」，築高爐放衛星餓死人，外面愛莫能助。如此鬧到崩潰邊緣，實在混不下去了，鄧小平痛定思痛，悟出「改革開放」一計，挽救江山。但畢竟匆匆，未及思量這「開放」使防禦工事全然廢弛，居然鬧到京師長安街血肉橫飛，於是還要痛定思痛一番。

門是不能再關上的，否則哪裡去弄錢來救江山？老百姓要餵飽了才消停，這是千年定則，看來「防禦工事現代化」是唯一選擇，原先那「四個現代化」都是扯淡，「第五個」（政治）則免談，如今才想到這「第六個現代化」，觀念太落後了，最典型的例子，就是不知道進口橡皮子彈[67]。

66 北京國家體育場，二〇〇八年建成，占地二十點四萬平方米，〇八奧運會開閉幕式在此舉辦。

67 一九八九年天安門學運期間，中共尚無非殺傷性鎮壓工具，鄧小平遂調動野戰軍進入首都鎮壓。

「亡羊而補牢，未為遲也」。要從「關門」的穩定，發展出一種「開門」的穩定觀，全賴構築一道什麼樣的城牆，從軟體到硬體，從中國傳統到舶來品，都有講究。網際網路跟著降臨，不是壞事，「萬里長城」要借西方新技術，一直構築到虛擬空間去。耗資數百億的「金盾工程」——深入到一家一戶的全國性數位監視網，是「洋為中用」，把挑戰轉化為機會，使遠古的秦始皇築牆工藝，得以升級換代。

四、中共「心防」：民族主義

資訊封鎖、言論箝制、出版監控等等，都是「柏林牆」組件，但只能防那明火執仗，也防不勝防；而像毛主席那般靠魅力唬人，騙到你的心眼兒裡去，叫你到死還在喊「萬歲」，又是可望不可即，魔力難再；我們的文明傳統可有「承傳」之處？宋明理學的「存天理，滅人欲」，設防到每個人的心裡去，至少是有啟發性的，可是控制到「靈魂深處」的全能主義，需要迷信配合，文革前的清貧社會尚可，眼下這人欲橫流的世道，就不大相宜。「眾裡尋他千百度，那人卻在燈火闌珊處」——怎麼忘了封閉時代的老冤家西方和洋人了？叫你們使了廉價勞力、賺了豐厚利潤、汙染了山河，正好繼續罵你們「帝國主義剝削壓迫」，用來設置組裝一套新的洗腦軟體——民族主義。

民族主義，是一個積累了二百年痛苦的資料庫，可以提取壓倒一切的「天理」，供體制任意使用，去盡情煽動那未曾治癒過的「民族心理挫折感」，並借此收繳有關個體的一切資源，最大化關於民族、國家、集體、黨的所有含義。這個意識形態，又在相反的方向上，洗滌「民族國家」怪獸半個多世紀的血腥劣跡，抹掉社會和個人的常規記憶，使九〇後的世代，對歷史一無所知，便可一勞永逸地把「萬里長城」築進他們的內心。

「民族國家意識」，這個在歐陸十九世紀上半葉居主宰地位的老舊意識形態，比往昔任何時候都對中國政權具有利用價值，而北京拿捏、玩耍它的技巧，也較從前大為精緻，因為毛澤東時代打了一場可稱平手的「抗美援朝」，除了稱臯蘇俄，確乎大剌剌地「獨立自主」了十年，中國人則飽受家門裡「階級鬥爭」之罪，並無「外辱」可言，那時的民族主義，還是抗日的餘熱和抗美的興奮，大約不過虛火而已。「後六四」二十年就不同了，有國際制裁在先，外資大舉蕩滌在後，而平民百姓失去「社會主義福利」，跌進「資本主義火坑」，統統從「主人翁」淪為廉價勞動力，生計艱危又無病老保障，這股民間底火如何疏導？自然還是要他們去恨洋人，是最划算的。

江澤民政權一手引進外資，一手煽動仇外，把民族主義打造成裡外通吃的一柄雙刃劍，是比文革排外模式更「先進」的伎倆。在崇洋的文化氛圍中長大的九〇後世代，與生俱來有一種對西方的「愛憎交織」心結，也被這個體制充分利用，模仿毛澤東「孕育」紅衛兵一代的故事，將他們塑造成一代「憤青」，則是一個顯見的例子。植入民族主義「心防」的中國青年，即使留學西方，也較難接受普世價值，且毫無民族歧視的羞恥感。民族主義也延燒到海外，給五洲四海的華人社會以「認同慰藉」、撐腰快感，順便也抹除「六四」屠殺鑄成的恥辱，又乘勢欺負弱小藏族維族，給國際社會以「大漢族主義」的惡感。

五、全能主義的修復：竹幕變綢幕

不要小覷這二十年的穩定，說它無非是一種「恐怖平衡」。設若這道民族主義心防不存在，中國的「水深火熱」早已釀成天下大亂。

毛時代閉關鎖國，令民智凋敝；「開放」又任憑商業化資訊蕩滌一通，價值體系基本解體，卻在這樣的精神廢墟上，一個瀕死的極權體制，竟可以神奇般的復甦其所有低劣卑鄙的功能，又如何解釋得通？

「民族主義城牆」，抵擋普世價值流入中國，使得這個體制得以事半功倍地施展其動員能力，以應付社會動蕩和天災人禍，反過來又不斷修復、潤滑破舊的國家機器，中南海處理汶川大地震、大辦奧運和國慶閱兵，皆可作如是觀。西方以「雪恥」解讀北京奧運和國慶，自是不錯，但隔著一道隱形牆，外面看不見其國家機器的修復跡象。

眼下中國的情勢，跟清末相比如何？最大的不同，是朝廷的強弱在天壤之間，晚清積弱自咸豐算起，已近百年，而中共目下正在國力強盛時期，對突發事件的控制能力，非毛鄧時代可比，以下是一例：

二〇〇七年底，河南寶豐縣附近一個軍械倉庫保管員張紅賓，因下棋爭執擊斃科長，攜帶一把五六式衝鋒槍和約八十發子彈逃跑。此案引致濟南大軍區副司令、參謀長、總政治部保衛部副局長、省軍區司令等，趕到現場坐鎮，成立偵破聯合指揮部，調用強大警力設檢查站堵截、查緝布控，甚至急調一輛裝備二十五毫米機關炮的九二式步兵戰車，對逃犯藏匿處猛烈攻擊，炸成廢墟，再調兩輛消防車滅火。

別說晚清，即使民國、國民黨，也不會為了一個叛卒，而驚動總兵乃至一省的督軍。中共雖草木皆兵，動輒出動野戰軍，但此例也顯示其動員、應對能力的極端與誇張。

我們亦不難估計，五千兒童死難的汶川地震之後，中共基層行政、警察，特別是所謂「維穩辦」，在阻嚇、化解家屬追討公道、真相的那種控制能力；又遑論〇八奧運、〇九國慶，對北京近乎「空城」式的嚴控。一次奧運辦下來，可視為中共徹底搞定國內，不僅對異己力量絕對控制，也在大災面前發揮全能主義式的動員能力，並將一切民怨壓制到最小範圍，這樣一個政權，也是劉少奇收拾大饑荒殘局、文革後鄧小平扶江山於既倒時，所遠不及的。

在另一層視野裡，經二十年嚴酷壓制，中共成功修復其舊體制，又因國庫豐裕而令西方豔羨，以致「全球化」論說甚囂塵上，實質上是國際社會對極權中國的接納。這次東西方聯手的「中國崛起」，給予中國人的浩劫，恐怕難用世紀來計量了，而矯正的力量連一絲都看不到，讓四九年毛氏革命的崛起望塵莫及。

二戰後邱吉爾曾用「鐵幕」（Iron Curtain）一詞，定義莫斯科的勢力範圍，其邊界即「柏林牆」，而它在亞洲的擴展尤其中國，則叫「竹幕」（Bamboo Curtain），當時周恩來竭力否認，現在我們知道他是在撒謊。那麼，我們又該如何定義今日中國？對西方來說，它是不是一道「綢幕」——柔軟，卻紋絲不透？

二〇〇九年十二月七日

想起了龔自珍

二〇一七年春，中國民間已是一派「天下大亂」的興奮，從國內先後蹦出來幾位「爆料王」，萬眾矚目地單挑中南海——吃瓜大眾極虔誠地認為，「爆料」就能「爆」垮一個全副武裝且財力雄厚的政權。

一、天下大亂

然而最主要的，並不是這一望而知的幼稚，而是它彰顯了「人心思亂」的普遍心態，這是多年未見的一種集體無意識，猶如文革末期的一九七六年、「六四」前夜的一九八八年，三十年前我曾這樣描述：

公元一九八八年，在中國確乎是一上來就呈現出某種不祥的、躁動的、神州惶然的景象。

經歷了一連串全國震驚的事件後，便有民謠傳出：「飛機打滾，火車親嘴，輪船沉底，物價沒準」。上一年森林大火的灼痛還殘留在人們心中，重慶空難，江南瘟疫，物價飛漲等又一齊襲來，很快就把中國人意識深處的恐懼感誘發出來了，大夥兒都不約而同想起了十二年前……。

據民間傳說，今年春節剛過不久的深夜，在關外某省城郊區的公路上，一個司機正匆匆驅車往家趕。忽然，車燈下照出公路上橫臥一條青蛇，他猛地剎車繞開。跑了一陣，又見橫臥一蛇，再繞開。此時公路上閃出兩個女子，攔住此車，自稱她倆便是兩蛇，為謝司機不軋之恩，特泄露天機於他：龍年有凶，回家速放一掛鞭炮，即可禳災。不久，這座城市在某天夜間全城不約而同鞭炮齊鳴，翌日，眾人相見紛紛作揖道賀：「過年好」。此舉隨即傳入關內，迅速風靡各地，蔓延許多城市。

農曆五月初一（六月十四日）夜裡，太原市也忽然鞭炮震耳欲聾，不少人惘然不知何故，待打聽方知龍年要過兩個，才能消災避難，而且商店裡的四種罐頭——蘋果、鵪鶉蛋、桃、梨，被一搶而空，皆稱吃了可以「平安逃離」（蘋鵪桃梨）……。

我至今記得很清，一九七六年之初，在周恩來逝世的那個不祥的春天裡，中國人的臉上都蒙著一層陰霾，天氣彷彿一直也是陰沉沉的，全國到處流傳著可怕的讖諱凶言，及至夏天，唐山果然陸沉，旋即毛澤東駕崩。古老的天人感應竟是那樣靈驗，而民間似乎是預卜先知的恐慌反應，究竟是一種有規律可尋的社會——心理現象，還是真有某種神靈的預言呢？無論怎樣，「世紀末」心態在龍年兩度出現，讓我相信龍年的不祥或許是有道理的。（引自《龍年的悲愴》）

七十年代只是老百姓「臉上蒙著一層陰霾」，到兩千年後的中國，連老天爺都是一張「霾臉」[68]了。那麼再掐指算算，中國有過從「人心求治」走向「人心求亂」這回事嗎？至少我還記得，二〇〇八年國內一位友人在普林斯頓跟我說：「現在是中國歷史上最好的時期」。

那可能並不是他自己的想法，卻言不由衷，因為時代風氣使然，媒體上如此聒躁，坊間也人云亦云。你真還無法否認，十年前北京舉辦奧運會之際，它的國力正處於峰顛，政權也最穩定，民心如何不好說，至少「吃瓜大眾」還在「不發言只圍觀」階段——政治學沒法做問卷調查，只能假設他們還有期待心理，這種心理也可定位成「人心求治」，畢竟即使按照「國家主義」話語，所謂「大河水滿小河溢」，老百姓也只能祈福國家強盛。

學界詮釋中國「民族主義洗腦極成功」、「中國人沒有個體只見整體」、「這個民族是匍匐在權力巨靈下的奴隸」等等，然而就這麼一個「奴性十足的國家」，居然也被治理得一塌糊塗，統治階層是怎麼做到這一步的？就像一部好萊塢電影《絕配冤家》（*How to lose a guy in 10 days*），要知道讓所有人都絕望，也並不是一件容易的事情！

二、茶毒天下

短短十年裡，除非極端歹毒的施政，不能掐死十幾億人卑微的心火，其效應唯有「茶毒天下」四字。走過這十年，人人可以列舉諸如圈地、拆遷、毒奶、假藥等等事例，竟然是越來越「小巫見大巫」，所以擇其犖犖大端者，凡三造：惡政、酷吏、毒霾。

先說惡政：從「剝奪中國」走向「拋棄中國」。鄧小平以「廉價勞動力」優勢對外開放，又以百分之十的年增長率「鞭打快牛」，此種低技術伴隨高消耗的「中國崛起」，代價就是環境汙染和資源枯竭，於是「盛世」頃刻化為烏有，中華民族「到了最危險時刻」。執政黨早已看清這個結局，不動聲色啟動兩項戰略：二〇〇〇年以來，在加勒比海地區開設離岸公司，中國流失到境外的資金可能高達四萬億美元，其中涉及習近平和溫家寶的家族，還有李鵬、胡錦濤及鄧小平的家族。此為「巴拿馬模式」，即權貴掏空中國、再到西方洗錢的模式；第二項戰略就是「一帶一路」，產值（財富）輸出模式。兩個戰略都是「拋棄中國」。

再說酷吏。「六四」屠殺後的政治樣式，過去皆稱「維穩模式」，其實是「酷吏政治」的別稱而已。列數三十年，中共有四代「酷吏」：第一代羅幹，後六四「白色恐怖」與鎮壓法輪功，尤其後者，酷刑煉獄，殺人無算；第二代周永康，統御公檢法，鍛鑄「維穩模式」，並與電子監控整合，又造「網絡長城」，實施現代化中國的「閉關鎖國」；第三代薄熙來，首創「唱紅打黑」，將文革模式整合進維穩體系，預演並儲備了毛左復辟的體制；第四代王岐山，承繼前三代遺產，以「反腐」名義，實施勒索追討浮財的煉獄模式，頗有明末李自成遺風。史上酷吏多無善終，如武後

---

68 北京乃至華北地區霧霾嚴重。

朝[69]之來俊臣，「天資殘忍……前後夷千餘族……後詔斬於市。人皆相慶曰：今得背著眠矣」；又如明天啟朝閹黨魏忠賢，迫害東林黨人，建生祠，後失寵自盡，屍體被挖出，任人千刀萬剮。

至於毒霾，其實是政治霾與自然霾的複合，民間稱「老天報應」。淫雨仲春之際，有老友自北京來，他說「兩霾夾攻，留在中國形同等死」，一幫退休老學人，決意變賣一切，出國覓一淨地「抱團養老」。他說「你知道嗎，如今中國人裡，擁有資產十萬至百萬者，近乎一億；有資產上百萬者，約三億。這四億人，有能力離開中國另討活路，剩下的十億人，哪兒都去不了。」

這讓我想起了王力雄的政治寓言小說《黃禍》。小說中有黃河潰決、中國解體的情節，他給中國人安排了三條逃亡路線：第一條，北方接壤的西伯利亞，比整個中國還要大三分之一，可以吸收三、四億人，且可步行達至，是最主要的遷居地；第二條，沿絲綢之路，經西亞、中東進入歐洲，可養活兩億人；第三條，必須跨越太平洋，渡向北美、澳洲的，是最後的三億人。

三、天黑下來

一年後，又有朋友出來，問他天下大勢，他說了兩種預測，一說，一年半後「天全黑下來」；另說「半年後」，然後就是天下大亂，再往後就不知道了——此意是說習近平將翻盤，失控全局？國內亦傳他欲傳位女兒，而無論體制內外，均無替代人物可能出現，逼垮習的只能是外力、戰爭、大災難；習只信老婆女兒兩個女人，難道中國會再現晚清格局——兩宮太后和一個兒皇帝？我對這種臆測似信非信，好像中國正在出現一種無人辨識的統治模式。

我最感興趣的是「天黑下來」這句話，一個最時髦的政治新語，中國永遠創造新詞彙，無窮無盡地描繪政治這個怪物，「天要亮了」、「天下大亂」、「昏天黑地」等等，「天黑下來」蘊含著人民內心多少絕望和無奈啊！

美國與中國爭奪亞太主導權的遊戲，令習之擴張政策受挫，此情勢在中共權力結構中的含義尚不清晰，習還有退回溫和路線的空間嗎？一個剛剛黃袍加身的政治寡頭，有其「克里斯馬」魔咒的負擔，玩不出奇蹟就是失敗，更遑論一個重大外交挫折？

中國的人心，就是這樣被政治擊潰了、渙散了。八八年我寫《河殤》時，就寫到一個人，今天我又要跟他相遇——

> 當一個民族中最先進、學識最淵博的人都是這般愚昧的時候，當一個民族連她的靈魂——思想界都被時代拋棄的時候，這個民族還能指望什麼呢？那時中國只有一個人還醒著，正因為他醒著，他就比任何人都痛苦。他說，這是一個人心混混、朝廷無才相、兵營無才將、學校無才士、田野無才農、居宅無才工、工廠無才匠、街市無才商，甚至連才偷和才盜都沒有的衰落時代。他早晚號哭以求天下大治，求治不得，他就早晚號哭以求天下大亂！他就是龔自珍。

69 指武則天當道。

輯四

地荒天蠻

軍代表剖腹黃梅戲女星嚴鳳英

二〇〇七年秋天王友琴來郵件，說她要編《文革受難者》第二集，問我能不能把嚴鳳英慘死的故事寫出來，收進這個集子，我回覆道：

關於嚴鳳英之死，我偶然跟劉曉波談起，他也要我寫出來，前幾天還來催過。我至今不敢動筆，是因為沒有想好怎麼處理這個題目，只想好了文章的標題：《我們的七仙女》，可是——「七仙女」竟被開膛剖腹，而且是當眾在光天化日之下，在一個怎樣瘋癲、倒錯的世道，才會導致這種慘劇？堪比中國古代凌遲剖腹，碎棺戳屍的陰慘之刑，昭然施行於二十世紀，現代中國人的常識、倫理底線哪裡去了？

直接施暴者，是一個軍代表，他的權力來源是什麼，竟可以令他如此喪盡天良而不被制止？誰又應當負責並被追究？

「七仙女」今天是如何被平反、被重新歌頌的？平反是如何繞過了這個慘烈的細節？而忘掉這個細節，對我們意味著什麼？

我無法下筆，是我面對不了這幾個問題，我一動筆就心裡發慌。我不能陳述完事實就了事，與其這樣，我寧願不著一字。

「樹上的鳥兒成雙對……」，這穿越了古與今、南與北、神話與現實、傳統與當今、官場與市井的一曲黃梅調，無論後來被多少人反覆詠嘆了多少次，依然已成絕響，而嚴鳳英這個「墜入凡間的精靈」，曾給中國民間帶來的藝術享受，幾乎空前絕後，是目下演藝界的「天王巨星」們無法企及的。一個藝術家，在承平時期可以家喻戶曉、名滿天下，一旦世道淪喪，或可遭遇常情無法想像的恐怖之境。一個藝人（江青）升天，且氣焰萬丈，則普天下的藝人均成另類，或入獄為囚，或揪鬥致死，或忍辱自盡，活得出來的寥寥無幾，然而身受戕害之劇烈，無人甚於嚴鳳英。無疑，這不是一個「黃梅巨星」個人的榮辱沉浮之道，這是制度性的問題，但又不盡然，嚴鳳英慘劇所映射的解讀空間和含義，早已溢出這些範疇。

一、嚴鳳英丈夫陳述妻子遭殘殺

八十年代我因採訪書寫的緣由，聞聽過無數文革慘禍，可是嚴鳳英的遭遇，還是讓我聽得喘不過氣來。那是一九八八年歲尾，我帶《五四》劇組南下，首站直奔安徽，目標是兩個安慶人：剛剛找到墓塚的中共首任總書記陳獨秀、蒙冤二十年的「七仙女」嚴鳳英。十二月十八日記載：「中午一時抵合肥，住炮兵學院。晚上與導演去找王冠亞（嚴鳳英丈夫），未遇。」十九日記載：「下午再去王冠亞家談嚴鳳英事件。極慘。嚴吃安眠藥自殺後，被剖腹。」我從當年的採訪紀錄裡，也找到了王冠亞的口述，有兩頁，第一句便是：「嚴鳳英六八年去世，已二十年了。」

王冠亞的大致陳述是：為追究六四年「天津黑會」反江青，一九六八年四月五日《紅安徽報》點了嚴鳳英的名，省藝校造反派就來逼供，她一天沒吃飯，態度很硬，說柏龍駒、王少舫也去了嘛，卻在這時王少舫貼出一張大字報，對嚴上綱上線，她非常傷心，說最好的朋友怎麼也講這樣的胡話，四月七日她在家寫了一夜，反駁王少舫，又曾去找柏龍駒為她作證，遭到婉拒，她氣極。當夜，王冠亞被嚴鳳英哭醒，發現她已服了大量安眠藥、留了絕命書。以下直接引述採訪紀錄：

我把醫生找來，又去找軍代表，但他來了以後還想搞口供，嚴還是講自己不會反黨，邊講邊哭，他們還不讓醫生進來。我去借板車，送到醫院，第二天（四月八日）早上五點鐘死了。軍代表馬上要牛鬼蛇神表態，誰也不能流眼淚，說嚴鳳英自絕於人民，後來為了轉移視線，說嚴肚子裡有發報機，要開腸破肚，我幾乎要瘋了，要我簽字，我不幹，我走後，聽說當眾將嚴開膛，用開刀的斧頭大開膛，從胸骨一直劈到恥骨，把腸子翻出來，找出一百多粒安眠藥，又拿去化驗。軍代表在現場。

我至今還記得王冠亞的樣子，瘦弱、清臞，一臉不甘吞忍的哀怒，雖然一九七八年嚴鳳英已被平反、一九八五年他也撰寫出版了傳記文學《嚴鳳英》、一九八六年還在安慶樹起了一座嚴鳳英漢白玉雕像。這一切，算是還了嚴鳳英一個公道了嗎？只有王冠亞知道，九泉之下的嚴鳳英，要的是一個公正（Justice）。

別說八十年代末期，直到今天，文革仍然是禁區。中共不准人民再深究一步，於是，鄧小平審判並監禁「四人幫」，也在全國逮捕各地的造反派頭頭，這麼一場清算，就變成是他們自己報了私仇。這裡缺的也是一個公正。

二、殺戮現場指揮：軍代表劉萬泉

又二十年過去了，王冠亞還是沒有放棄。最近我在網上竟又找到他的一篇文字，恰好拿來跟當年我的採訪紀錄對照，關於「開膛破肚」的事實，這篇文字敘述得很詳細，引錄如下：

> 嚴鳳英死後不到一個小時，劇團的領導就趕來了，任務只有一條：嚴鳳英之死有不少疑問，有人檢舉她是國民黨特務，是奉了上級命令自殺而死的，所以要剖開她的肚皮挖出她的內臟，檢查她肚子裡的特務工具！醫生也不同意開，他們只會按醫療的方法開，而這是公安部門刑偵的技術，他們沒學過，不會開。而領導講，現在不是治療的問題！
>
> 他們開刀時，紅梅劇團派了四個人在嚴鳳英身邊監視，「屁派」一個男造反派頭頭，「積派」一個女造反派頭頭各站兩邊，上方站的是「革命幹部」，下方站的是那個軍代表劉萬泉。醫生用手術用的小斧頭從咽下砍起，向下一根肋骨一根肋骨地砍，然後把內臟拉出來，剖開，

找他們聽到檢舉的所謂「發報機」、「照相機」……等「特務工具」——當然一無所獲！只查到一百多粒安眠藥片！當劈到恥骨時，膀胱的尿噴了出來，那個軍代表悻悻地說：「嚴鳳英，我沒看過你的戲，也沒看過你的電影，今天我看到你的原形了！」可見得他的「階級仇恨」是多麼深！

一九八八年那次王冠亞並未對我提起那個軍代表的姓名，在這篇文章裡，這個名字出現了：劉萬泉，一個軍隊俱樂部主任。

王冠亞寫道：

我倒不是為江青開脫罪責，一般講，嚴鳳英之死是江青的文化專制主義所害。但是，江青委實沒到合肥來！更沒有介入安徽省紅梅戲劇團的文化大革命，直接責任是誰呢？那些鬥過嚴鳳英，誣陷過嚴鳳英，尤其是整過嚴鳳英的人，沒有一個敢承擔責任，那個劉萬泉還被評為「活學活用的學習毛澤東思想積極分子」保護起來了！黨為他承擔了責任，他卻絲毫責任也不承擔。後來，我們一位楊同志去問他，為什麼把嚴鳳英往死裡整？他說：文化大革命是偉大領袖毛主席親自發動親自領導的，要向資產階級反動學術權威開火，在安徽在劇團不整嚴鳳英，整老鬼呀！他理直氣壯推得一乾二淨，一點責任也不承擔。

王冠亞這段話，真叫我對他刮目相看！

三、中國人是毛氏大廝殺的同謀

至此，嚴鳳英慘案已觸及文革被隱諱的多個側面。對中共來說，投鼠忌器，否定文革但不能「砍旗」，最大的元凶毛澤東必須赦免。公審林彪「四人幫」，也許是一個很不錯的策略，往上可以遮攔住毛澤東，往下則可赦免這場血腥民粹運動的絕大部分暴民，掐頭去尾取中段，像極了一勺紅燒鯉魚，結果是贏來政權、又得民心，從此江山底定。

否則，追究「響應偉大領袖號召」者之罪，如何摘得出來那個號召者呢？依照政治學的常識，特別是韋伯的學說來分析，文革這樣的「全民瘋狂」，乃是「克里斯馬」型領袖（Charisma，亦譯奇理斯瑪）與擁戴民眾的一場「共謀」，頗有法國大革命的諸多特徵，甚至也很接近納粹德國全民追隨希特勒迫害猶太人的那種「同謀」性質，這正是中國人難以徹底反省文革的原因。在一定意義上，中國人至今默認中共袒護毛澤東，是在媾合一次新的同謀。億萬文革參與者內心的不乾淨，乃是這次同謀的心理基礎；而鄧小平及其繼承者，其實誰也沒有赦免，他們只是赦免了罪惡；他們也沒有為這個民族找回絲毫公正，僅如王友琴所言「遺棄了受害者」。

嚴鳳英死於構陷、出賣、絕望。文革這場「古羅馬鬥獸場」式的全民大廝殺，演繹的不是什麼階級鬥爭、路線鬥爭，而是人性的所有醜惡、所有人的人性齷齪。王少舫演出了「董永出賣七仙女」的一幕，是把嚴鳳英推下懸崖的最後一擊，《天仙配》這個神話，就被現實永遠玷汙了，於是，在嚴鳳英身後的世界裡，你越是讚揚黃梅戲這兩位老搭檔舞台合作的天衣無縫，便越是襯托了人間背叛的不道德和沉淪深度，而那些嚴鳳英傳記性的廣播劇（特等獎）、電視劇（飛天獎），還有「嚴鳳英、王少舫舞台藝術研討會」等等，皆不免流於蒼白和刻意躲避殘酷真相的虛偽，即使有王冠亞的親自參與，也無補於事。

四、軍代表執政將「無法無天」最大化

施暴者這個角色，在嚴案中舉足輕重，他施行了一場可怕的私刑。文革的整個前提也許無法改變，人人自危、互相踐踏的大環境也在所難免，甚至受害者也只能承受出賣、構陷等不義之舉，但是，假如一八九六年春派駐安徽省黃梅劇團的軍代表是另一個人的話，嚴鳳英死後被「開膛破肚」的機率，幾乎可以降低百分之九十九。這個駭人聽聞的暴行，基本上是一個「拉大旗作虎皮」的私人性的為所欲為，一種洩欲、意淫的獸性病態發作。我們痛定思痛，怎可不去釐清這種屠宰場和屠夫出現的機制呢？

不錯，毛澤東的「和尚打傘，無法無天」乃是這機制的龍頭，但文革之前老毛的頭上已經沒有一根頭髮了（無法無天），文革幾乎就像他搖身一變成了孫猴子，拔根汗毛「噗」地一吹，變出無數的小孫猴子來——文革將毛澤東的「無法無天」最大化了，全國各個角落裡雨後春筍般地生出無數個「小毛澤東」來，每一個都在他（她）的封地裡稱王稱霸、草菅人命。這個「最大化」的機制，卻是無人認真研究過的。若簡單一點地描述，這就如同全國最高法院將死刑核准權，一次性地批發給各省各地、各行各業、各門各派的各種層級的無數頭頭腦腦，這麼一來，中國不就成了一個大屠宰場了嘛！文革中握有生殺予奪大權的人，有哪幾類？我們只需問，取代癱瘓的黨政系統功能

的是誰，便一目了然。有兩類是無需質疑的，一是群眾派別的頭頭們，他們甚至可以發動地區性的內戰；另一類便是各地軍區、野戰軍派出的軍代表們。

所謂「三支兩軍」，至今仍是文革研究的一個盲區，幾乎無人涉獵，恐怕連最簡單的大事紀和基本數據都還沒有。這個可以稱為「軍代表執政」的時期，雖然不過是「全國軍管」的別稱而已，但它跟世界上的許多「軍政府」不一樣，尤其以毛澤東的絕對權威，並無失權之虞，無需林彪的「保駕護航」。林彪集團及其所控制的全軍，在更大程度上，是一個造神工具，其最大功能是無限強化毛澤東的「克里斯馬」色彩，使「一句頂一萬句」變成無可懷疑的信條，變成「精神原子彈」，此乃這場現代迷信的基石所在。因此「軍代表」們的職能，很像歐洲中世紀的教士，處心積慮於識別、折磨並消滅異端者；嚴鳳英慘案又驚人地相似於那個時期的所謂「女巫迫害」：十六、十七世紀西歐曾墜入一個瘋狂迫害異教徒、「巫師」的時代，宗教裁判所的懲罰酷刑計有砍手、剁耳、烙刑、笞刑、浸泡、鎖綁、監禁、罰款、放逐、賣為奴隸等，死刑大部分是絞刑，還有斬首、溺死、裂刑等，然後焚毀屍骸，對「巫師」特別是「女巫」則直接燒死在火刑柱上，意謂「防範巨毒」。嚴鳳英已經死了四十年，至今並未喚醒中國人：我們尚未走出中世紀。

毛澤東觀賞劉少奇囚禁

當小雅稱毛澤東為「中國牛仔」弄得我一頭霧水之際，恰好讀到一位漢學家描繪毛如何是一個「游泳迷」：

……他六十多歲並主宰中國時，游泳成為他生活的一個中心，在戒備森嚴、專用的巨大游泳室裡頻繁地獨自游泳；在中央開會的北戴河海濱他也常游；在南方，他也不理睬警衛和醫生的勸阻，跳進汙染嚴重的河裡……

再往下的描述，可以讀得出來，這是引自李志綏《毛澤東私人醫生》裡的一個典故，這裡權且轉為中譯原文：

水流緩慢，水可真髒，水色汙濁，偶爾有糞便從身旁流過。毛躺在水中，大肚子成了一個氣箱，全身鬆弛，兩腿微曲，彷彿睡在沙發上。他隨水流漂浮，只有時用手臂打水，或擺動兩腿。毛見我游得很用力，他叫我游到他旁邊說：「身體要放鬆，手腳不要經常划動，只在變換位置時，划動一兩下，這樣既省力又持久。你試試看。」我試了試，不得要領。毛又說：「你大概怕沉下去，不怕就不會沉。越怕越緊張就要沉。」

耶魯教授史景漢（Johnthan Spence）為《時代》週刊「二十世紀百人系列‧領袖與革命家」寫的〈毛澤東〉小文裡，打趣地說毛在「如何不下沉的方面」是個天才，而「只有他的敵人下沉，……（歷數黨內對手、國民黨、日寇、美帝、蘇修）……，在自己治下又唆使騷亂，他也不會下沉」。史教授特別把毛傳授的這句游水祕訣，作為全篇的點睛之筆，囊括了毛的個性、處世之道，直到政治謀略，這句祕訣讓熟悉毛澤東語言的人，很容易聯想到他給自己貼的許多著名標籤：「猴氣」、「虎氣」、「和尚打傘，無法無天」等，這類潑皮的狠話，中國人大凡也知道是梟雄們愛說的，不知道是否也屬小雅歸納的「牛仔」味道？

「不怕就不會沉」，成為一個領袖的座右銘，其實很可怕，我想此乃史教授著墨之意。在後文他寫道：「一九五七年二月毛在一篇散漫談話〈關於正確處理人民內部矛盾〉中，開始把他的思想貫徹於中國，顯露出烏托邦式的滑稽與殘忍的怪誕混合，以及狹隘的感知力，那才是橫臥在他性格裡的東西」，並提到毛明知餓死了許多老百姓，卻強詞奪理駁斥香港媒體透露的數字，反唇「我們怎麼可能餓死兩千萬人？」到此，那「不下沉的天才」已成一句反諷。

至於沉浮之道，唐魏徵曾引「水所以載舟，亦所以覆舟」之明鑒，傳誦千古，「夫君者舟也」，也是中國帝王一向如履薄冰的所在，千年「封建社會」哪裡有過毛澤東這般「牛仔」？人們常說毛「帝王思想濃厚」，其實他從來瞧不起「帝王將相」；小雅說他鍾情「水泊梁山」也不盡然，毛鍾情的是中國歷史裡另外一股術道，博學的史教授點出，那是「西元四世紀可怕的法家商鞅」。我在輯三〈商鞅術、口腔期〉中的〈商鞅千年之術〉一文中議論及商鞅，見一百七十一頁。

早在延安整風，毛以「懲前毖後，治病救人」整治文人，便從摧毀他們的自尊開始，顛倒魯迅「療救」文學所界定的「醫生」（知識分子）和「病人」（民眾）的位置，重新詮釋「乾淨」和「骯髒」的含義，毛說：「拿未曾改造的知識分子和工人農民相比，就覺得知識分子不乾淨了」，所以要「脫了褲子割尾巴」，要「脫胎換骨」，白區來的文人們一旦失去尊嚴，就什麼都喪失了，不僅對王實味被砍頭也認了，還在陝北開始為毛澤東「造神」，這個「克里斯馬」出自喪失尊嚴的中國知識分子之手，實在是一樁奇事。「侮辱」之術到文革達到極致，「牛鬼蛇神」、「黑幫」、「群眾批鬥」、「戴高帽」、坐「噴氣式」等等，目標都是凌辱、摧毀人的自尊，置人於「另冊」、「不齒」之境，並使挨整者與整人者的位置不斷互換，人人自危，於是毛自然可以「不沉」。文革過來人皆可記得，六六年夏天紅衛兵暴力氾濫時，多少人都是因了「士可殺不可辱」的絕望而自盡的，著名的如傅雷、鄧拓等，平民百姓特別是教師，更不計其數。

毛不僅喜歡利用人們的不齒心態，他還有一種欣賞的雅興，中央新聞紀錄電影製片廠文革中奉命拍攝中南海裡對劉少奇、鄧小平的每一場批鬥會，高度絕密，只送最高層，自然是毛；李志綏在回憶中也提到，中南海批鬥劉（少奇）鄧（小平）陶（鑄）的第三天，毛遠在杭州，就叫李乘專機前去向他面陳批鬥情景。還有一個細節，劉少奇子女的回憶中提到，六九年九月，王光美被捕、子女被趕出去之後，劉少奇在中南海的住宅被「連夜築起一道高牆」，王友琴在她的新著《文革受難者》劉少奇條目中引入這個細節並問道：

連夜動工構築一道緊閉牆，一座監獄，一方面當然是毛澤東等人可以為所欲為的，雖然聽起來就像春秋戰國篡位和奪權的故事，另一方面，難道也是他們喜歡就近欣賞劉少奇的悲慘境況？

「水可載舟亦可覆舟」，實在只是一種前現代的故事，甚至更早的希臘羅馬人可以「和平撤離」迫使獨裁者讓步，這些在現代社會反而是不可能的了，所以二十世紀才會出現亙古未有的極權制度，從法西斯到共產黨。關於這種暴政產生的因由，漢娜・鄂蘭對德國納粹的分析闡釋至今首屈一指，即在民族國家、帝國主義的形成過程中，公共領域、公民社會的喪失、退縮、瓦解，而在此過程中竊得國家公器的則是 Mob——被社會各階層排泄出來的邊緣人物，漢娜特別以「基本惡」（radical evil）概念來分析這類邊緣人物；後來她在評價以色列審判納粹滅絕營頭子艾希曼一案中，又提出「平庸惡」（banality of evil，對康德「基本惡」的延伸）才是極權主義的基礎，在分析艾希曼辯解「沒有看到猶太人反抗」（一般民眾也聽之任之）才造成了大屠殺，她指出納粹曾折磨起來反抗的荷蘭猶太人，叫他們生不如死，阻嚇了其他猶太人，為此她得罪了大部分猶太人。我則對她後面的這個看法更感興趣，這是否暗示對人性而言，「折磨」實際上比「滅絕」有效？毛在中國構築的以羞辱為核心的「恐怖平衡」式壓制，跟史達林在蘇聯搞的「大清洗」和「古拉格集中營」式的壓制相比，對人性的阻嚇效果是很不一樣的，是不是因了這點差別，而叫中共專制在「蘇東波」大坍塌之後依然不倒？

詮釋「毛澤東如何這般」的文字可謂汗牛充棟，卻依然貧乏，還不要說西方的「新馬」至今仍供著他。上文提到的那個「克里斯馬」，八十年代流行過的韋伯此說，時至今日似乎仍是很到位的一種詮釋，不過以「克里斯馬」光環解釋老百姓對毛澤東的領袖崇拜，而使中國革命及其「新政權」獲得合法性，則顯然將邊緣人集團浴血暴力奪取政權，及其後粉碎原有社會結構之專制忽略不提，這是在一個原無宗教根性的文明裡過度誇大了「造神」的作用。毋寧韋伯關於「克里斯馬」與「常規化」（routinization）之間的張力問題，確在毛澤東的個案上得到極為生動的印證，希特勒、史達林、毛澤東皆屬 Mob 式人物竊得神器，而希史二魔尚且捨棄大部分「克里斯馬」以換取常規化的獨裁權力，毛則大異其趣，余英時教授在〈榻上亂天下的毛澤東〉一文中，抓住在許多回憶文字中反覆出現的毛的那張大床，對此有歸納性分析：

> 拒絕克里斯馬權力的日常規範化是一九四九年以後毛的整個生命中的核心問題。抓住了這一核心，毛在一九四九至七六年間的每一個重大舉動無不可以得到順理成章的解釋。

這裡顯然是指諸如大躍進、人民公社、文革等狂暴荒誕之舉，然而問題的另一面又在於，為何毛的荒唐每每得逞？於是我們依然面臨漢娜・鄂蘭的問題：一個 Mob 的「基本惡」需得無數「平庸惡」來配合方能得逞，這便令人又想起魯迅深惡痛絕指斥的「國民性」，於是我們又回到了「五四」；其實也是回到了商鞅，民皆有「饑勞苦辱」，若任由一個梟雄擺弄，必定極端不堪。我們也許並不比猶太人更犬儒，又畢竟，未曾有外族人要來滅絕我們，糟蹋我們的是自己的梟雄。我們還沒有自己的手段解構這個梟雄，要去借用別人的，從克里斯馬到 Cowboy。

本文係陳小雅《中國牛仔》之序

滿街都是劊子手

八十年代我涉足「文革」暴虐歷史，一上來就碰到兩大血案：安徽黃梅戲劇團女演員嚴鳳英自殺後被剖腹、北京師大女附中校長卞仲耘被活活群毆致死。震驚之餘，我彷彿聽到歷史深處有一股咆哮——如此沉冤若不能被公義所紓解，天良豈能安寧？一個文明幾千年都在乎「人命關天」，難道吞咽得下這「茹毛飲血」的幾十年？

接下來二十年表面繁榮，內裡依舊血腥。我不敢妄言上帝是否蒞臨中國，但我看到天良的掙扎，她拒絕隱沒——那民族創傷，驅動歷史記憶如地火，在民間暗自流轉，塑造著「記憶社會化」，推動受害者言說，漸漸顯身為公開論述，其中最著名的，包括丁子霖尋訪「六四」死難者、王友琴調查「紅八月」罹難受虐教師、胡傑獨立製作紀錄片《尋找林昭的靈魂》、五七年右派向共產黨公開索賠、廖亦武對倖存地主群體的口述實錄等等，而追尋數千萬死於饑餓民眾的楊繼繩《墓碑》，可謂最新一次宏大的高潮！

一、「前轉型」追溯的奇觀與困境

國際知名政治轉型專家Louis Bickford，界定轉型正義是指「原先不民主的社會，如何處理過去所發生過的人權侵犯、集體暴行、或其他形式的巨大社會創痛（包括種族滅絕或內戰），以建立一個比較民主、正義、和平的未來」，政治學上稱此為「追溯正義」（Retrospective justice）。無疑，不論是二戰後對德國納粹反人類暴行的追究，還是南非種族迫害的「真相調查」、南美對前軍政府暴行的追討、東歐各國對共產黨罪惡的清算，無一例外是「轉型後」的追究與矯正。

當下中國民間，調查追究執政當局歷史上的反人類罪行，似無前例。台灣在威權體制主動放棄獨裁、主導政治轉型的背景下，實行「追溯正義」，亦為罕見，也對大陸發生強烈的啟迪作用；然而台灣的「轉型正義」經驗特殊，也有「夾生飯」（不徹底之意）之嫌，民間頗感不平。

中共不僅拒絕蔣經國式的「和平轉型」模式，更是強烈防堵九十年代共產體制大坍塌的「蘇東波」效應在中國發生，以國家力量反「和平演變」、維持穩定，無所不用其極。中國民間的「追溯正義」，發生在這樣惡劣的政治環境下，對此我們能做怎樣的延伸解讀呢？

首先，民間得以在「轉型」前追溯正義，卻是中共預留的空間，因為它對自己的歷史沒有信心——鄧小平對毛澤東的二十七年，雖不敢「砍旗」非毛化，卻是「不爭論」的；江澤民對鄧小平的「六四」，不敢翻案，但偷偷地減弱定性……這種合法性的斷裂，變成每一屆「中央」都在默認甚至鼓勵民間質疑它的前任，去追溯那個時期的「正義缺陷」。歷史地看，鄧小平為挽救執政危機，否定文革清算「四人幫」，尤其八十年代胡耀邦主持的「平反冤假錯案」，也算一次準「追溯正義」，而這點「正義」，恰是「鄧改革」的合法性來源，雖然由官方主導轉型，也是「夾生飯」，近似台灣做法。

那麼，鄧的「文革清算」，是否具有「道德恐懼」性質？一位海外華裔回憶，一九八〇年受鄧小平接見，親耳聽他吐露真言：「我們共產黨對人民犯了罪」。這則內幕進入公共話語，引起巨大震驚，其效應與其說是坐實了中共驚人的歷史欠帳，不如說是滿足了民間關於「中共怕清算」的預期感，並勾引人們提前支付「寬容」的認同。雖然此類和平轉型的渴望，或許不過是「大崩潰」憂患的另一種表述而已，我卻驚訝有人為什麼看不到，二十年前鄧小平下令天安門鎮壓，依仗的正是毫無「恐懼感」。

與此並列的，還有民間「單方和解」的衝動，反覆向中共發出呼籲，顯示了這種轉型前「追溯正義」，正努力變成「轉型」本身。但可疑之處是，人們對「轉型正義」機制比較茫然，那是從一再被援引的南非「和解」模式即可了解到的——南非模式的一個主環節，是圖圖大主教受命於曼德拉，先主持「真相調查」兩年多，共聽取兩萬三千多位受害者或目擊者的證詞，最後形成五大冊調查報告。沒有暴行調查，「正義」無從生成，談何「追溯」？又怎能「寬容」？

轉型前的「追溯正義」無可非議，但它也誘發種種政治幻覺，防止中國崩潰，並非與中共「和解」可以獲得，毋寧這樣的「和解」，是以犧牲受害者做交換的，更不要說中共寧願中國崩潰，也不跟你交換政權。

二、「人亡政息」說

中國人曾一直相信，這個黨「有改過自新能力」，這既是轉型前「追溯正義」成為可能的一個因素，也是中國民間保持「和平轉型」巨大期待的誘因。曾幾何時，這個神話已經終結，中國人卻遲遲不能接受。

即使從政治轉型的角度去看，鄧小平也做了某種「轉型」——從「全能主義」轉向「後極權」，他的「實用主義」曾獲舉世稱譽。但是「改革」一旦觸碰政體，就產生了一個悖論：挽救執政合法性，跟黨內合法性，恰似水火不相容。趙紫陽的悲劇，是一個最好的例證，他在八九衝突中，冷靜透徹地看出學生運動與「顛覆政權」絲毫不相干，輕易便可化解，而動用暴力鎮壓則是最愚蠢的下下策，將徹底葬送執政合法性，如此明智的政治考量和決策，卻在中共僵化的體制內部，得不到理解、認同、擁戴，一句話，沒有合法性。此時鄧小平的頭腦裡，一點實用理性都不剩，徒然成了一個草木皆兵的昏君。

一般而言，鄧與趙的改革理念，都是「救黨救江山」的權宜之計，但趙紫陽得了鄧之「實用理性」的真傳，有執政成本的概念，鄧卻停留在打江山時代不計代價的「低級層次」。政治不講成本，對任何國家而言，都非常可怕。當年開了殺戒，鄧小平才恍悟到那成本，但他安慰「屠城派」：只要我們把生活搞上去，老百姓就會忘掉天安門。這就是後來確保GDP年年以十遞增的一個政治遺囑，鄧小平要拿中國的「江山」（nature）去換他的「江山」（dynasty），他的繼承者的執政目標，就是執行這個政治遺囑，於是這個王朝也只好「人亡政息」。

中共的癌症是腐敗，那是因為它必須綁架所有中國人去替它還債，不腐敗怎麼做得到？其後果由網路上一文作了描述，頗為精彩：

六四若平反，我們會有幾十萬甚至幾百萬黨的幹部被反貪局審查，很多人要被槍斃。中國廉政公署的傳票會像雪片一樣飛到歐美各國刑警那裡，通緝在國外安享天年的離退休幹部。美國加州的許多豪宅，因屋主無法再繳納房產稅而被銀行查收，荷蘭的紅燈區立即失去三分之二的生意，法國香榭麗舍大街的商店會冷清一半，德國賓士和寶馬工廠將有大批工人失業，就連泰國的遊樂區的生意也會突然暴跌。如果說十年前世界需要中國腐敗，那今天的世界就已經離不開中國的腐敗了……

世人皆言鄧小平沒有蔣經國開明，其實談不上「開明」二字，根本是一個愚昧的問題。以「追溯正義」為例，對「二二八」的責任，民選上台的李登輝，不對蔣介石深究，只描述為「失察」；輪到陳水扁當總統，改為「蔣介石是事件元凶」，並摘除「中正紀念堂」匾額；再輪到馬英九上台，又將匾額掛了回去。如此拉鋸，看似可笑，卻都要經立法院投票。台灣政治學家吳乃德教授指出，「國民黨要保護的或許不只是其領袖的神聖歷史地位，同時也是中華民國的歷史延續」，畢竟國民黨沒有「人亡政息」。

三、「代罪羔羊幫」

試看今日之神州，歷史一派模糊，晚近六十年幾成灰燼，只有毛澤東的孫子在北京被人當猴兒一樣耍著，還依稀令人想起荒謬年代，卻也擋不住公正、罪行、寬恕、受害者、施害者等等論說，頑強地走進公共話語。

前述兩大血案受害者，一位是盛譽天下的名演員，一位是京城排名第一的女子中學校長，說明政治尚未轉型，即便是受害者，也是身後社會資源豐厚者，先出頭天，引起社會關注，而千萬普通受害者還在無人問津的境地。卞仲耘被害一案，更由於該校女紅衛兵宋彬彬，曾是「八一八」重大歷史「真人秀」的主角，而注定要被公共話語鎖定。榮辱在轉瞬之間，便是歷史的冷酷，可嘆當年花季少女們不可能了悟於此。

歷史被蒙蔽，當年的加害者也可能淪為某種程度上的「受害者」，這頗為反諷。宋彬彬及其辯護者們的委屈，是極淺顯的：明明是毛澤東的責任，怎麼能叫一個女孩子來承擔呢？「要武嘛」這句經典毛式戲謔之語，隨機借由名叫「彬彬」者而發出，饒是雙關語之巧妙，也生動地深嵌進歷史，而它來自天安門城樓之上，霎那間成為虐殺天下無數蒼生的一道權杖，後人雖不能妄斷那女孩接了這權杖，但她如何從這歷史細節中摘出來自己，雖不是一個法律的問題，卻不免還是牽扯道德和正義。

有一個不太貼切的比喻——代罪羔羊（Scapegoat），說的是猶太教贖罪日獻祭兩隻羔羊，令其帶走以色列人的罪孽、過犯；到基督教這裡，耶穌便是「代罪羔羊」。所以中國文革施害者們，有沒有這份殊榮，全看他們的造化了。這個宗教典故引入不信教的中國語境裡，似可暗示毛澤東未被清算之前，他造下的種種罪孽，須得由「代罪羔羊」暫時認領下來，這也是沒有辦法的事情。歷史在中國一向匆匆，中共護著他們的毛「神牌」，受害者冤魂不得安寧，世道人心自然要拿加害者是問了。

在「加害者」這個話題中，德國作家兼法官本哈德・施林克（Bernhard Schlink）的小說《我願意為你朗讀》（*The Reader* 或譯《生死朗讀》），是最先鋒的詮釋，他用文學試圖證明，只有加害者的救贖成為可能，司法和正義才成為可能。因為所謂「無辜」，其實是一種前知識、前良知的狀態，你可以懲罰一個罪人，若不能使他認罪，「正義」便沒有真的落實。施林克刻意將前納粹女看守漢娜設計成一個文盲，卻酷愛古典名著，營造出一種「無辜」的張力；文盲使她在「社會資源」上成為一個徹底的弱者，為掩飾文盲而去做集中營看守，又為了保護這點隱私，而在法庭上獨自認下大罪，只好終生坐牢。

但在獄中漢娜學會識字，認識了「大屠殺」歷史，良心發現並認罪懺悔，祈求被害者原諒，也做出象徵性賠償，雖然她終於不能返回社會而自殺身亡，但是救贖和正義皆勉強達成。漢娜的悲劇具有很廣泛的象徵意義，如中國文革中，再具體到北京師大女附中，參與群毆卞仲耘的絕大多數人，可能都是籍籍無名的各年級女生，也談不上「社會資源」，的確是該案的「加害者」，應當承擔法律責任，而大名鼎鼎的「宋要武」，據說沒碰卞校長一手指頭！

戰後德國第二代的道德掙扎，是小說的副線，同樣震撼人心，而中國的「八〇後」，恐怕都不知道有「文革」這回事。文革當年「老子英雄兒好漢」的紅衛兵們，而今都到了「耳順」之年，學識上最不濟的也有大學文憑，留洋博士如過江之鯽，早已溢出「無辜」的範疇，且至今蔭蔽於父輩權勢，「社會資源」豐沛，大多是社會名流，未聞有道歉者，只能是良知尚未甦醒。麻省理工學院博士宋彬彬不幸又成為這一群的標誌性人物。

四、「滿街都是劊子手」

受害者加害者，背後是更為廣闊的一個含義：「共業歷史觀」。民族創傷是全民共同的記憶，中國人都是「文革」的共同受害者。陳芳明論及「二二八」事件，認為「在事件的陰影下，社會內部的每一分子都有被悲情綁架的痛苦，因此，在看待歷史時，把事件的苦難當作全體島上住民的共業，視為所有台灣人的共同枷鎖」。

與德國納粹世道相比，中國「十年文革」也許有很多差異，但有一條，即老百姓被領袖（元首）裹挾為幫凶，規模之巨大，全世界找不到第三個；但在「追溯正義」一端，又由於制度環境與文化的差異，兩者大相逕庭，所以《我願意為你朗讀》展示的反省、救贖的精神層次落實到中國，尚為遙遠。中共「不糾纏歷史舊帳」，塵封文革罪惡，可視為另一種「閉關鎖國」，禁錮中國人之心智於歷史教訓和普世價值之外，耽於物質滿足而無他求，這種社會一旦崩解便成人間地獄。

人類社會演成暴民亂世，到二十一世紀並無減弱的趨勢，反而於今為烈。台灣民間真相與和解促進會發起人之一林雪芳，在評價《我願意為你朗讀》之餘，分析施害者的全球現象：

以種族清洗與種族屠殺而言，學者大多認為，大部分尋常百姓在意識形態煽動與實作「磨練」下，都不難變成大屠殺的劊子手，危機狀況下尤然。大屠殺的劊子手不必是變態狂或邊緣人，大部分老百姓都無法抗拒現代操控機制下的洗腦，換句話說，滿街都是潛在的劊子手。單單前南斯拉夫與盧安達就都有數十萬人參與屠殺自己的鄰居、親友，全世界的加害者更是以百萬、千萬人計的。這是一個嚴重的普世問題。

一個社會從苦難中掙脫出來，若不能超越受害者與施害者之間的恩怨，則無從建構全社會成員的基本信任感——「公民信任」（civic trust），設若中共隱瞞歷史、禁錮民智，後果乃是不需要再出一個毛澤東，文革再現可在須臾之間，「滿街都是劊子手」那一幕，降臨中國還會遠嗎？

五億女性無身無聲

根據一九八二年中國第三次人口普查的推算，女性人口總數是四億九千餘萬人，占人口總數的百分之四十八點四八；一九八七年的抽樣調查，女性已達五億。這個人口數字，在當時比一個印度或者比美國和前蘇聯加起來還要龐大，而其中有近四億人（百分之七十九點九）生活在前現代的中國農村，有兩億七千萬是育齡的，有一億八千萬是文盲。這些遠不準確的抽象數字所能給出的，只是諸如貧困、愚昧一類的模糊概念，對於描述她們的生存狀態，她們同社會再生產和人口再生產的具體關係，卻不能提供任何資訊。五億人對一個民族、一種文化和文明乃至整個人類的意義，處於如此含混的狀態，究竟是人文和社會科學的無能，還是這個最龐大的性別群體的極度弱勢？

中外研究者主要是女性研究者，近十幾年來從文學、社會學、經濟學、法學、歷史學、人類學等各種角度，嘗試去接近這個龐大模糊的身影，雖有盲人摸象，各得某一局部印象之嫌，但拼湊出來的一個輪廓卻已是駭人聽聞了。中國大陸五億婦女的社會地位、人口素質、生存狀態、精神意識，近半個世紀以來被各種論說、宣傳和意識形態宰制成徹頭徹尾的一個假象。

一、農婦：沒有分配意義的「女性生產力」

一個最初始的描述，似應從一九四九年以後中國婦女經濟身分的變異開始，因為這是一個生產分工、分配和繼承權的集中體現。從理論上說，在社會和家庭兩個領域之間，婦女參與「社會生產」的程度，會在家庭中對男子的權威構成挑戰而改變她們的地位。中國近代以來的一貫看法，傳統的農村婦女（特別是北方）不是生產性的，她們被排斥在農業生產之外，只從事無價值性的家務勞動（炊洗紡縫加餵養牲口），四九年以後的政權順延他們靠婦女作戰爭後勤的觀念，半強迫性地（以擺脫封建束縛為名）將婦女作為同等於男子的勞動力使用，從五十年代的合作化、大躍進，到六、七十年代的「學大寨」[70]，婦女被廣泛使用於田間農活（「花木蘭突擊隊」、「穆桂英煉鐵隊」、「鐵姑娘隊」），年勞動日曾高達二百五十天，但所得工分只能記在男性戶主的名下。因此，從國家到地區的統計資料都不能提供證據，來說明中國出現的一件破天荒大事：國家在農業上擁有一支沒有分配意義的龐大「女性生產力」，而一些西方研究者卻根據各種互不相關的新聞報導，懷疑官方統計資料隱瞞了婦女參與季節性農活的真相。直到一九八五年，一個西方研究者沃爾夫[71]到中國在四個地區的調查後發現，女性勞力在農業勞動中占到百分之五十九至百分之八十八，而男子僅占百分之十一至百分之六十四，北方與南方並無明顯不同，關鍵之點是，婦女的勞動只限於一些沒有技能的體力活，而男子則壟斷著技能、技術和管理，因此可以認為，在中國農村，婦女成了正規的農民，而男子則為半個農民半個流動勞力的模式，而且，婦女的辛苦勞作幾乎沒有統計上的意義，也被排斥在流通（無法得到薪金支付）、法律合同（只能算在父親——丈夫的名下）和資訊之外。這當然是改革以後的景觀，但卻顯示了一個更驚人的變化：自然經濟下最基本的農業生產，實際上是靠沒有直接分配權的幾億婦女完成的。極貧困的陝北榆林二十八個鄉鎮的調查資料顯示，男性勞力外出從事商品生產已達百分之六十五（青壯勞力達百分之八十），剩下的男性都是老弱病殘，可見還被封在黃土高原上「面朝黃土，背靠青天，土裡刨食」的只剩女人，而這真正的農民——五萬多女性勞力的外出只占百分之零點五六。

二、從夫居、男性繼承與溺女嬰

幾億農村婦女並未因她們經濟身分的劇變而提高地位，其原因很複雜，一個不必深究的淺顯因素，就是建立在居住方式和家族之上的中國傳統父系男權結構，並未因一九四九年以來的種種制度化，如以公社和生產隊重組農村結構而有絲毫觸動，廢除私有制也未對從夫居習俗（女兒出嫁便失去娘家的繼承權）和土地的男性繼承構成任何挑戰，只是變相為以男性人丁分配，從徵購、口糧到自留地，廢除公社制實行土地承包不過是徹底恢復了土地制度中的父系男權，女兒出嫁就失去土地，兒子娶媳則得到土地，婦女離婚也失去土地。以土地為命根子的中國農民，對這種政策的

70 大寨位於山西太行山麓的一個山村，其農田整修一九六〇年代被中國政府向全國推廣。

71 瑪格麗・沃爾夫（Margery Wolf），美國 University of Iowa 人類學教授。

直接反應，是在生育的性別選擇中毫不猶豫地剔除女性，強制性的一胎化政策在農村又加劇了這種人為的性別淘汰，溺女嬰之風熾起。此事涉及所謂「國策」[72]之聲譽，列為禁區，不准新聞和研究人員涉足，社會的一般了解，只知女嬰女童性別比例失調，而從公開管道能獲得的資料，也只有一九八七年人口抽樣調查所顯示的女嬰死亡率高於男嬰，農村一歲女嬰占總人口比例為百分之四十七點一五（低於女性占總人口的百分之四十八點三三），性別比為一一二點一比一〇〇，但熟知農村情形的人口學專家私下估計，被溺女嬰加上被強迫引流的「超生兒」[73]，全國每年當以百萬計。

由土地制度和生育制度交相為烈的這場災難，不只是針對胎兒和嬰兒的，也是針對母親的。一九七九年在河南周口某地麥田裡發現一具孕婦屍體，那是一位躲避強迫流產的農婦。這件事被新華社記者作為河南計劃生育強迫命令太甚的典型事例捅到中央，河南當局則百般辯解，聲稱七千萬人的河南絕不允許人口增長率突破千分之六。此後，河南不斷發生農民因計劃生育而同幹部以死相拚的慘劇，而在全國各地農村，到處發生「孕婦大逃亡」，洞庭湖的蘆葦深處甚至出現「超生游擊隊」，來自大江南北的母親們領著「超生兒」以船為家。全國婦聯曾因農村強迫流產和溺女嬰的嚴重事態而向中央提出修改一胎化政策的請求，深得當時的總理趙紫陽的贊同，卻由於計劃生育委員會的強烈反對而作罷，這個委員會的主任竟是中央政治局裡鳳毛麟角的一個女性委員。

三、「人梯」：弱勢、美德、無補償

社會，這個在女性主義視為父權男性中心的社會，將「人口再生產」的責任一次性地交付女性，卻在另一個同樣基本的領域——社會再生產中，又一腳踢開了女性這個龐大的利益團體。這個伴隨人類文明而生的普世性的不公平法則，從來沒有因為所謂的「文明進化」、「人類進步」而稍有改善，現代化對傳統百般否定，卻在這一點上繼承得極好。以取消性別差異為前提的中國大陸「性平等」，其虛假性恰好是隨著八十年代的開放而全面暴露，被掩蓋在全能主義制度之下的父權文化和男性中心結構都「浮出地表」，從農村的溺女嬰、童婚、換婚、拐賣婦女、強迫孕婦流產，到都市裡的離婚潮、大女難嫁、女工失業，以及橫跨城鄉的賣淫業的興起，在在顯示了大陸女性一旦恢復性別身分，便要接受次等弱勢地位的空前難堪。

八十年代城鎮五千一百萬女工面臨同男性競爭而失去「鐵飯碗」的原因，其實是同農村四億女性一樣，來自因承擔「人口再生產」而鑄成的性別弱勢：生兒育女和極度消耗性的家務拖累所導致的個人素質（教育程度、專業技術和創造力）普遍低於男工。這是一支在一九四九至一九七九的三十年間同男人一樣被使用的工業生產力，成千上萬依然處在「男主外，女主內」之傳統家庭倫理

72 指中國推行的一胎化政策。

73 超生，指超出計劃（一胎）的生育。

覆蓋下的城市女性，被「走出家門鬧革命」的口號誘入一種她們未曾預計的雙重角色：職業崗位上的八小時和家庭「鍋台轉」及子女身上的無窮「隱性」消耗（三口之家每天家務可算出的所需時間是八點五小時），據東北兩大工業城市的調查，女工的職業和家務兩項勞動總和每天達十二點一小時。在雙重角色的超載中，被解釋為一種「美德」的女性犧牲是：「一保丈夫，二保子女，第三才是自己」；而在一胎化政策逼出「小皇帝」風俗後，夫妻「二保一（子女）」之下女人便淪為「人梯」（報酬是封一塊「模範妻子」的牌坊）。上海市的調查，百分之四十四的女工認為「生活太單調」，百分之六十二同意「女人難以有成就」。可是當女人默認了劣勢之後，社會卻要她們承擔這劣勢的後果：一部分回家當「主婦階層」，一部分進入失業大軍。瀋陽和河北的調查反映，百分之九十的女工反對回家，她們至少知道，在眼下中國靠單職工收入還無法維持家計的前提下，女人當「主婦」的結局，是徹底成為丈夫和兒女的奴婢。女性終於也懂得了要向社會討回對生育負擔者的補償，但在中國的體制下，她們的唯一代言人又是屬於這個體制的「婦女聯合會」，它所能作的，無非是呼籲、討論和試驗，而從「姓資姓社」[74]已經無所適從的這個體制那裡，去同龐大的軍費、行政費用、各種補貼、特權和貪汙浪費爭餅，為婦女切下一塊蛋糕來的可能性，幾乎等於零。放棄社會主義的虛假平等而接受資本主義的殘酷真實，使女人遭遇了極明顯的社會不公，讓西方各種女性論說——無論是自由主義的、文化主義的、激進主義的還是馬克思主義的，都在中國獲得驗證：階級壓迫不能涵蓋性別壓迫，家族制度是女性受壓迫之根源，私有財產和財產分配不均是婦女被壓迫之主因等等。因改革開放而引起的多數涉及女性的社會問題，本質上都同女性承擔的「人口再生產」功能有關，而全社會性的急功近利——經濟成長社會發達（農村承包、城市企業精簡人事、壓縮就業），觀念變革個性解放（男人要求離婚自由、青年追求性解放），以及為患最烈的人口膨脹困境（一胎化），全都要以犧牲女人去尋求出路。

四、秦香蓮：性別的歷史還原

在那種體制下，女性利益團體對男性主導的國家政策又能有多少干預呢？一九八〇年新婚姻法實施所引發的離婚潮中，一群北京的離婚女性曾組成「秦香蓮[75]上訪團」，將告狀信逕直遞到中南海的胡耀邦手裡，胡卻批示為了社會穩定，要婦女顧全大局，婦女聯合會也出面勸說這些「秦香蓮」接受離婚，六十幾件進入訴訟的離婚案，無一例外地以拒絕離婚的女方敗訴告終。鄭州一位敗訴的女子當堂服毒自殺身亡，娘家抬著她的靈柩示威，婦聯也替她訴冤，但都於事無補。這次離婚潮第一次從體制中剝離出男性——「陳世美」[76]，逼得女性也去找自己的歷史對應「秦香蓮」，這時人們發現這個體制竟也去找它的對應物「包青天」，並毫不留情地拿陳世美開鍘（監禁一批離婚男性），作為婚變受害者的女性的「報復主義」一度還得到體制的支持，卻絲毫沒有改善女性的弱勢地位。一場濺血的「陰陽大裂變」所完成的，只是一次性別的歷史還原，把源於五四的「女性解

74 一九九〇年代中共黨內對於市場經濟的爭論。
75 秦香蓮是戲劇《鍘美案》，即北宋包公傳說中的苦情虛擬人物。
76 陳世美，前述《鍘美案》中男主角，考中狀元後棄妻當駙馬，被包公鍘死。

放感」一掃而光，由此激出女性意識的覺醒。

中國女性這種特殊的歷史境遇，是同傳統的男性中心結構，被劇烈的文化變遷和一場暴力革命天衣無縫地鑲嵌進曠古未有的一種體制中有關。這個體制吞食了整個社會，以絕對權威宰制性別制度，衍生出非常奇妙的「中國特色」：父權家族社會黨國化（「爹親娘親不如毛主席親」），「階級」身分篡改和取代了「性別」身分，有性之人統統「中性化」（「不愛紅裝愛武裝」），婦女在這裡被社會化的實質，並非西方女權論者所指出的處於次等地位，而是這個性別團體從整個話語系統中被抽空，只剩下一個徹底「被解放」到了無性、無身的女人。

五、白毛女：無身無性的軀殼

非常奇妙的是，這番恐怖的改造是靠文學來完成的。在女性文學研究者的歷史視野裡，傳統中國父權社會中的女性形象只是一個由士大夫寄寓他們情懷與哀怨的「空洞能指」（香草美女、美女狐化），這是三綱人倫秩序所導致的，但五四新文化顛覆了這個秩序，在「弒父的一代」文化中，短暫的「五四新女性」仍不過是男性大師們（魯迅、茅盾）筆下的「男人的複製品」，或「一具承載男性欲望和淺薄快感的空洞軀殼」（丁玲）。延安文學再次顛覆五四，以「大眾之神」重塑超越性別的「革命權威」，女性從此消亡。延安文學的經典之作《白毛女》留下了消亡的全部紀錄，女性文學專家孟悅對此有精彩的詮釋：這本是一個農村姑娘被富家人性強暴的故事，卻抽空了所有性別語言和性別壓迫的情節，只留下一個關於壓迫的空位，由階級鬥爭來填補，於是，一個姑娘的身體標記和性別處境都痕跡不留地被代換成「受壓迫階級」的象徵，性別壓迫的殘酷及其所能引起的同情，也一併被「階級壓迫」偷換而去，女性再次成為一具承載暴力革命合理性的空殼。於是，這個無身無性的軀殼，才可能在後來的歲月裡，一再被體制以種種革命、建設、改革的理由任意利用和蹂躪。

因此，有別於西方女權論述的「中國婦女學」創始人李小江極聰明地作了這樣一番描述：一，中國婦女解放是一場革命而不是女權運動的結果，因而不可能走上西方女權運動的道路；二，中國婦女解放有「立法超前」性質，因而女性主體意識並未覺醒；三，婦女在這個社會裡被城鄉、腦力體力和職業分割成素質懸殊的農村婦女、城鎮女工和知識婦女三個層次，從貧困愚昧的群體到精神素質超越男性的個體，需分層研究。當然，這種女性研究還不是女權運動，但它的本土化和「不激進」兩個特色，卻顯示了極高的智慧。這就是西方文化女性主義強調的女性所特有的直覺、調和與綜合能力。西方最政治化的女權運動，在中國卻是遠離現實政治，並在某種程度上還要借助體制的力量（各級婦女聯合會）。在當下中國多事之秋如何保存女性主義於學術之中而不被政治風暴戕害，則需更高的智慧。一九八八年由於選舉竟使得最後一名女政治局委員[77]從中國的最高決策圈裡消失，此事引起的震盪使女性主義者本身也分成兩派，一派主張力爭配額，另一派則認為，女性參政者自身女性意識薄弱，掌權後迎合男性，同女性劃清界限，這樣的落選並非壞事。她們主張不同男性玩「照顧性參政」，而著力於女性群體參政意識的覺醒，達到能力參政。

77 指政治局候補委員、國務院副總理陳慕華。

六、民主女神：一尊偶像同女性的關係

大陸政壇沒有女性的任何聲音，這個現實，並不因為一九八九年天安門曾立起一尊女神像，並且是由一個女大學生掛帥同一群老光棍抗衡了震驚世界的五十六天而有絲毫改變，女性以西方民主程序在中國參政還有極遙遠的路要走。

這尊女神像，極偶然地貫通了一部四九後六十年「女史」，其肇端於「六四」後的一部紀錄片《天安門》，鏡頭裡最著名的一段，是生動地展示絕食總指揮柴玲「讓他人流血，自己逃生」，坐實了八九學生領袖的激進，導演是美國紀錄片女製作人卡瑪莉塔・辛頓；而這部片子之前，更早批評柴玲的人，是剛從秦城釋放就來哈佛的女作家戴晴，她一到波士頓就指出，政府是被學生逼急的，鄧小平沒有退路。在這裡，對學生女領袖的批評者也都是女性。

卡瑪的另一部紀錄片《八九點鐘的太陽》，則詮釋了前六四的女史：文革爆發之初曾登上天安門給毛澤東戴上紅袖章的一個著名女紅衛兵，蒙著臉在鏡頭裡說話——三十年前就是她那個中學裡的女紅衛兵們，打死了自己的女校長卞仲耘，而鄧小平有個女兒也是那裡的一個女頭頭。據說卡瑪自己當年也是一個女紅衛兵。如果照毛澤東的說法，他這輩子就幹了兩件事：打蔣介石和鬧文革，只有後面這一件屬於「六十年」之內，而這場文革的「旗手」也是一個女性。最後，對紅衛兵及其歷史的清算者，也是當年的一個女學生，但她從來不曾是一個紅衛兵，今天看來，這點區別不是沒有意義的。王友琴固執地「考古」紅衛兵的暴行，絲毫不顧及他們的「理想主義」濫調，那卻是卡瑪所讚揚備至的。

其實，假如中國真有一部當代女史的話，那裡是沒有一尊女神像的，而只有「失蹤者」。也是一部紀錄片，片名《尋找林昭的靈魂》，製作人胡傑在片首自己出場說：「五年前，我聽到了一個關於北京大學女學生，在上海提籃橋監獄裡用自己的鮮血書寫了大量勇烈的充滿人道激情的血書，最後被監獄祕密槍決的故事。這個女學生的名字叫林昭。那時，我第一次聽到這個名字。一九五七年的『反右』運動之後，整個中國大陸都停止了思想，並生活在謊言與恐怖之中，是這個女孩開始進行了獨立思考，在獄中，當她被剝奪了筆和紙的情況下。她用髮夾當筆，刺破自己的手指，在牆上、在襯衣上書寫血的文章與詩歌。這個故事使我最後作出一個決定。放棄我的工作，去遠方尋找林昭飄逝的靈魂……」。

林昭殉難，是中國現代史上最黑暗的一頁。一九六八年，她的母親還要向政府繳納槍殺她的五分錢子彈費，這比中世紀還要野蠻。林昭死在中國人只懂恐懼的時代，那時他們還沒學會冷漠。但從林昭被處死的上海龍華機場，到坦克履帶碾壓的北京長安街，距離並不遙遠，中國依然黑暗；可是林昭媽媽許憲民，到再也不肯沉默的天安門母親群體，中國露出文明的晨曦了嗎？

知識分子是猴子

一、小說救中國：五四

十九世紀末對中國來說，有兩個「現代化」的威逼降臨。第一個「現代化」當然是「西學」和貿易伴隨「堅船利炮」從太平洋駛來，叫中國不可能再睡在「前現代」；另一個則是所謂「世界文學」時代的到來，即這時已經不可能孤立地談論某一國家的文學了，文學不管在多麼遙遠或者原始的國度裡，都開始了一個走向「世界文學」的歷程。現代文學的發展與中國進入現代民族國家的過程剛好同步。

因此，在這兩種「現代化」歷程的犬牙交錯之下，中國文學與政治的關係，就不只是「外辱內患」、政治鬥爭、戰爭、思潮和文化變遷對文學的影響，也是話語（discourse）在不同歷史語境中被不斷重新編碼的過程，大體來說，我們今天可以讀到的中國文學遭遇了兩次大的歷史語境：

「五四」和「延安」。

二、先說「五四」

中國近代史研究越來越廓清了一個問題：不是一八四〇年的中英鴉片戰爭而是一八九四年爆發的中日甲午海戰，驚起了中國人特別是文化人的「救亡意識」。甲午戰敗激出戊戌維新，一八九八年變法失敗。同一年，嚴復翻譯的《天演論》刊行；也在這一年，梁啟超寫了「譯印政治小說序」，他說：「彼美、英、德、法、奧、日本各國政界之日進，則政治小說為功最高焉。」最早把中國文學同近代政治掛起鉤來的，大概就要算這個梁啟超了。變法失敗後他流亡日本，辦《新民叢刊》，鼓吹「小說界革命」，他最精彩的言論就是：「欲新一國之民，不可不先新一國之小說。」他在報紙上預告要翻譯的「歷史小說」，包括演譯美國獨立戰爭的《自由鐘》、演譯法國大革命的《洪水禍》、敘述俄羅斯民黨的《東歐女豪傑》，凡十幾種。後來梁啟超本人還創作了政治小說《新中國未來記》，以幻夢倒影之法，寫起之於義和團事變的五十年歷史。他還打算寫一部《舊中國未來記》，敘述中國不變法導致的悲慘後果。

戊戌前後，由於政治改良運動的需要，新興都市的繁榮和報紙期刊的發展，小說成為新派人物暴露舊世態、宣傳新思想的工具，一時「譴責小說」、「社會小說」風行。因而，文學被視為政治改良的工具，乃是十九世紀二十世紀之交在中國形成的一個新的文學傳統。

當然不只是小說，還有改革詩文（詩界革命），提倡白話，輸入話劇，總之，從語言到文學觀念都開始同中國傳統撕裂了。這種撕裂終於導致了後來的「五四」新文化運動。中國文學也終於「脫胎換骨」地匯入「世界文學」之中，但是，它卻因此烙下了連被西方文學潮流主宰的「世界文學」也不曾有過的兩個「胎記」：一是所謂「感時憂國」的文學精神，一是「療救靈魂」的文學功能。

梁啟超曾說過：「小說有不可思議之力支配人道」，這種看法是傳統不可能有的，古典中國歷來視小說為不登大雅之堂的俗物，小說地位之提升，正可引為中國傳統文化在近代因「西學東漸」而被顛覆的一個證據，受到顛覆最劇烈的是所謂「大傳統」，即上層知識分子的「精英文化」。精英裡面的激進改革者故意要借助「小傳統」，即國家權力和意識形態控制邊緣的民間通俗文化，以喚起民眾。後來「五四」新文化運動的「廢文言崇白話」，也就是接近對傳統精英文化具有顛覆性的大眾話語，是同樣的道理。

由於需要喚起民眾，所以梁啟超引出的小說改良政治的功能，到「五四」人物手裡又深了一層，被視為可以「改造人的靈魂」了。用魯迅的話來說：「說到為什麼做小說罷，我仍抱著十多年前的啟蒙主義，以為必須是為人生，而且要改良這人生。我的取材，多採自病態社會不幸的人們中，意思是在揭出痛苦，引起療救的注意。」從戊戌到「五四」不過一、二十年，文學就從「改良政治」走向「干預靈魂」，其原因在於當時知識分子由於民族危亡和文化危機所產生的激進思潮。這種思潮大致有兩種：

一是從西方引進的進化論改變了中國人的時間觀念，即從中國古代王朝更迭的興衰循環，變成近代西方式的直線或螺旋發展的觀念，歷史不再是往事之鑒，而是前進的歷程，具有不可阻擋的進步意義，而中國則在這時間的進步之下淪為從文化到靈魂的「東亞病夫」，需要一場大規模的民族「治療」。

另一種思潮，即「借思想、文化以解決問題的方法」。「五四」人物皆持整體性反傳統主義（totalistic anti-traditionalism）的態度，認為儒家以一種基本教義式（fundamentalistic）的思想支配中國人，並使中國積弱。因此他們相信，思想、文化的變遷必須優先於社會、政治的變遷，而這正好也是傳統儒家的思想模式，即精英分子有責任通過「教化」民眾以整合社會，在二十世紀初「教化」的方式就是以「批判和改造國民性」、「再造民族靈魂」來拯救中國的危亡。

三、療救靈魂的「民族寓言」

一九二〇年八月，日本《支那學》月刊發表青木正兒介紹中國文學的文章說：「在小說方面，魯迅是一位屬於未來的作家。他的〈狂人日記〉（《新青年》四卷五期）描寫了一個迫害狂者的驚怖幻覺，達到了中國小說作家至今尚未達到的境界。」這個以十三篇日記的片斷構成的中國第一篇白話文小說，一般都認為是一部象徵主義的作品，用隱喻手法寫一個「狂人」疑懼自己整日被大哥所追吃、並從四千年中國歷史的字裡行間讀出「吃人」二字來。魯迅自己說他「偶讀《通鑑》，乃悟中國人尚是食人族，因成此篇」，一語道出他思想模式上的「五四」式的激進，但也一針見血地說出中國傳統乃是一種泯滅個體的文化。

有趣的是，半個多世紀過去以後，美國一位新馬克思主義批評家 Fredric Jameson（詹明信）則從這篇〈狂人日記〉裡讀出了他所謂的「民族寓言」（national allegory），並斷言「第三世界」文學作品皆可作為這種「民族寓言」來讀，而魯迅小說是「這種寓言化過程最佳的範例」。這種看法認為，情欲以及無意識等私的領域同政治、經濟和階級等公眾領域的徹底分離，在第三世界尚未完成，因而他們的文學作品，表面上好像在講述一個私人的故事，其實同時在隱喻另一個屬於公眾和政治領域的故事。魯迅的〈狂人日記〉，只會被西方讀者讀成描述私人病態的心理小說，而它的政治寓言的閱讀方向就被取消了，這一閱讀方向揭示了中國社會的病態和歷史的惡夢。

魯迅的另一部小說《藥》，寫農民華老栓照習俗買人血饅頭為兒子治癆病，反丟了兒子的性命；而反清革命者夏瑜被伯父出賣，綁赴刑場砍頭，他為民眾流的血竟被華老栓拿去為兒子治癆病。小說結尾，第二年清明節，兩個死者的母親在掃墓時相遇。一家姓「華」，一家姓「夏」，合起來正好是中國的古稱「華夏」。這顯示在魯迅那裡，政治預言是無需解釋地公然顯露的。這對 Jameson 又是極重要的啟迪，他認為西方文學中的寓言結構過於隱晦，而知識分子徹底分離了私與公、藝術與政治，便也從此喪失了干預現實政治的可能，「世界文學」應重新發掘「第三世界文學」這方面的價值。

然而，對魯迅的讀解又可以是多樣的。比如，撇開「民族寓言」或政治寓言一類的讀解，視魯迅小說為他個人心路歷程的寫照，是一個與世不和的孤獨者的一連串心理危機、困惑、挫折、失敗和心靈探索的文學表露。問題在於，這個孤獨者在本世紀初的政治和文化氛圍中，執意要面對「民族的靈魂」，於是他便如同面對一群身處密閉的「鐵屋子」裡將要昏死過去的讀者而扮演一個「吶喊者」。由於「改造民族靈魂」的需要，正是由魯迅發端，現代中國文學形成兩大題材：

知識分子——啟蒙者，農民——被啟蒙者。在《吶喊》、《徬徨》這兩個小說集，正如魯迅自己所說，乃是「畫出這樣沉默的國民的靈魂」，農民都是麻木保守（〈故鄉〉），唯求「做穩奴隸」（〈祝福〉），愚昧冷漠（〈藥〉），知識分子在他筆下，一般也是頹唐、消沉、向惡勢力屈服。最後，這個吶喊者「也終於厭倦了吶喊而沉默起來，在他另一本雜文集《野草》當中說，「當我沉默的時候，我覺得充實；我將開口，同時感到空虛。」他已無話可說。這個孤獨地面對「沉默的民族靈魂」的「吶喊者」，被後來的中國人尊為「民族魂」。

四、離棄「五四」

雖然從「五四」以來都市裡的激進知識分子一直鼓動「群眾運動」，但知識分子借西化思潮在「五四」營造的新文化空間，卻猶如一束光圈，這光圈之外就是一團漆黑，這便是魯迅所感覺到的民間的沉默。還有一位著名的「五四」幹將羅家倫則認為，知識分子取得民眾信任的辦法，是「身上蒙上猴子的皮，這些猴子才會相信你」。

按照把文化分為「大傳統」和「小傳統」的觀點，「五四」後中國的「大傳統」已經一分為二：激進知識分子的「五四」新傳統和禮崩樂壞的舊傳統，而中國的小傳統「民間文化」，則由於「大傳統」的式微和皇權崩解後國家意識形態坍塌，反而成為邊緣政治和文化馳騁的廣闊空間，滋養著試圖回到政治文化中心去的各種邊緣文化和邊緣話語。「五四」新文化作為一種「社會衛生學」（social hygiene）式的「療救」文化，從一開始幾乎就是絕望的，這絕望在於它面臨著將會被它的療救對象——那些暫時還縮在邊緣的文化和話語「反治療」的命運。

一九二七年第一次國共合作破裂，作為「五四」政治產兒的中共撤離城市，它在農村不僅找到了武裝割據的空間，也找到了「民間文化」這個供它日後殺回中心去的「文化根據地」，由此，「延安」成為一個潛在的、新興的權力中心和意識形態。

有趣的是，就在第二年，上海有一群被魯迅稱為「才子加流氓」的激進分子，主要是激進詩人郭沫若和一些剛從日本帶回馬克思辯證唯物主義的青年文人，開始鼓吹「革命文學」，揶揄「五四」只是提倡了一種「歐化」文體，胡適和魯迅都被攻擊，郭沫若還提出了文學只是「一部留聲機」的說法，「到民間去」的口號也發出了。這其間還產生過一個標準的「革命作家」蔣光慈，和他用革命概念堆成的小說《短褲黨》，他是從蘇聯留學回來的。

二十年代到三十年代的小說敘事的主流話語，還是被控制在「五四」哺育的一代作家筆下，但這些都市裡的「亭子間文人」只像一種城市的浪人，在租界裡呷咖啡時會特別神往「民眾」和「民間」的困苦、戰爭和革命，那裡不僅提供道德滿足，也提供讀者。所以，從茅盾的「靜女士」（〈幻滅〉）到丁玲的「莎菲女士」（又是一部〈日記〉），都虛構了一種「新女性」抗拒城市（現代文明的象徵）物資和肉欲的誘惑、嚮往浪漫的「社會主義」、革命和民間的神話。這種神話真實地顯露了以「五四」新文化為依歸的知識分子身處汪洋大海的民間中國時的自我身分的不確定感和強烈的孤獨，並顯示結束孤獨（個體、獨立、自我）的唯一出路是投身革命，融入群體。

然而，這一類的小說，依然遭到來自延安的批評，說這種「畸形都市的產物」不能表達「人民大眾」的話語和情感。「五四」新文化的正統地位開始受到挑戰。

一九三〇年春「中國左翼作家聯盟」（左聯）在上海成立，黨管文學，組織管作家始之於此，這種「管」從一開始就是要規定「怎樣寫」的問題。寫完了〈日記〉就投身革命的「莎菲女士」——丁玲，出任「左聯」機關刊物《北鬥》主編，她告誡說：「不要把自己當作一個作家，記住自己是在替大眾說話。」

五、「民族國家」小說

第二次世界大戰的爆發，遏制了蔣介石政權下的中國現代化進程，使退居邊遠農村的中共獲得喘息和發展。在文化格局上，戰爭動員民眾的情勢，不期然使民間文化從中共的邊區到淪陷為「孤島」的上海都蓬勃起來。戰爭和離亂使文學發達，卻熄滅了「五四」引進的最後一點點西方的自由精神。從「話語權力」網絡來看，在後發達國家追尋民族自立、獨立建國的過程裡，即仿照西歐「nation-state」的形成時期，建構中的國家政權和意識形態，已經高度制約和塑造了民族的精神、想像力和話語。中國如果從帝制以後就算獨立建國，那麼「民族國家話語」的制約應當從辛亥革命就開始了，以後越是民族主義高漲越受到制約，抗日戰爭時期便如此。

一九三四年蕭紅、蕭軍二人從東北流亡而來，帶著他們的小說到上海見魯迅，使魯迅讀後給予「力透紙背」的稱讚，另一位左翼作家胡風為蕭紅的《生死場》作後記寫道：「這些蟻子一樣的愚夫愚婦們就悲壯地站上了神聖的民族戰爭的前線」，生命的輕賤與捐軀的壯烈，二者在「民族國家話語」中方能得到轉換，這種對「蟻子」的歌頌便成為反帝愛國的新「民族寓言」，從價值層面來看，就把魯迅式「民族寓言」描寫的那種麻木、消極的靈魂大大提升起來。「療救」文學到此退出歷史語境，文學敘事中的「人民」、「群眾」等話語和概念開始獲得純粹正面的意義，它們日後曾膨脹到所謂「高、大、全」的境地。

但是，如果不從「民族國家」的角度，而是換成女性主義的角度去讀解《生死場》，它可能又是關於中國女性的一部「民族寓言」，因為蕭紅在這部小說裡大量描寫的是女人面對生活、生育、死亡、暴力的恐怖現實，「生」與「死」的意義主要體現在女性的身體上，而不只是民族興亡上。《生死場》從女人的感覺寫出了這樣的意味：國家和民族的歸屬感很大程度上是男性的。然而，如同蕭紅的早死一樣，中國的女性主義話語很快就淹沒、宰制在民族國家話語之中。施行這種宰制的是一種新興的意識形態。

六、脫胎換骨，延安對「五四」的反治療

一九三七年來到延安的丁玲，也從女性角度寫了一部小說《我在霞村的時候》，故事講一個叫貞貞的女人為了民族和國家利益，放棄貞操觀到日本軍隊裡去作妓女，事後又拒絕成為「英雄」。這部小說在一九四二年毛澤東發動的「整風運動」中是被批判的重點，丁玲受到徹底的清算。這不是文學上女性主義同「民族國家話語」的摩擦，而是清算「五四」的開始。

最具象徵意味的是，延安整風還清算了丁玲的另一部小說《在醫院中》，這場整風正好是要把「五四」薰陶出來的類似丁玲這樣的知識分子，送進一個「醫院」裡去重新「治療」一遍。整風的

口號是「懲前毖後，治病救人」，即徹底顛倒魯迅「療救」文學所界定的「醫生」（知識分子）和「病人」（民眾）的位置，重新詮釋「乾淨」和「骯髒」的含義，用毛澤東的話來說，就是：「拿未曾改造的知識分子和工人農民相比，就覺得知識分子不乾淨了」，所以要「脫了褲子割尾巴」（知識分子自己才是「猴子」），要「脫胎換骨」。有時這種治療是見血的，有一個同丁玲遭遇相同的作家王實味，就在整風中被砍了頭。

至此，中國現代文學的第一歷史語境「五四」所形成的文學功能（療救）、作家的社會角色（醫生）和話語（民族國家），都被下一個歷史語境——一個邊緣的、民間的但也是外來的意識形態重新治療了。

一九九四年冬伴妻療傷中

中國還有「思想」嗎？

一、告別革命

大概從一九九五年開始，渾沌無聲而悽慘了幾年的大陸知識分子，面目又開始清晰起來，浮現出來的面孔據說是兩張：「告別革命」和「國學熱」，這是我在海外也依稀聽到一些「先聲」的。前者自然要數幾年前李澤厚與劉再復在海外的那個「告別革命」的著名對談錄——曾在大陸文化批判中獨領風騷、被中國當局視為「自由化思想庫」的李劉二位，面對「六四」事件引起大陸政治嚴重倒退，認為中國知識分子在天安門事件中所表現的與「五四」一脈相承的政治激進主義，要負很大責任。至於後者，一九九二年秋我在哈佛「康橋新語社」碰到大陸出來的幾位文化人，聽他們描述過那種「易經熱」、北大青年教師重註十三經等等，接著又有北大哲學系六教授關於「中國文化本位」的宣言。後來的情形又混沌起來，李劉二位的「告別革命」不期然同「六四」後大陸泛起的

「新權威主義」、「新保守主義」合流，而「國學熱」也漸漸被官方的「利用傳統」和民間的「返本運動」所淹沒。知識分子在一場血腥之後努力掙扎出來的這兩張白淨面孔，又有些讓人誤解。

李劉二位在「六四」後都很痛苦。李澤厚的一個學生告訴我，他陷在國內整日借酒澆愁；劉再復則是除了「懺悔意識」不說別的話。我感覺，這是唯有知識者才有的一種痛苦，而痛苦時只有「思想」，那「思想」也是他們那一代「精英」所能思想的——後來的批評者所刻畫的：避開針砭現實，到歷史裡去找一個「罪魁禍首」。「國學熱」不僅更帶著對八十年代「西學熱」的反撥，而且同前者的「思想」正好相反，認為「關懷」什麼就會「政治化」，就要與各種政治勢力糾纏不清，到頭來使知識分子淪為「智慧或思想的暴君」，所以強調只能「為學術而學術」，以重建中國的學術規範，雖然兩者的支援意識，其實都來自海外的中國論說。

近來，漸漸有人開始「駁」這兩張面孔的面子了。以我最近讀到一個「三人談」來看，大陸知識界正在興起一股新的「思想衝動」，試圖重新找回知識者的「思想能力」。三人者，上海的三位年輕學人王曉明、朱學勤、高瑞泉，他們在一個漫談中，不僅全面抨擊時下「告別革命」、「思想家淡出，學問家凸現」等時髦，也質疑了「保守與激進」的概念。

二、今日的「保守」：錯置具體感

窒息今日大陸知識分子思想能力的據說是某種「保守主義」的風靡。「三人談」中朱學勤概括其特徵為三點：一是曾經反對「新權威主義」的人守不住原來的立場，二是生吞活剝、實用主義地利用海外余英時的觀點，三是以反省「五四」為名拋棄當下現實中知識分子的批判責任。

這是一個具有高度張力的緊張——它湊合了歷史與現實、思想與學術、關懷與避趨、海內與海外等多種全然不同的具體感的錯置。例如，余英時一九九二年就曾在應答最早質疑他的也是上海的學人姜義華時說：「在新的一元主義的體制之下，保守和激進的涵義發生了根本的改變，因為公民社會和民間社會已經不存在了……從最近幾年共產主義崩潰的歷史看，所謂『保守』只是『新階級』用盡一切方法繼續保持其政權；所謂『激進』則是一無所有的人民希望擺脫『新階級』的枷鎖，以恢復中斷了幾年的『公民社會』」，余英時特別說明他所使用的「保守」是以公民社會和民間社會為前提的，「這和作者所擔憂的『新階級』的保守主義及其種種變相（如所謂『新權威主義』）毫不相干。『新階級』為堅持其統治特權而虛構出來各種飾詞，至少在我的理解中不足以當保守主義的稱號，因為其中並沒有任何值得保守的東西」。

這個思路基本上為我們畫了一個界限，說明「公民社會和民間社會」的前提的消失，使「保守主義」這個概念變得可以任人宰割和利用，從而產生懷德海所說的「錯置具體感的謬誤」。「三人談」對此的分析也是深刻的，他們認為八十年代末從學術上對「保守主義」積極意義的肯定，是一個進步，但到九十年代初它已經在現實中被異化成一種非常情緒化的東西，一方面強調「人力扭不過歷史」，只好袖手旁觀，另一方面又曲學阿世——錯置的「保守主義」既被用來解釋現行體制的種種合理性，也進而設計未來，出現了所謂「激進的保守主義」。朱學勤進一步簡略闡述英美式保守主義的精髓：歷史是偶然的，無法作整體的邏輯解釋，因而也無法設計歷史，影響下一個歷史環節的形態的「這一環」就在當下的現實中，所以歷史偶然論面對現實，比歷史決定論更有緊迫感、不可推避感。從歷史偶然論是能夠推出一個現實緊張論的，由此才產生一種從低調憂患進入的參與立場、批判立場。

三、紓解「思想的暴君」

不過，中國知識分子卻是從來不知道「低調憂患進入」的，秉承著「五四」的一種傳統，他們唯一的關懷方式是「療救國民」，是當救世主，一關懷什麼就很「政治化」，就要淪為「智慧或思想的暴君」，因此面對著「五四式的關懷」的反思──五四「借思想、文化以解決問題的方式」，的確呈現了一元式化約主義的謬誤，發生了由「文化激進」導向「政治激進」的極端化──今天的中國知識分子的擔心也不是毫無道理的。但紓解「關懷」在中國現實中引起的緊張卻是逃避「思想」，逃避的理由是可以去「學術」，似乎「學術」是「思想」的避難所，這種對「思想」的拒絕，正好也是一種「思想」──林毓生稱之為「對五四式關懷的反動」，他最近在一篇文章裡說：「近來一些人對五四式關懷的反動，又何嘗不是類似五四一元式化約主義的反映呢？事實上，不是黑的，卻不一定就是白的（或黑的反面）；因為不是黑的，可能是藍的、紅的、黃的，或這些顏色的混合……，我們不應，也無須以原教旨的方式繼承五四的精神遺產，所以我們的繼承有所歸宿，但卻不必然要受五四精神遺產的限制。」林毓生主張一種「綜合性與系統性的思考」，強調這種思考是多元的，具有清楚的「問題意識」的──界定問題究竟是什麼？問題的提出是否建立在切實考慮過的客觀條件之上？它可以使用的資源究竟有多少？──可是，中國的知識分子並不具有這樣的思想能力。余英時有一次對我說，「學術」在中國如今肯定是有了的，但思想從來沒有。

四、流於「實證主義」

不能思想也罷了，但中國的知識分子凡事總會稍極端一點，於是又產生取消思想史的另一種傾向，這從「三人談」對「激進主義」的看法上可見一斑。「三人談」在廓清現實的「保守主義」的錯置後，立即試圖把近現代史上的「激進主義」也一併摘除乾淨。梳理一下他們的觀點，似可簡要歸結為這樣幾點：

——思想史不能只局限於研究「思想家」，而要關涉社會基本價值系統，否則就是「將社會問題化約為觀念史」；

——因為歷史無邏輯，所以不能把「激進主義」的言論，獨立地從不同年代挑出來，「穿」成一條激進主義的形式連線，說它是造成中國巨變的「罪魁禍首」；

——誇大歷史上知識分子的觀念作用，是「泡沫符號」，是虛構「激進型」的歷史神話等等。

這幾乎是對思想史研究提出了全面的質疑。顯然，思想史不是推測、玄想的（speculative）歷史哲學（如黑格爾、馬克思、湯恩比等），而是批評的（critical）歷史哲學，它同玄想派的根本區別在於：不是試圖解釋歷史進程為一必然趨勢，與史事考訂及整理分割成兩件事，而是以解說或說明（explanation），將許多孤立的史實關係找出來，使歷史事件成為可以理解的。這種解釋是歷史的一部分。

余英時在〈章實齋與柯靈烏的歷史思想——中西歷史哲學的一點比較〉一文中，專門介紹了柯靈烏（Collingwood）的理想主義的批評派。所謂「一切歷史都是思想的歷史」，柯靈烏的詮釋是：歷史事件都有兩個方面：內在的和外在的，「事件之外在面，即該事件中一切可以用形體及其運動來加以說明的部分；事件的內在面則為該事件中只能用思想說明的部分；而行動（action）則為事之外在與內在兩面之合一」。同時，他認為外在面是次要的，內在思想才是歷史過程的核心，研究歷史必須深入當時人們的思想之中，觸及到思想過程就找到事件發生的原因。

所以，「三人談」認為思想史研究有「將社會問題化約為觀念」之嫌，恰好反映了余英時接著上文就指出的兩個問題：史學不能如社會學那樣，通過觀察（大量蒐集事實）、概念思考（歸納）、實證，然後去建立通則，這樣，史學就變成社會學的觀察階段了，這是批評的歷史哲學同「實證論」的分歧；同時，他也指出了同「歷史主義」的分歧：只講特殊事件，不談任何通則，這樣史學就只是考據學，只見事而不見思想，失去處理重大歷史問題的能力，不能接觸價值問題，變成了歷史自然主義，歷史不是「社會規律」就是「超越力量」，人在歷史中失去了自由。

五、終於「見事不見思想」

「三人談」在漫談中列舉了許多歷史細節來為「激進主義」辯護，如譚嗣同的《仁學》是他被砍頭後才發表的，這個時間差「具有嚴重意義」；光緒的「衣帶詔」純屬子虛烏有，是慈禧的栽贓和康有為的「事後貼金」等等。他們彷彿認為對「激進主義」的研究都是由這些「歷史神話」

作素材的，並進而認為「激進不光是思維的邏輯而是歷史的邏輯，根本上是社會條件激發了激進思想……溫和改良的動作方式受挫，人們就很難拒絕走向激進」，談著談著就從「見事不見思想」又滑向「思想史」。

人世間的事情錯綜複雜，任一事件都是無數遠因與近因（政治的、經濟的、社會的、文化的、思想的、心理的）的綜合結果，從不同觀點中可找出無數多的方面，林毓生說，人不是全知的上帝，不可能窮盡所有方面和一切原因，也不必作此考慮，否則，人世和歷史對你永遠是一團無限龐雜的東西，研究所能做的，注定是有選擇性（以自己的關心）的、「從結果追溯起源」的、把有關的因素聯繫起來進行系統分析，這便有意無意之間使用了韋伯的「理念型分析」方法。它的有效性，在於對龐雜事件進行了「有關因素特別加以強調加以統合」的分析建構，並被限在「照顧到一切可見史料和應付史料中的例外」這兩個條件之下。這樣的分析建構雖然不能解釋事件的整體，卻也不必然是這一事件的簡單化解釋。對於思想史研究的方法論，自是見仁見智的，但動輒否定前人琢磨已久的成型架構，也是今日的時髦，令人有流於「激進」之感。

至於如何評價思想史人物，更是見仁見智，不同知識系統會有不同價值判斷。余英時曾談到柯靈烏關於「重演」的觀念：「並非單純重演以往的思想，是把它放在他的知識系統中重演，批評它，形成對它的價值判斷」，余英時認為這也是中國史家的所謂「別出心裁」。這就難怪余英時答姜義華時嘆道：「最使我詫異者是作者似乎完全看不見激進主義在中國現代史上所發揮的巨大作用。」有趣的是，「三人談」的價值判斷，最後竟落實到「不要做忘恩負義的現代人」的情緒性的一個呼喚上，卻在邏輯上忘記了近現代激進主義恰好是對幾千年文明的「忘恩負義」。

看來，清理中國的現代意識，包括面對它在中國近代史上的一個源頭——五四，將會翻開中國思想史的新的一章。它會呈現被消解的「五四」，使失去了民間社會依託的中國知識分子，失去了它的「看家本領」，像被廢了武功似的。不做「思想的暴君」，與在當下社會汙濁面前的尷尬和無力，這樣的張力或許能孕育一代新的中國知識分子。

百年孵卵一隻壞蛋

劉賓雁三十年前說：這個屠殺政權兩三個月就垮台——經驗之談；

林毓生十幾年前說，這麼壞的一個政權不垮台，我這麼多年的書就白讀了——學識之談。

中國三十年統治模式，在經驗和學識之外，古今中外都沒有知識可以解讀它。甚至世界上所有的專制政權，都把中國視為一個「可望而不可及的模範」。人們對中國的預測，誤差不僅僅是「經濟發展導致民主」、還在於三十年裡預言「崩潰」多次，每一次都低估了這個政權的存活能力。「六四」後中共的所謂「獨裁者學習曲線」，是在所有領域增強控制手段，而最根本的一條是，它成功地控制了這個國家的政治發育。我們看不到組織和革命黨，看不到成熟的領袖；然而中國又遍地是英雄、遍地是陳勝吳廣、遍地是孫中山毛澤東，卻無法形成創造性的「反抗者學習曲線」。

三十年怎麼總結？一方面這個體制通過經濟、立法、外交等各層面的措施加固、升級自己的控制能力，政權觸角下探到「十戶長」的深度；另一方面在民間這一端，則出現了社會犬儒化、民間碎片化、抗爭原子化的悲慘局面，令組黨路徑無社會基礎，「天鵝絨革命」無空間，以致台灣、東歐的轉型經驗和所謂「茉莉花」模式，中國都無法借鑒，所以儘管因強徵土地、暴力拆遷、環境汙染等因素，民間不斷爆發大規模的無組織抗爭，看上去熱鬧非凡，卻不能產生任何積極的政治後果。

有誰書寫過這三十年的狂瀾、汙濁、驚悖、血淚？又有誰認真梳理過思潮風俗、世態百媚、幽史穢聞、精靈魍魎？更有誰追問過它的肇始？三十年前發生過一場大屠殺，然後中國迎來二十年經濟起飛，接下來就是貧富崩裂、階級對立和道德滑坡，凡四十歲以上的中國人，都見證了這三十年的盛衰罔替。

一九九二年開始的中國市場化，是撇開所有制改革，先用國家權力排除工人的討價還價；農村則是宣布「土地公有」之後，任憑公開瓜分，接著就是「圈地運動」——西方經濟學中所謂的「降低交易費用」，是指保證交易雙方討價還價權利的前提下，以整合契約的方式減少交易費用，而不是用剝奪一部分人討價還價權利的方式為另一部分人降低「費用」。這一切國家暴力的干涉，都需要一個政治前提，那是由「六四」屠殺提供的，所以「六四」不能翻案，乃是中共的底線。無情的剝奪需要貌似合理的麻醉和慰安，於是中共煽動民族主義，將「國家」在價值、話語、情感的層面置於霸權位置，壓制、化約個人權利；將經濟增長置於剝奪一切（民族的所有生態資源、子孫後代的生存）的優先位置，而鑄成「國家安全至上」的新極權模式。這是一個集權升級版，是八九年蘇聯解體之後出現的馬克思列寧主義制度的更新換代，而西方和國際社會尚大夢如酣。

經濟起飛對於中國自身，是摧毀性的，它在價值和生態兩個層面，使「中華民族到了最危險的時候」，坊間直說「斷子絕孫」的發展模式。環境代價今天已成不爭事實，大半個中國沉淪於重度霧霾，中共為挽救他們的江山，不惜毀掉中華民族的江山，土地、空氣、江河統統汙染了，國人的癌症發病率急劇上升，民間哀慟「國在山河破」。地理生物學家賈德・戴蒙（Jared Diamond）評說中國百分之十的年增長率：「各種環境問題皆導致巨大的經濟代價、社會衝突和健康問題，其中某一個單項都足以引起中國人的嚴重關切。但是以中國巨大的人口、經濟和區域，其環境問題勢必不只是個國內事務，而將泛溢到世界其他地方，凡是與中國分享一個星球、一個海洋、一個大氣層的皆將漸次受到影響，亦即中國的環境問題也將全球化。」

中國老百姓吸著毒氣才發現已經束手無策，他們失去任何有效手段，去改變哪怕一絲一毫的國家政策。當中國成為世界第二大經濟體，中產階級也並未如同西方理論所預言的，自然而然地要求「民主政治」，他們大多數拚命地逃離，攜款移民西方。「六四」後中共鼓勵全民發財，其本質含義是綁架全民跟他們一道投資了三十年，老百姓出賣勞動力，誰都不想血本無歸；現在經濟下行了，機會少了，失敗的人多了，越是如此大家就越想保住最後一點殘羹剩飯，誰都害怕大局崩壞，一根救命稻草都撈不到。

歷史學家余英時借《易經》裡的話，稱這三十年是「天地閉，賢人隱」，乃是一種哀傷，更是神來之筆鞭笞中國這段歷史中的人文大殺。中國背棄一個民主和公正的社會，轉為「軟紅十丈」的花花世界，權力尤其是赤裸裸的政治權力，變成強勢貨幣（硬通貨）流通於市，從榮譽、地位、知識直到金錢和性，都要經過權力才能交換，而一黨專政壟斷了最高權力，也就壟斷了所有社會資源；這個制度再以分享權力給社會各階層的方式，餵出一個巨大的利益集團，進而綁架整個社會。由此，中國從政治到社會，全然腐爛至根基，寡廉鮮恥蔚然成風，欺善怕惡遍布市井，這個早已

「無神」的神州，今日成了貪官的天堂，百姓的地獄。三十年橫跨「新中國」半截兒，又勾攬血腥的另半截，兩截六十年自是一體，一半煉獄一半昏世；中共六十年更是中國百年現代史孵卵的一隻壞蛋。

最近英國檔案解密，透露鄧小平當年說過的一句話「死二百人可保二十年穩定」。有分析者判斷，「二百人」這個數字恐係誤聽誤傳，若「兩千人」或「兩萬人」則比較可信。我猜，鄧小平心裡打算殺的，大概就是兩百人，是兩百個會寫文章的人，這對於共產黨和八十年代來說，足矣。今天腐爛而絕望的中國，不就是缺了不肯忍默、敢寫文章的兩百個人嗎？

梁啟超：激進之草蛇灰線

近來我讀《梁啟超傳》，忽覺這位在近代「言滿天下」的思想巨擘又飄然現世。今日學人頗可以譏諷任公當年之淺薄，和一部《飲冰室文集》的滿紙荒唐，但我所感興趣者，是他集文化激進和政治保守於一身的那種緊張。這是近現代中國文人的悲劇性的一種典範，這種緊張的靈魂，又附著到當下中國知識分子身上。一個不算牽強的印證是，當某種自詡為「新保守主義」的思潮在大陸初顯微瀾、「新權威主義」作為知識界向政界的一種獻策正被悄然採納之際，我才讀到梁啟超的〈開明專制論〉，此文寫於辛亥革命爆發六年前他與同盟會的論戰之中。我驚訝的是，這個寫出回腸蕩氣的〈少年中國說〉的人，竟是中國最早預言革命將天下大亂、梟雄迭出、流血永無休止的人。

但是，從思想史的角度去看，在激進思潮澎湃的中國近代，又沒有第二個人對後世的劇烈影響能與這個「筆鋒常帶感情」的「飲冰室主人」相匹儔，「一紙風行，海內觀聽為之一聳」，黃遵憲甚至說他「一言興邦，一言喪邦」。只須稍爬梳一下，「亡國滅種」的危機意識在中國刻骨銘心、百年不泯，其催發戊戌變法求「全變」、「速變」，導引「五四」啟蒙救亡於先，遵奉馬列、躬迎專政、聊發共產及「文化革命」狂想於後，激進思潮如水銀瀉地，覆不可收，尋此濫觴，追溯上去，驚駭一世，鼓動群倫者，非梁任公莫屬，而後來在歷史舞台上風流過的人物，有誰不曾被他那令人攝魂忘疲、血沸神魈的文字觸過「電」，包括毛澤東在內？然而，這樣一位開風氣之先的大師，在戊戌和辛亥以後，卻始終是改良派、立憲派的盟主，為倡導君主立憲抵制共和奔走呼號，也曾參政運籌晚清立憲、輔佐袁世凱內閣。後來他脫離政治，晚年著《清代學術概論》談到自己時說：「啟超之在思想界，其破壞力確不小，而建設則未有聞。晚清思想界之粗率淺薄，啟超與有罪焉。」我不知道，晚年的梁啟超是否意識到他所面對的革命派，正是他自己孕育的，而中國則是每一代人得意時都義無反顧地去播下激進的種子。

從激進轉為溫和，特別是從文化上的激進一轉而為政治上的保守，是幾代思想鉅子們的常見現象，嚴復、蔡元培、陳獨秀都是著名的例子。「五四」運動中有個被湮沒的細節：北大校長蔡元培曾在五月四日的清晨，步行從遂安伯胡同家中趕到馬神廟紅樓前，去勸阻正待出發的學生遊行隊伍。他當然是勸不住的。一九八九年我發現這個細節時，曾大驚歷史竟如此相似，當時離天安門事件的爆發只差幾個月。我還驚異的是，這位蔡孑民先生自己，曾是前清翰林而成激進的革命黨人，光復會會長，曾深信革命唯有兩途：暴動和暗殺，麾下有秋瑾這樣的烈性人物。辛亥後孑民先生又轉變為中國最徹底的「教育救國論」者，可是他慘淡經營的北大，卻成為「五四」的發源地，這個發源地又是文化激進和政治激進的雙重源頭：新文化運動的始作俑者都是這裡的教授——陳獨秀、胡適、李大釗，而正是在一九一九年五月四日這一天，這個新文化運動一夜之間升級為「反帝愛國」的革命運動，日後長策宇內一統天下的那個黨的創始人，從陳獨秀到毛澤東，都蟄伏於此，所以有人說「沒有北大，就沒有共產黨」。對於五月四日擋在北大校門口的孑民先生來說，同樣有一個我難以猜測的問題：他是否意識到，這些熱血沸騰的學生正是他播下的種子。

到此，我們或許也該問問自己了。不記得是在美國的哪所大學裡，有一次我演講完了，一個剛從大陸出來的女學生站起來發問：你覺不覺得《河殤》對這一代大學生影響很大？我隨口即予否認。我倒不是忌諱中共以這部電視片而問我「煽動」之罪，而是認為這代大學生追求個性解放甚於民族國家前途，在理念上早已超越了《河殤》。這個女孩子哭起來了，說：「你們怎麼這樣不負責任？」這是我第一次聽到的斥責，不是來自政府，而是來自據說被我們「煽動」的學生。

我們對他們應負怎樣的責任？這是「六四」以來所有知識精英都三緘其口的問題。我們永遠是一個批判、評價的壟斷中心，一頭衝著政府，一頭衝著學生，有專門清算政府的，也有分工專門修理學生的，好像這就是知識者的「後現代」特權。是否因為有了中共莫須有的「黑手」政治指控，我們就可以對自己豁免掉精神文化上應對學生所負之責呢？八十年代「文化熱」當中各領風騷的幾路「文化諸侯」們，無論是《走向二十一世紀》、「啟蒙壓倒救亡」，還是什麼學院派的韋伯新馬或某匹「黑馬」的尼采沙特；也無論是文學上《傷痕》的「知青」、電影上的《高粱酒》，還是報告文學上被砍了頭的「王實味」，所有這些都合作釋放了一群靈魂：黑壓壓躺在廣場上唱《血染的風采》去了。待到此刻，平日口若懸河、滿腹經綸的知識者們拿著麥克風說出話來都是顫悠悠的、語無倫次的，而出面組織這次紀念碑下「勸退」的那位戴晴，以為請出趙紫陽或誰來此地說一句「你們是愛國的」大實話，就能把這群用歐洲文藝復興思潮直到最新潮的後現代理論填鴨而成的靈魂收攏回課堂上去。

這是極奇妙的一刻：知識者面對的作品，不是他那塗抹的草稿或飄著墨香的新作，而是一張張淚臉或冷面，那種聽「現炒現賣」之時髦概念名詞、說辭鋒利跳躍時的渴望和驚羨消失了，只剩下油鹽不進的倔強。以往在我內心蕩漾著的某種莫名的恐懼，現在清晰了：我根本不認識他們，他們也不認識我。不知當時同我一道被人「勸」到廣場上去「勸」學生的另幾位如雷貫耳的名士，是何感想？

事情弄到政治層面，再大的文人名士也是一個被耍弄的角色。且不說「百日維新」危急關頭譚嗣同夜訪袁世凱的天真和被出賣，你看梁啟超，若問辛亥前後有誰為中國政治秩序不起劇烈變更盡過全力，唯有曾被袁世凱稱為「朱霞白鶴」也被黎元洪稱為「泰山北斗」的這位任公。他雖激進，但在文化上尚守住了儒家這個底線，而在政治上則拚命想守住一個秩序，從帝制、虛君共和直到憲政，只是反對革命。近代史上沒有一個人對政體的容忍有他那樣大的跨度。戊戌變法未能救大清，他亡命日本時還為清廷傾覆前夕的五大臣出洋考察代筆寫考察報告；後又組進步黨去陪襯袁世凱的憲政，卻不能阻止洪憲復辟；他又曾調和北洋時期的南北之爭，也痛斥張勳復辟，甚至對安福國會說：「先生們啊！我們替你老人家磕第一個響頭，求賞憲法……第一百個響頭，求賞憲法」，得到的卻是臭名昭著的曹錕賄選。梁啟超總是在勸，勸大清變法自救、勸康有為贊成共和，也勸孫中山、章太炎贊同改良，勸袁世凱不要稱帝，又勸北洋軍閥「再造共和」，一九一七年後還勸青年們不要信馬列和共產主義……可沒有一個是勸得住的。

曾三次發表脫離政治宣言、也對出世之佛學有極深造詣的梁啟超，骨子裡卻是一個修齊治平的儒生，對政壇國事無欲念卻總有一種試圖駕馭的衝動和奢望。我猜想，他那時候大概是把文壇和政壇當做一個跑馬場來馳騁的，以為皇帝、閣臣、軍閥、革命者都不過是他的讀者而已，用他那支如椽之筆皆可去「電」一下，感昭、激勵、鞭策，曉以大義。可惜他生在傳統政治和文化秩序全都瓦解的近代，沒有一個底線是可以撐得住他說的道理的，而這個沒有底線的坍塌，又曾借助了他的一臂之力。激進對保守的報復恰好凝聚在他自己身上。一九八九年的中國知識分子，也是東勸西勸，在天安門廣場和中南海之間充當一個不中用的斡旋者，其困境也在於政府和學生兩方是沒有一個可以通融、談判的秩序坐標的，對專制和民主這兩個極端之間的轉型也是沒有半點成熟溫和的文化支撐的。

中國的事總要鬧到學生上街，大家來勸架的程度，也顯示了社會是沒有中間架構作平衡器的，知識分子勸架的願望雖好，但勸不成是情理中事，否則梁啟超早就勸出一個虛君共和來了。若把此事件作為純政治遊戲來看，兩方相持不下，就要看斡旋者的本事，如何在兩方面bargain（討價還價）出一個價碼來，但這個斡旋者起碼得兩方面都認帳才行，這是西方外交的常識。難道八九年中國有這樣一個人嗎？或許有人自我對號，但柴玲不認事小，要命的是鄧小平認嗎？當年的斡旋者其實是無法向任何一方承諾另一方的，這壓根兒是一個資格不成立的問題，他們的背後是空的。

天安門流血的悲劇因素是多重的，單追究學生不肯撤退的責任是一種有偏見的態度。如果把保守和激進視為一種態度、傾向而言，鄧小平認為學生鬧事就是紅衛兵，江山頃刻要倒，絕無信心和耐心以求武力之外的解決之道，竟以野戰軍之坦克入京師彈壓，則是此一事件中最為激進的態度，這個老爺子有「文革後遺症」，他孤獨的恐懼是連趙紫陽都無法「勸解」的。趙紫陽是高層化解衝突的唯一存在，鎮壓非他所願而要他承擔，只好撂出鄧小平連帶撂挑子（指拋下應做的工作），他這一撂，長安街便先是討鄧怒潮後是血肉橫飛，事後去看，難道他非走這一步不可？他是以個人名節壓倒了政治家在重大危機關頭所負之責任倫理，在那種制度下他的這種恐懼似也無可苛責。

知識分子們多數是勸架的，但推波助瀾、出謀劃策者也不少，將「文革」絕食經驗傳授給學生，暴露鄧小平「垂簾聽政」於天下洶洶等等，在兩方相持不下之際均是頗為激進的做法。這自然也無可苛責，但為何只苛責學生「激進」呢？據說絕食學生領袖要「廣場流血成河」，為的是「等到人民團結起來」，這麼說他們是怕撤下來老百姓就撂下他們不管了，這是一種再恐懼不過的孤獨了。這個社會是空的，在這裡搞政治的人都會賭，都容易在態度上偏於激進。這是一個歷史的精神遺產，以單方面修理學生是無法讓中國拋棄這份遺產的。我自己也曾撰文演說激烈地批學生的激進，可是有一次見到余英時先生，他是第一個提出中國近代以來激進與保守問題的學者，如今此說大有風靡之勢，資源都來自他這裡，可他卻皺著眉頭對我說：「別老罵學生了，他們都還是孩子嘛，想想你們自己是怎麼過來的」。

天安門的學生作為一個整體遲早會面對嚴峻的歷史審評（相比之下，性急地要把柴玲送上法庭是可笑的），一如七十年前的「五四」天安門學生（他們甚至還「火燒趙家樓」），不過後者是經過了七十年的歷史沉澱，評價是有這七十年的後果作根據的。我想對八九年的天安門做這樣的歷史審評還為時過早，是顯然的常識。但把八九年的天安門作為一個政治、思潮乃至文化的典範範式來分析研究，則不但不為過早，恰是非常有意義的。不過，我所看到的有些分析仍然是情緒化的，特別是不少當事人之間的爭論，一直徘徊在追究責任、道德指控、辯解反駁的層次。即使打著清算「激進主義」的旗號來作這件事，知識分子也應當先捫心自問一下，再去詰問下一代人，例如批學生的政治激進之前，先說一說自己的文化激進；批下一代無道德之前，先掂量一下「本代」的道德資格，似乎也公平一些。

顧炎武前衛四百年

習近平上台後，「低端人口」一詞火爆，北京一天驅逐二百三十萬人，螞蟻似的外地民工，攜男挈女，忍辱荷重，沉默馴服任驅趕，怵目驚心，令人有種種聯想：納粹押解猶太人去集中營、印尼排華沿街濫殺，這在中國人中引起滔天義憤，網上一派「草泥馬」國罵、「排華」、「納粹」的譴責和大量自冠「低端人口」的宣示，大夥兒好像剛明白「中華民族到了最危險時刻」，憤怒的詞彙也幾乎用盡，但是大家似乎都不知道一個最貼切的詞：中國人已經「亡天下」。

顧炎武《日知錄》分辨「天下」、「國家」為二者。他說：

有亡國，有亡天下，亡國與亡天下奚辨？曰：易姓改號，謂之亡國；仁義充塞，而至於率獸食人，人將相食，謂之亡天下。

明末的概念，今人已難辨識；尤其近現代國家話語稱霸，始作俑者梁啟超，又將其簡略處理為

「國家興亡，匹夫有責」，於是國家膨脹，肉食者橫暴，匹夫卑微苟且，「天下」倒是先亡了。這才是大家今天的真實境遇，所有北京市民，跟所有被趕走的外地民工，待遇是一樣的——「匹夫」失去了人的起碼條件。

中國人倒楣，就倒楣在這「國家」上頭。顧炎武說「亡國」，僅指皇帝老兒的家院丟了，此一姓之興亡，不關匹夫的干係，四百年前他就有此前衛思想，比後現代理論還要透徹。然而梁啟超偏說，華夏自古只有「天下」沒有「國家」，率先為中國人建構「國家意識」，可是後來塞給中國人的「新國家」，居然還是「一姓之家」，它跟朱明稍微不一樣，幾乎就是滿清的一個「現代版」。余英時教授還專門做過一次「明清比較」：

明朝的天下屬於朱家，但朱家皇帝並沒有一個可以信任的統治集團作後援。朱元璋誅盡功臣，登基後只有廣封諸子以為屏藩。但僅僅皇帝一個家庭不能構成統治集團，其理甚明。（依傳統的說法，這是「家天下」）……與此相對照，清朝的天下不但是滿族共同打下來的，而且一直靠滿族為皇權的後盾以統治天下，所以整個滿族確實構成了清王朝的統治集團。（這應該稱之為「族天下」）……在滿洲皇帝眼中，滿人漢化對於政權的危害性絕不在今天所謂「資產階級自由化」之下。（這是「族天下」與「黨天下」的共同隱憂）

「國家」在清朝那會兒，已非「家天下」，而是「族天下」。後來的「黨天下」指共產黨，其理甚明，因為黨員就是「八旗」，他們也有「鐵桿莊稼」。據中共的中央組織部最新統計，截至二〇一六年底，中共黨員總數為八千九百四十四點七萬名，黨的基層組織四百五十一點八萬個。這個規模遠大於「滿洲黨」，而滿清以區區幾十萬人口，征服並統治一億漢族、連帶蒙藏回疆廣袤地域達三百年；據劉仲敬的論述，滿人歸於「諸亞」，而龐大的「諸夏」（漢族）已經沒了志氣（囊氣）。中共拚命發展黨員、建黨支部，還要建到美國來，敢情是學八旗呢！

那「亡天下」是個啥？僅照顧炎武的字面，所謂「仁義充塞，而至於率獸食人，人將相食」，一看就懂，那不就是六〇年嘛，所以早在「大饑荒」那會兒，中國就「亡天下」了，因為當年連劉少奇都對毛澤東直言：「人相食，你我是要上史書的！」怎麼這次「低端人口」惹得網上「義憤填膺」，大家是不是醒得有點晚？

「低端人口」裡的民工們，興許不少人還知道他們的爺爺奶奶是餓死的；城裡人八〇後以降，還知道這點歷史的鳳毛麟角。中國三十年「民族主義」高歌猛進，細想想是中華民族匹夫們的「肉食者」大合唱，也只能用北京市井裡的一句話最合適：把你賣了，還幫人家點票子。

其實顧炎武「亡天下」的意思，很複雜，他是在講人倫防線、文明底線的大問題，他說朝代興亡更替，是無所謂的小事，但是假如一個民族突破了人倫防線，它就死了。

中國的文革，是一場「多數人的暴政」，最後出現了霍布斯所說的「人與人的關係」倒退到「狼與狼的關係」的蠻荒境地；到這種境地，還能限制暴行的，只剩下每個人自己心裡的人倫防線。我們今天才驚訝地發現，那時的大多數中國人心裡根本沒有這條防線。這就是文革後巴金老人萬分痛苦的一件事，他問自己：孩子們怎麼一夜之間都變成了狼？

人倫防線是一個文明最原始的成果，也是它最後的底線。這條防線在中國文明中是由儒家經歷幾千年逐漸建構起來的，卻在近百年裡被輕而易舉摧毀了。摧毀的明證就是文革；「吃人」更赤裸裸地發生在廣西文革中。我們無法確定，究竟是中國傳統的人倫防線，不能抵禦如此殘酷的政治環境，還是它早已不存在？可以確定的是，中國人除了這條傳統的人倫防線，再沒有其它東西，如西方文明中人與基督的溝通。

這讓我聯想到一個很著名的意境：本世紀初魯迅說他從中國幾千年傳統中只讀出「吃人」二字，他大概絕對想不到，掃除了這個「吃人」的傳統之後不過半個世紀，中國真的是「人相食」了。這是比奧斯威辛還要難堪的一個人類恥辱。

中國已經「亡天下」。

輯五

存一細炷香

棄俗世的張愛玲

九十年代中期，我曾跌進一種莫名的迷茫，後來寫《離魂歷劫自序》時如此描述：

兩年前我在悲痛欲絕中曾發誓要讓世人遺忘了我，今天當我發現做到了這一步時，竟有些茫然起來。孑然一身的滋味並不是卸下種種名利、抱負的輕鬆，和疏離人群後的安全感，而是個體的乾癟和軟弱，內在的枯竭和更大的不安全感。個體在世的含義是什麼？在中國人的社會裡、或中文世界裡維繫知名度的意義何在？不假外求，又不能與「天」溝通，靠家庭親情為唯一支柱行嗎？先前我只有社會一端，並依賴過度、陷入過深，如今快要撥出，而信仰和家庭兩端尚未形成棲息地，個體在游離飄忽中……。

正在此時，報上刊出張愛玲去世的消息，中文媒體議論紛紛，有稱「孤絕之美」、「遺世獨立」的，也有人說這是「瘋狂和天才的臨界點」，還有人說她「幾十年過得非常狹窄、陰暗，但很深刻」。總之沒有人知道這位絕世之才的晚年心境，這是最神祕的。

那幾天跟我聊張愛玲最多的一個人，是余英時教授的太太陳淑平。我那時還不是一個「張迷」，初到海外，在普林斯頓大學的東亞系圖書館，忽然發現好幾本關於張愛玲的書，一下都搬來翻翻。當時我在日記裡寫：

> 張愛玲的文字之好，的確是非常耐讀，夏志清稱為「魯迅身後第一人」。她的模仿古典，如《紅樓夢》和《金瓶梅》，好是好，但有些匠氣（傅雷曾特別推崇《金鎖記》），但對《連環套》卻有預言式的警告：技巧是對張女士最危險的誘惑……聰明技巧成了習氣）。

我對陳淑平解釋，八十年代大陸只略微知道張愛玲，似乎還把她歸為一個「鴛鴦蝴蝶派」，而我從小受法俄文學薰陶，讀的只有那兩邊的文學巨匠，被他們的某種「恢宏」籠罩，更遑論還有一個「俄羅斯悲愴」，遮罩了我對中國古典之精緻與微妙的欣賞。陳淑平卻知道張愛玲許多文學之外的逸聞，對她有一種隔開距離的觀察，我聽了非常震驚，比如張愛玲其實只在二、三十歲時寫出好東西，後來的世道已不給她創作的條件，她還是苦苦掙扎，但無用。才華並不決定一切，心思和情緒的適應，外界占了很大的分量。作為女子她也是最悲劇的，愛過的兩個男人都不值得，而令她付出極巨，耗盡生命。她自己卻從未寫到這一層。

而我卻在想，對生的淡泊，這種境界是迷人的，但不靠什麼信仰的外力，張晚年的孤絕靠什麼支撐？不信永生與不朽，難道是一個女人的獨特發現嗎？巴黎的南茜說，你可以要我相信她獨立、自主，你不可以要我相信她快樂。我則弄不懂：一種對生命的不是絕望、不是厭世的看淡，對世間不是仇視不是蔑視的冷漠，對一個活到七十四歲的人來說，時間是怎麼被熬掉的？我只是覺得難熬得很，而她內心再未有過衝動嗎？最後，她一直不走是在等什麼呢？她難道只活在當年的孤島上海？

不久我們又要搬家了。車禍後因為經濟拮据，我們一直租住廉價公寓，來美國做流亡者，從無築巢的念頭，只是客居，想著往別處飄流，被一場車禍拖住了，從此不得動彈。後來遇到一套環境幽靜的兩居室，瀕臨一小潭，我們稱為「運河村」，陳淑平力主我去買下來，還拿她和余先生的住宅，為我貸款作抵押。我心已冷，為了傅莉養傷之需，只好築巢。過戶前一天，陳淑平很激動，在電話裡說：夢想實現了。過戶後她又攜余先生來看房子，余先生手裡掂著兩瓶白葡萄酒送我，當晚我和傅莉喝了，微醉。

十七年後，我上了《印刻文學生活誌》的封面，一〇六期的那個封面，我托腮的側影，愁緒萬端的一副模樣，背景裡就是那個小潭，恰逢冬季乾枯得只剩底水，淒涼頗吻合文字裡我的訴說。其實，我卻在那裡拾回了文字。我流亡又車禍，妻子傷殘，先是美國出版了《離魂歷劫自序》的英譯本，哈金的推薦詞說我「為命運之無法宰制留下最佳註解」——我靠書寫經歷心靈煎熬，吞嚥血淚，可是寫出來的哀痛，也得有人幫你出版呀！有幸遇到季季，第一次就是半年之內在印刻給我連出兩本書：《離魂》與《寂寞》；再半年又是一本《屠龍》。這樣的速度，會令一個作家跌入癲狂狀態，我在「大敘述」與「私人心境」兩端跳躍，哪裡還顧得上悲傷？

然而那些年，我也在目送一個女人的背影，因為她在一本書裡——搬家那天，陳淑平還送了一本司馬新著《張愛玲與賴雅》。讀她晚年棄世孤居的景況，不寒而慄，她竟為避蝨子而在洛杉磯的汽車旅館輾轉住了三年半，隨身只帶一只鋼製的檯燈。

我後來借了張愛玲的《流言》來讀。她是天生的作家，自稱九歲就開始寫小說，也是從模仿《隋唐演義》、張資平似的新文藝爛腔、張恨水的鴛鴦蝴蝶派等開始的，還寫過一篇章回的《摩登紅樓夢》。

她說，小說不是想寫就可以寫的：

譬如說我現在得到了兩篇小說的材料，不但有了故事與人物的輪廓，連對白都齊備，可是背景在內地，所以我暫時不能寫。到那裡去一趟也沒有用，那樣的匆匆一瞥等於新聞記者的訪問。走馬看花固然無用，即使去住兩三個月，放眼搜索地方色彩，也無用，因為生活空氣的浸潤感染，往往是在有意無意中的，不能先有個存心。文人只須老老實實生活著，然後，如果他是個文人，他自然會把他想到的一切寫出來。

她說的小說不能硬寫、靠素材來寫，只能寫生活裡的瑣事，如她自己最擅長的戀愛結婚、家庭衝突、生老病死，那不是太專門的，生活裡平平常常的人情世故而已。這也是中國傳統話本的題材，不過古人有時候是專門去搜集民間傳說、口頭故事來加工，如馮夢龍之輩。至於張愛玲的技術處理，那是她讀古典小說讀來的，如把《紅樓夢》讀得那樣爛熟，是把語言和技巧讀出來了，另外，她有一種古典的審美，滲透在文字裡。

我又去借《海上花列傳》的張愛玲國語轉譯本，她改為《海上花開》與《海上花落》兩冊。繁瑣平庸的晚清狎邪小說，如今去讀真是不耐煩，唯有張愛玲的文字還是好，從中可見她流亡美國嘗試英文寫作失敗之餘，還是鍾情於中國傳統小說之技法，竟耗費精力去把這部吳語方言的小說全部翻譯出來，出版時附有一篇《譯後記》，是很好的文章，對小說技法頗多議論。中國傳統小說，也沒有什麼特別的技法，就是在日常的吃喝玩樂之中，不動聲色刻劃人性的微妙、幽暗，《海上花》也只寫清末民初一群閒人在上海妓院裡如何喝花酒、調情、解悶而已，填補了百年前人生的一個空白。

張愛玲說，中國文化古老而且有連續性，沒中斷過，所以滲透得特別深遠，連見聞最不廣的中國人也都不太天真，獨有小說的傳薪中斷過不只一次。所以這方面我們不是文如其人的。《紅樓夢》是一個高峰，而高峰成了斷隘。但是一百年後居然又出了個《海上花》。《海上花》兩次悄悄地自生自滅之後，有點什麼東西死了。

死了什麼？她沒有說。可能是指那種含蓄，那種在繁瑣平庸中不動聲色寫人性之複雜微妙的技法，而且一定要寫得讓後人去考據才肯罷休。

我一向不喜讀中國章回小說，那一陣子卻被張愛玲勾住，回頭去讀，很奇怪，讀了《海上花列傳》，才讀出《儒林外史》的好處，主要是覺得它的文字，很有男性味道，不像《海》甚至《紅樓夢》，乃是寫女性寫得好，到張愛玲才把那精妙欣賞出來，而模仿《紅》，成現代文學一個源頭，反而《儒》的風采失傳了。《儒》是老辣、幽默、世故的，刻意不在風月場，而在男人的功名場。中國文化底下，寫男人不沾風月方能成全男子氣，一沾風月就是汙穢不堪，乃至獸行大發。傳統小說愛寫男女風情，卻永遠是意淫，永遠是男性中心，於是現代文學不可能再套用那種技法，那技法只在刻劃卿卿我我之中爐火純青，否則沒有味道，不是小說。《儒》則回避了這個泥潭，不在胭脂氣裡顯身段，可以把男人寫得豐滿。我沒有受過文學評論訓練，只顧自己瞎猜。

張愛玲離開大陸以後，改為寫電影劇本維生，蠻可惜的，這一步便叫中國文學失去了這個才女，而她倘若留在香港，絕無生機之虞，偏偏她又去了美國。所以時勢造英雄，時勢也滅豪傑。好萊塢有龐大得驚人的劇本創作班子，整個西方通俗文藝界都在為它服務，趴在它周圍靠寫劇本謀生的人也不知凡幾，五、六十年代那是很多才子出沒的圈子，她去了就遇到這麼一位，中文翻成賴雅，好萊塢的大才子，可是碰到咱們的女才子時，他已經江郎才盡，還要靠張養活，癱瘓了也靠張伺候，他自己的女兒卻不管父親，所以後來奠定張愛玲「祖奶奶」地位的哥倫比亞大學的夏志清，恨死了這位賴雅。

張愛玲失意美利堅，是運氣不好，而運氣是神祕的。司馬新引述她曾說「我有時候覺得我是一個島」，以此解釋她的自我封閉狀態，令靈感枯竭。其實張愛玲從小就有社交障礙，那或許正是她「天才」的緣故呢！許多怪傑都是自閉的。至於她總是「在不適當的地方愛上不適當的男人」，以婚戀失敗的拖累解釋她的失意，就更是連「女性主義」都不屑此說的。由此可見，華文語境（discourse）中的「張愛玲敘述」，時至今日還在「張腔胡說」。

我讀晚年張愛玲，希望破解她那淒美的孤絕，而我也在自閉中掙扎。十幾年了，天下「張迷」始終沒有轉換視角：其實不需要去解釋她棄世的緣由，而需要釋放這棄世的意義。張愛玲苦苦掙扎的，不只是文學創作，更是個體對龐大社會的抗爭，是向那巨無霸討回尊嚴。所有張傳，尤其司馬新這本，都潑墨重彩地書寫張愛玲之「拒不見人」，言外之意是她的不近人情，然而稍微換位思考一下，這是再常理不過的了：一個曾經的大家閨秀，通曉繁文縟節，還是個「標準的官能主義者」，卻流落異鄉，捱到晚歲，又在多年經濟窘迫之中，早已無力支撐起碼的體面，給她留下最後的體面，就是不謀面，乃是典雅的棄塵之道，現代人卻不懂這一層。

棄塵又談何容易？我現在對美國活在邊緣，也活在巨大福利網絡中的華裔暮年族群的生活樣態，算是了解的。那是一個被遺棄的人群，被家庭、子女、社交、娛樂、消費等等所無視，只有「福利」承接了他們，而這個系統給老人們提供的生存空間：老人中心（白天）、老人公寓（夜晚）、車接車送、一禮拜一次超市、一月一次中餐館，最後還有老人院、臨終醫院等。假如不幸進不了那個系統，那麼你就是一個遊魂，連一個數字都不是。西方社會不同於中國，「家庭」這個元素的覆蓋時間較短，人老了是沒有這個元素可以進入的，所有美國人都在退休後賣掉house（獨門住宅），搬進居室，或者直接申請老人公寓，那意味著有人清潔，也有交通工具，暮年不可或缺的這兩樣服務，從家庭移向社會，所以西方所謂「福利社會」，成為左右兩端的爭執，也是選舉的票源，因為國家要為老人付錢。

要知道，張愛玲時代還沒有這些福利，據說美國是「嬰兒潮」那一代人退休了，才出現「老年購買力」和「老人福利」這兩件事情。那麼張愛玲的美國是什麼樣的？我在《寂寞的德拉瓦灣》寫過一段文字，正好移用這裡：

> 在海外中文世界裡知名的一些華裔教授們，到了退休的年紀，紛紛返回東方的「兩岸三地」去度餘生，是絕不肯在他們供奉了一生才學的西方耐煩冷寂的。這倒叫我明白了一件事情。二戰

後特別是四九年，為什麼會有那麼多留洋的中國學生不願意待在外面而紛紛回國？對此有一個通常的說法：「愛國情結」。現在我才知道，根本沒有那麼回事，哪來的什麼「愛國心」呀？大多數留學生其實根本不習慣西方的習俗和生活，皆不可想像自己如何在異邦過一輩子。從今天推想半個世紀前的美國，一個中國留學生出了大學城或者「中國城」，就恍如跌進文化沙漠，一切跟你相關的東西都消融、不見了，你得拽著英語從零學起，無疑還得承受一點「種族歧視」。這種蛻蟬似的折磨非一般人所願意去領受的，因為它降低自尊，並承受心理高壓，也不是中國文化中成長出來的虛榮心餵養大的讀書人所耐受得了。除非萬般無奈，沒有幾個人願意留下來。當年留下來的，反而是勇敢者，雖然他們後來大多寂然無名。

我終於明白她的棄世。賴雅走後，張愛玲孑然一身，孤零於世，她沒有家庭、社會、世俗、天、神，或者說，她要解構這一切，才能拾回自己的肉身和靈魂，然後自己來安頓——公平而論，她是依仗了幾個友人的協助，如司馬新提到的莊信正、林式同，才實現這安頓。而那一切其實也是遺棄她的，唯有世俗不肯放過她，她要百般逃避它，以致趨向更孤獨的深淵。最後，「自己將重要證件放進手提袋，留在門邊」，她在睡夢中離世，幾天後被人發現。雖然我每次讀在這裡都會流淚，但是我知道她並沒有留下悲傷。

棄世的含義，是向社會、世俗、天、神，要回個體的尊嚴。

恰是在這個層次，張愛玲實踐了陳子昂描述的境界：

念天地之悠悠，獨愴然而涕下。

殉文明的陳寅恪

中國是地蠻天荒的一個世界——不管你稱它現代化、社會主義還是專制，在文化上，它已歷盡變窮，墜入非驢非馬之境，而在這「蠻荒」之後的我們，似乎再不能越過那道「蠻荒」的帷幕，因而又得了無文化的「文化癖」。說斷裂鴻溝壕塹都可以，問題是你如何逃出這道帷幕？都說讀書大概可以。但我讀了一本書之後才知道並非如此——隔在「蠻荒」這邊的我們的語言同那邊人的語言，已經無法溝通，你認識的那幾個中國字也未必幫得上忙。

這本書是《陳寅恪晚年詩文釋證》。儘管著者余英時教授近在咫尺，可我讀到這本書卻繞了很大一個彎子。整個一九九四年裡，我每週帶妻子去紐約城裡作三次針灸，停車在曼哈頓街頭是一件很恐怖的事，我怕吃罰單，安頓好她就回車裡來守著，在那摩天樓群的峽谷裡，唯一能作的事只有漸漸靜下心來看書。當時的心境與世隔絕，看不進報刊雜誌和閒書，彷彿是為了同那「後現代」的曼哈頓風景作對，我下意識偏偏只願讀中國古詩詞，於是一本俞陛雲的《唐五代兩宋詞選釋》，便同妻子的各種藥物一起隨身攜帶。其實我能讀出點味道的只有從小偏愛的東坡稼軒二位，但讀來讀去就受不了東坡式的空豪放，更覺出稼軒的沉重和絕望，心境也隨之墜入「更舊恨新愁相間」。那麼遙遠的南宋式的興亡感懷，此時令我心動者，或在個人不幸，和某種漸漸襲上心來先前未曾感覺到的流亡真實。

忽一日，偶然看到「詩文」二字便拿了這本《陳寅恪晚年詩文釋證》上路。坐在車裡讀起來，驟然被一個「文化遺民」之精神世界所震懾。說實話，以我膚淺的古詩詞閱讀能力，對此書深義的理解只能是皮毛的，但我所被震懾的，是陳寅恪在他晚年詩文中設置的一套暗碼系統，無疑是一道用來抗拒「蠻荒」的屏障，恰好對我們也形成一道無法逾越的鴻溝，若非余英時的破解，這個「中國文化精神所凝聚之人」存活到地蠻天荒之後，因「未嘗侮食自矜，曲學阿世」而遭受的精神折磨，將任隨歪曲無人知曉；而中國罕見的一個學貫中西的讀書人，在中國文化「歷盡變窮」最後二十年裡的文明思考和心靈苦難，也將永遠湮沒。這又正好可以用來解釋，為什麼現代中國會繁殖著像我們這樣的「反傳統」的一代又一代。

很奇怪的是，「五四」以來直到毛澤東所鑄成的鄙視讀書人的一種「傳統」，教「蠻荒」以後的我們從來把中國知識分子視為「無脊梁骨的」的一群，對我們來說，支持這種成見的最有力證據，正好是一九四九年以後中國絕大多數大知識分子對毛的臣服，那些如雷貫耳的名字，從郭沫若、馮友蘭、茅盾、范文瀾，到「文革」中被逼自殺的老舍、吳晗，還有科技界的錢學森等，彷彿代表著整個人類文明的死去。這場「改衰翁為姹女」中的例外，過去我們僅知儲安平和馬寅初二位，但後來我看到的資料顯示，馬寅初他老人家最初也是對新王朝頗唱讚歌的，後來到人口政策上才敢犯龍顏，而較早就犯了龍顏的另一位大儒梁漱溟卻終身不再吭氣。這好像都不涉及知識和學養的問題，也並非人們至今垢病不已的人格問題，大陸人常愛說，如果魯迅活到四九年後一定是個大右派，我卻覺得未必。這好像關設到一種文化精神——與知識和學養緊密聯繫著的讀書人（或稱知識分子）對文明的最後底線。讀了余英時詮釋的晚年陳寅恪，我才知道這底線是什麼。

中國發生地蠻天荒之際，讀書人敏感到的棟梁摧折、家國興亡，以一九四九年為最後界限，在此前後大多「乘桴浮於海」了。留下來的人面對的「當世之巨變」，不只是財產剝奪、政治清算，知識分子更要接受洗腦換心的一套陳寅恪稱之為「改男造女」的閹割手術。如果分析一下當時的史料，你會驚訝地發現其實毛澤東遇到的阻力並不算太大，他甚至不必效仿秦始皇的「焚書坑儒」就取勝了。這原因就是陳寅恪詩中形容的「塗脂抹粉厚幾許，欲改衰翁為奼女」，即最著名的大知識分子們竟是群體性的向馬克思主義一邊倒，其中又很少不是留過洋的學者教授作家。中共這個暴力集團征服神州，一半靠的是知識界的自動繳械，並以其知識的權威協助毛澤東把他的假馬克思主義立為國教，雖然所有人後來又都因此而劫難重重。

但是，對這段中國讀書人的恥辱史，作純粹政治性指責和道德非難，不是一個有欠公允的問題，而是迴避了更本質的東西，即他們的作為將如何面對他們信奉的知識、價值系統及其背後支撐著的人類文明，這就是底線。而這個底線，並非只設在中國傳統之中，它也是西洋文明的根基，讀書人能不能守住這個底線，便是一種文化的操節。這段歷史裡，有一個不幸羈留大陸，以至「看盡興亡目失明」的老人，便不肯曲學阿世，樹新義以負如來，「支撐衰病軀，不作蒜頭搗……獨依一枝藤，茫茫任蒼昊」。這大概是一九四九年以後唯一還講讀書人節操的一個大知識分子。我讀余英時詮釋的晚年陳寅恪，從他悲愴的詩文裡透出的這種節操，並非民間一般的忠義氣節，而是一個讀書人對知識、學問、終極價值，總而言之，對一種文明的承諾。這種承諾，更悲劇性地表現在他晚年中止了平生「喜談中古以降民族文化之史」，特別是對隋唐歷史空前絕後的研究，轉入《論再生緣》和《柳如是別傳》兩部巨著，也是他個人的「所南心史」，在「而今舉國皆沉醉」時孤獨地到歷史中重新發掘這種文化精神。

這種「念天地之悠悠，獨愴然而涕下」式的文化承諾，在繁衍成世界最大文化載體的中國人當中，不幸只有一種人還視為己任，即余英時在書中多次花費筆墨，「從顧炎武的『亡國』與『亡天下』之辯，到陳先生論王國維之死」，反覆向深陷於保守與激進兩極對立中的現代人解釋的、一個屬於中國的古典群落：文化遺民。陳寅恪是不是最後一個？這引起我對中國之「文化遺民」的由來和沿革的興趣，繼而是對明末士大夫之「天下」觀和亂世感受的興趣，於是又找另一明末「文化遺民」方以智的有關書籍來讀，再受震懾。

陳寅恪對王國維的那篇著名的《挽詞序》，也許要算這個文化群落的「絕唱」：

蓋今日之赤縣神州值數千年之巨劫奇變；劫盡變窮，則此文化精神所凝聚之人，安得不與之共命而同盡，此觀堂先生不得不死，遂為天下後世所極哀而深惜者也。

這種「同命而共盡」的殉情境界，是唯有視此一文化為最高理想者才能達致的，只有在他們看來「文化」才是一個生命體，而不只是信仰、知識、規矩。這大概是一種文化的貴族精神——希臘文化中有一種知識的貴族精神，這種精神在西方造就了不平庸的大思想家。王國維和陳寅恪，都是中國現代少有的「舊學邃密，新知深沉」而沒有世俗名聲的大師級人物，學養上深得「獨立之精神，自由之思想」精髓，對古今中西不持籠統之見、極端之說，並已打通傳統與現代之間的隔閡，中國的學界本是有希望在他們的引領下，走出文化困境的，卻荒唐地把他們當作「遺老」、「遺少」拋棄。這或許才是中國無可救藥的要害。

在中國逐漸淪入蠻荒之境的漫長過程中，尤其在近代激進化思潮以細微之沫漸成「驚雷破柱，怒濤振海之不可禦遏」後，對綿延數千年的一個文明尚肯承諾者，真是寥若晨星；而對九泉之下的承諾者能激起「同情的了解」的當今之人，也是寥若晨星，如余英時教授。讀他一、二十年前寫的這些文字而使人汗顏者，在於歷史學可以通過個別代表人物的具體表現來研究某一文化，特別是那種面臨著劇烈變動的文化的命運，而「中國文化精神所凝聚之人」的悲劇意義，就是今日中國文化消沉歇絕的大悲劇濃縮，所幸還有這位中西古今「實證」和「詮釋」參伍之真功底者，以剝蕉見心的方式箋釋前人，得以穿越最後一位「文化遺民」的神祕暗碼，將那文化精神捧還於人間，為中國人留下「明明直照吾家路」的火種。

一九九五年九月於普林斯頓

說不盡的賽珍珠

徐志摩留下一個風流的名聲，除陸小曼、林徽音之外，還有一個凌叔華也在被人猜想之中。前不久，我又聽說他同美國女作家賽珍珠，也曾有過一段戀情（affair）。事緣林培瑞（Perry Link）先生，普林斯頓大學東亞系教授，陳淑平談起，他正在為賽珍珠的一本新傳寫書評，說先前幾本賽珍珠傳記，都提到賽珍珠自己披露她曾愛過徐志摩。陳淑平告訴我這個驚人的消息以後，我翻閱了賽珍珠的幾本傳記，再次沉浸到「五四」，那個賽珍珠稱之為「異想天開的時代」（a fantastic era），以及他們兩人懸若天壤、卻一樣的傳奇性個人歷史中去，才恍然覺出不過七十年前，東西之間的溝通談何容易，而溝通者留下的身影也多少有些悲涼。

一、一段私人秘密

其實我是孤陋寡聞了。關於「戀情」一說，大致出自一九八三年出版的一本傳記，題為《賽珍珠：衝突中的女人》（Pearl Buck A Woman in Conflict），紐約的董鼎山先生八四年就根據這本書，向中文世界介紹了這段「羅曼史」。這本書的說法是：

賽珍珠曾有一個情人的羅曼蒂克之事，一度唯有她的三個密友知道——艾瑪與賽珍珠通信，莎若·伯頓曾同她合租一套房子，以及很晚時候的一個私人祕書，也是親近的朋友。雖有此傳說，但是直到莎若在一九七八年接受一個採訪之前，沒有人實際上知道這個情人是誰。徐志摩，二〇至三〇年代是眾所周知的詩人，一八九六年生，比賽珍珠小四歲……。

據此，我們才知道這是一個埋藏在私人領域的祕密。這本傳記的作者挪拉·斯蒂林（Nora Stirling），採訪過當事人艾瑪和莎若，也查閱過她們與賽珍珠之間的信件。作為可信資料的這些信件，據說部分已經銷毀，殘留的也要到下個世紀才公開，則我們只有聽憑斯蒂林的「權威」了。

可我讀下來的印象，斯蒂林似乎只是在作推測，比如她說：

賽珍珠和徐志摩無疑是在南京碰到的。作為英文教師她肯定去聽泰戈爾的演講。不難想像徐志摩對她的衝擊，分享徐的成功和他的親切回應，當時她正陷於深淵，被鎖在死亡婚姻和一個絕望的殘疾兒之中，他的出現一定是她所渴望而從未得到過的。

這個南京邂逅，自然指的是一九二四年春泰戈爾轟動的訪華。據陳從周《徐志摩年譜》，一九二四年「四月十二日印度詩哲泰戈爾乘熱田丸來華至滬……十六日……北上至南京濟南各有一次演講，二十三日到北京」。賽珍珠從一九一九年開始，在南京大學和中央大學教英文，那次見到徐志摩完全可能。但據賽珍珠傳記，一九二四年夏天她就隨丈夫回去美國康乃爾大學，還讀了一個英語碩士學位，來年春天才重返南京。所以她與徐志摩接觸較多應在一九二五年以後，至於「戀情」，歷史上的人和事，說有容易說無難，不過，說賽珍珠一九二四年見到陪伴泰戈爾的那個「郊寒島瘦」的徐志摩就「一見鍾情」，恐怕有些勉強。

再者，徐志摩又是遲至一九二九年，去哈佛大學任中國文學特別講座教授未成，九月才受聘南京大學，「奔走寧滬間」的，而斯蒂林又說，一九二八年以後賽珍珠再沒有同徐志摩見面，「她回到妻子、母親、教師、傳教士和家庭主婦的角色——一個非常孤獨的女人」。所以，我對比傳記裡兩個人的行蹤，總有點「對」不上的感覺。

可是，認識徐志摩是賽珍珠自己說出來的。斯蒂林寫道：「她兩次在自傳裡回憶那個坐在她客廳裡聊天的年輕詩人（名字拼法是 Hsu Tze-mo），「極古典的優美手勢，和典雅、修長而有力的手。」報紙稱他「中國的雪萊」和「中國的拜倫」。

另一本傳記（作者西奧多・哈里斯）對這個細節寫得更生動一些：

> 在南京，她有自己一個知識分子朋友圈子，其中有讓她尤其懷念的一位。他是一個青年名叫徐志摩，中國詩人，其相貌英俊她是如此描述的：「像個菩薩，但不是胖和尚而是苗條英俊的菩薩。這男人有一雙我從未見過的最纖秀的手，優雅而有力，手指苗長。他稱他自己為『中國的拜倫』」。

上述兩段細節，皆出自賽珍珠自傳裡的一段文字，我讀出的感覺卻是南轅北轍。有一段文字見於一九五四年出版的《我的數重世界》（My Several Worlds）一書，賽珍珠縱論一通民初中國的政局之後，從一一七頁開始筆鋒一轉，寫道：

> 我自己的興趣從來不在政治上，而在男子婦女們的想法，所以一直深深憂慮文學革命。一九二〇年白話文已經成為公認的新的書面語言。問題是文學真的能夠用方言寫嗎？年長的學者一直堅持認為它無法表達古典文法中的隱喻。受西方訓練的年輕學者們必須證明它是可以的。至今這只在雜誌和報紙上使用。胡適再一次成為新學派的領導者，因為他開始寫他的劃時代著作《中國哲學史大綱》。唉，這本書一直沒能完成，但是第一冊再一次證明中國的白話文也能夠成為一種清麗優美的書面文字，柔和鮮活地表達極深的意義和思想。一經胡適顯示新的白話文的價值，年輕的中國作家們蜂起模仿，大量試驗性的文字被出版，我必須承認，不幸的事實是大部分很差。中國年輕人管他們自己叫「現代人」，卻帶著莫名其妙的情緒、反叛和野心，但是實際上他們什麼也說不出來。他們把自己同傳統的根基猛然斬斷開來，極欲迅速而淺薄地按照西方文化來訓練自己。於是不可避免的，當他們寫作時便喜歡模仿，然而當他們拒絕模仿中國精美的古典文學象徵，去仿效西方作家，他們就會被異質化，被限定為一模一樣的現代人或西方人，其結果是不會有什麼現代中國人，而只有西化的中國人。沒有比這更令人厭倦的事：打開一本頗受讚揚的中國小說，卻發現它幾乎是從西方抄來的！也別提有多失望了，匆匆趕到一家現代戲院去看很出名的一個年輕中國劇作家的戲，卻發現是尤金奧尼

爾的戲，甚至都懶得用中國人名字包裝一下！

草創之初，難免有層出不窮的新作家迅速成為文學批評家，並批評西方的作品，也是膚淺不堪。歌德名著《少年維特之煩惱》似乎很投合大部分中國青年的心情，我盡力去理解他們，讀了數以百計中國的「煩惱」。它變得荒謬起來，以至於嚴重到沒人敢於嘲笑這些少男少女。甚至私人性的模仿西方詩人也成了時髦，一個英俊也相當卓越，無疑非常可愛的年輕詩人，便自詡為「中國的雪萊」。他常坐在我的客廳裡聊上一個鐘頭，他的手漂亮優雅，描述性的手勢現在還在我眼前。我首先看見他的手。他是北方人，看上去挺高，也很典雅，他的手很大，形狀完美，柔滑得像女人的手，我確信是不作任何手工勞動的，對我們的年輕中國學者來說，這至少是對古老傳統的一種尊重，他們是不作任何體力工作的。我們的中國雪萊很年輕就死了，哀而言之，他有某種屬於他的天賦，若越過「雪萊期」他可能找到自己。他渴望有一對翅膀能飛，可是他卻首先去坐飛機。他死於飛機失事。

這是「愛慕」？我看不出來。

毋寧說，這是對中國「五四新文學」包括徐志摩在內的一種西方式的懷疑。我所感興趣者還在，賽珍珠很早就不經意地說出了中國現代文學的一個病根：叛離傳統的「西化」是沒有辦法「走向世界」的，因為最世界性的正好是最本土化的。她至少指出一點，語言、文學上模仿西方是沒有前途的。

二、沒有徐志摩愛過她的證據

走筆至此，我才發現將這樣一個賽珍珠，同醉心於歐洲浪漫主義的徐志摩放在一起議論，是何其不搭界，可你也沒有證據否認他倆之間根本不可能產生「戀情」。

歷史人物大約總有後人無法窺見的一面或幾面，而那是很難靠「史料」去證明什麼的。傳記作者都傾向於以賽珍珠女兒弱智、婚姻失敗等苦境，來解釋她移情於徐志摩。我想，這是可能的，情感這東西，永遠無法琢磨，也沒有什麼絕對的可能與不可能，然而即使《賽珍珠：衝突中的女人》一書，也並未對此提供第一手資料，後人便難以置喙了。

我只覺得硬要去「合理想像」他們之間發生「戀情」的那些原因，恐怕是太牽強了些。比如，《衝突中的女人》也試圖以徐志摩與陸小曼婚後並不幸福，「他任性的妻子奢侈揮霍，包括抽鴉片，迫使他拚死工作」，來湊合這一想像，就是一例。

重讀《眉軒瑣語》和《徐志摩年譜》，徐志摩婚後「難得快活」的心境筆痕確實比比皆是，甚至出現「最容易化最難化的一樣東西——女人的心」這種費解的句子，但對陸小曼一樣情深還是躍然紙上。離婚再婚後的徐志摩，可能變得不似先前，變在哪裡？可惜很少有人專題研究這一點。

從《年譜》上看，徐志摩迫於父命攜陸小曼回硤石去住，咬牙隱居，心裡淒涼，雖然還在說「硤石至少有蟹和紅葉，足以助詩興，更不慕人間矣」；後避戰禍遷上海，但經濟窘迫，又染傷寒，幾近潦倒，以致胡適請求英國的恩厚之（Elmhirst泰戈爾祕書）設法幫助徐陸夫婦出國讀書；一九三一年他終於下決心回到北大教書，但陸小曼不肯北上，留在上海同翁瑞午唱戲抽鴉片……但無論怎樣，你卻找不出徐志摩不再愛陸小曼的一個字來。若從徐志摩這一方，也以婚姻不幸福來「合理想像」他可能同賽珍珠發生「戀情」，一點都站不住腳。

《衝突中的女人》也承認，「徐志摩的傳記從未提到賽珍珠」、「沒有徐志摩愛過她的證據」。我曾不信，設若《愛眉小箚》的作者，會對自己曾捲入的一次「戀情」，不肯留下一個字？但翻遍《徐志摩全集》裡的日記、書信，居然是一絲痕跡都沒有。

但《衝突中的女人》還是不甘心，稱「他的熟人們也沒有接受他有一樁戀情的那種知識。但另一方面，雙方都是結了婚的人，而且她還是傳教士，這樁戀情自然成了一個祕密」，還說，「的確，他們相遇的時候，正是她看上去最無魅力、發胖、虛弱和不修邊幅的時候。也許是因為她的單相思而能被隱藏」。

我懷疑斯蒂林遲至八十年代為賽珍珠作傳，已經很受各種女性主義的感染，有意無意會去誇大婚姻失敗的因素，津津樂道於「婚外戀」，搬來這一套時髦去圖解二十年代的賽珍珠和徐志摩？

當年同徐志摩很熟的梁實秋先生，一九八七年竟也發話，他說徐志摩「是否對賽珍珠有過一段情不會對我講，可是我也沒有從別人口裡聽說過有這樣的一回事。」梁實秋也認為，「像志摩這樣交流廣闊的風雲人物」若有一段戀情，既不會在文字裡毫無暗示，也難防「悠悠之口」，所以他主張「寧可疑其無，不必信其有」。

三、另一本《小腳與西服》

假定賽珍珠在創作上百般求助於徐志摩，並認為這段戀情「必定深烙在賽珍珠小說家的想像力之中」，附會她幾本小說中的人物都脫胎於徐志摩，是又一種合乎「邏輯」的圖解。《衝突中的女人》寫道：

> 後來徐志摩穿梭於上海和北京之間，領導兩座城市裡的文學活動。賽珍珠是個初出茅廬的作家，自然有理由去拜訪這個詩人……在現實中，徐志摩的影子濃重地伴隨著賽珍珠的這段生活。沒人知道他們有多少次碰面，但他倆一定頻繁地經常因文學活動而在北京、南京和上海之間穿梭。賽珍珠作為作家經常請教徐志摩，他在這三個城市都兼有課程，而他也非常明顯的出現在一九二五年那篇《一個中國女人的傾訴》（*A Chinese Women Speaks*）裡面。那個故事，稍後發展成小說《東風西風》（*East Wind: West Wind*），賽珍珠以靈感想像自己是徐志摩的妻子……。

幾經周折，陳淑平終於幫我在普大圖書館找到刊登《傾訴》一文的『亞洲』雜誌一九二六年合訂本，厚重得猶如一塊秦磚漢瓦，我在末尾的借閱卡上發現，上一個借閱者留下的日期，竟然是一九二九年四月二日，即此書有整整七十年的塵封！

《傾訴》以獨白體寫成，頗像今日的口述實錄：

妹子，這些事我告訴你。我沒法跟自己人說，她們不會明白我丈夫去了十二年的那個遙遠的國家；我也沒法跟洋女人說，她們不懂我們從祖先那裡傳下來的風俗。不過你？你一直跟我們待在一塊，雖然你是從我丈夫讀書的地方來的，你能懂。我說的都是真的。我管你叫妹子。我說給你聽。你知道五百年來我們幾代祖宗都住在這個古老的小鎮上，沒人瞧得起摩登，也沒人想摩登……

故事說的是一個叫桂蘭的，指腹為婚嫁過去的丈夫，是個從西方學醫回來的醫師，一個新派的男人，在洞房之夜竟對她說：「我願在任何事情上視你與我平等。我絕不強迫你做任何你不願做的事。你不是我所占有的——不是我的家產。你可以是我的朋友，如果你願意。」於是桂蘭大惑不解：「我與他平等？為什麼？我不是他的妻子嗎？他要不告訴我該做什麼，那該是誰？」桂蘭的困境，成了一個諷刺：她同意與丈夫平等，但那只是因為他要她如此，依然是作為她對他的服從。

這哪有徐志摩半點影子？恰好也可稱為諷刺的是，張邦梅《小腳與西服》所陳述的事實，反而是徐志摩以「小腳」為藉口要求離婚，而並非「小腳」的張幼儀卻由於離婚才走出了自立的路，真正變成「天足」。

然而賽珍珠確乎是七十年前就寫了另一本《小腳與西服》。她在這個故事裡，借桂蘭之口描述一個從五歲開始纏腳的女孩的那種痛苦，長布條裹緊到足以切血液流通，擠破骨頭，將大腳趾壓到腳掌下面，終至將腳縮短幾英吋，常常腳會感染和壞疽，甚至腳趾脫落，腳因此腐爛而致殘；更驚人的，是桂蘭母親將女兒訓練成丈夫附屬物的那種得意：「做太太的，要知道微笑的精妙，用珠寶和花來裝飾頭髮的藝術，抹唇、塗指以及對你的人兒如何使用香氣，小腳穿鞋的妙用……啊，你這雙腳和全部眼淚都會得到報償。」

我的感覺，倒不只是如今去讀這些文字的不寒而慄，還在於它竟出自一個美國作家的筆下。雖然，我同時也會覺得，賽珍珠對桂蘭丈夫的描寫，有點太理想主義了，假如她真的認識徐志摩，又對張幼儀的處境有所聽聞的話。

四、說不盡的賽珍珠

去年有賽珍珠的一本新傳出版，就是林培瑞先生要寫書評的那本，書名特別標成《賽珍珠：一個文化傳記》，作者彼得・孔恩（Peter Conn）是賓夕法尼亞大學英美文學教授，注重從中西文化交流的角度詮釋賽珍珠。他就不認為桂蘭的故事脫胎於徐志摩：

> 賽珍珠寫《一個中國女人的傾訴》時，傳統與革新之間的衝突正席捲全中國的男人和女人。這個人物素描和文學情節安全地停泊在歷史的真實中，和賽珍珠那些親密的中國知識分子家庭裡。同樣重要的是，在賽珍珠的桂蘭肖像中，沒有救世主的痕跡或拙劣模仿，這個年輕中國女人努力求新潮，證明自己是有尊嚴、原則和判斷的一個人。這個故事充滿了衣飾、家具和家庭儀式等細節的精微觀察。它沒有被無數西方關於亞洲的著述裡那種「東方化」所汙染，去迎合

異國情調、東方神祕的胃口。原因很簡單，賽珍珠於每日平凡的事實之中，在中國生活了數十年。她認識成百個像桂蘭一樣的女人，健壯但卻對一個革命的世界不適應，竭力去穿越那萬花筒般的迷宮。此外，賽珍珠所表現的亞洲無疑受到她性別的影響。東方學的影像已經被典型地化為女性：疏懶、頹喪的東方常常是用女性來顯示的。賽珍珠憤怒地蔑視這種侮辱性的公式。對她而言，無論亞洲還是女性，都不是一個「他者」。

孔恩認為，賽珍珠小說是美國一個獨特的文學現象，她為兩代美國人創造了一個「中國」，在她之前和之後，這都是不可能的。此書的序言，也輪廓性地描述了賽珍珠的身世：

她的中國故事基於她自己的經驗和一個傳教士女兒的觀察。她的父母阿布索倫和卡麗由南方長老派教會配成不幸的一對。賽珍珠生於西維吉尼亞，當時父母正要上路，她三個月大就被帶到中國，在那裡生活了幾乎四十年。她成長在雙語之中，說話閱讀同時使用英文和中文。用她自己喜愛的一個隱喻，她形容自己是「文化的雙焦點」。同時，她在童年就感覺自己在兩個國家都無家可歸，覺得自己對兩邊的人來說都是一個局外人。不像她那一代的美國人，賽珍珠成長在每天都是真實的中國，反而美國對她而言是一個猜測而抽象的地方。此外，她幾乎是唯一的白人美國作家，在前半生以其終生的激情消耗於理解另一個民族，這是極罕見的人生和經驗。

她在美國維吉尼亞的倫道夫・麥康（Randolph－Macon）女子學院讀書，畢業後立刻回到中國。回中國不久，她同第一個丈夫，農業經濟學家約翰・魯森・巴克（John Lossing Buck）結婚成家。幾年裡這對夫婦居住在安徽一個叫Nanxuzhou的小鎮鄉下。賽珍珠出版她的第一個故事和小說，包括《大地》時她都生活在中國。三十年代早期的中國，兵荒馬亂，內戰、日本侵犯，以及仇外的暴力，她回到美國，在費城北部買了一棟快要倒塌的十八世紀農舍。這地方叫做綠色小丘農莊，幾十年來是她的家和活動的總部。在這裡她繼續寫作，養育她領養的七個孩子，以及管理她資助的各種機構，解決種族仇恨問題並幫助出走和貧困的兒童。

孔恩的描述，凸顯出賽珍珠無出其右的傳奇背景，和她在中西兩種文明激烈碰撞之時獨特的文明邊緣人際遇，但我卻更多地看到這種文明衝撞大背景下一個女性孤獨而璀璨的身影。

賽珍珠雖然非常同情當時社會制度下的中國女性，但是作為女人，她自己其實也很不幸，終身影響她的幾樁不幸都發生在一九二〇年到三〇年之間：二〇年她生下一個女兒，因患有遺傳性新陳代謝疾病，長到三歲還不會說話；分娩時她自己也發現患有子宮腫瘤。她的丈夫對此並無焦慮，他們之間的婚姻也由於女兒殘疾而瀕於崩潰；二一年，她的母親病逝於鎮江，使她覺得失去了一生最重要的支持；後來她父親也疾病纏身，要靠她來照顧。那些年賽珍珠作為母親、妻子、女兒的社會角色，統統遭到嚴重挑戰。

她從文學創作到社會關懷，終身都高度關注的幾個命題：女性（首先是傳統夫權下的中國女性）、兒童（主要是殘疾兒童）、文化和種族衝突，都同那些年她的個人痛苦有關，甚至可以說，是那些年的人生際遇促使她開始寫中國的故事，她的文學生命萌發於此。

同時，賽珍珠的傳記文學，成就甚至高過她的小說，諾貝爾文學獎授予她，一半是因為她寫的母親傳記《放逐》、父親傳記《戰鬥的天使》和自傳《我的數重世界》等。

賽珍珠精力極為旺盛，四十年裡出版了八十本書，高產到驚人的程度。她的社會關懷，在中國似乎只能宣洩於文學創作，三十年代回到美國以後，在另一種社會制度裡，她發揮出更大光彩，孔恩歷數其詳，令我極為震驚：

——由於美國當時的領養機構不考慮亞洲兒童，一九四九年她建立一個叫做 Welcome House 的領養機構，四十五年來安置了超過五千個亞洲兒童到美國家庭；

——一九五〇年，她出版一本書：《長不大的孩子》，是關於她的弱智女兒卡洛爾的故事。羅斯・甘迺迪（美國總統甘迺迪的母親）讀了這本書，竟終於公開說出自己也有一個弱智女兒，羅斯瑪麗；更重要的是，這本書也改變了美國人對於心智疾病的以往看法。一九六四年賽珍珠以自己的名字設立一個基金會，為美國和一些亞洲國家的超過兩萬五千個兒童，提供醫療保健和教育；

——四十年代早期，賽珍珠和她第二個丈夫理查・沃爾什（Richard Walsh）領導一個全國運動，廢止了聲名狼藉的美國排華法律。致力於提升亞洲和美國之間的跨文化理解方面，他們夫婦一九四一年創辦「東西協會」，作為教育交換的交通工具，這個協會後來成了麥卡錫主義攻擊的一個目標；他們還出版《亞洲》雜誌十多年，對有關東亞的美國政策具有實質性影響力；在整個第二次世界大戰期間，儘管賽珍珠同中國抗日的聯繫更近一些，但她也是強烈反對美國拘押美籍日裔的少數美國人之一；

——一九三〇至四〇年代，在大多數白人知識分子尚未關注種族不平等之前大約十年，賽珍珠已經把主要捐贈放在民權鬥爭方面。據說在一九四二年只有兩個美國白人真正了解黑人生活的真相，而且是兩個女人：埃莉諾羅斯福（Eleanor Roosevelt）和賽珍珠。賽珍珠的努力也包括不倦地對女權的支援。她是現代生育控制的提倡者，當她已經多次發出呼籲改善婦女平等權利的時候，美國多數婦女團體還都持反對態度。由於在國際諒解、婦女和黑人的平等權利等方面是一個極為顯眼的提倡者，賽珍珠不可避免引起FBI主任胡佛的敵意，她的FBI檔案從一九三七年早期開始建檔，幾乎有三百頁之多……。

說不盡的一個賽珍珠。我覺得這都同她二十年代在中國的痛苦有關，而她筆下的小說人物，也同她的獨特經歷有關，不是可以只用一個「戀情」來解釋的。

至於說到她和徐志摩，東西中外這兩人，雖然背景、志趣在「天壤之間」，但我發現他倆有一點很相似：喜歡什麼，或愛戀誰人，都是不問對方怎樣，就自己只管一路到癡的程度——不論異性、異族、異文明，不論徐志摩愛西方還是賽珍珠愛中國，也不論徐志摩愛林徽音、陸小曼還是賽珍珠「愛戀」於他——若是真的，不是因為他要當「中國的雪萊」，也不是因為他白話詩寫得好，可就是喜歡他，後人能否證明，又有什麼當緊？

一九九七年八月夏寫於普林斯頓

一炷香的林徽因

一九二四年印度詩人泰戈爾游訪中國，時文有記載：「林小姐人豔如花，和老詩人挾臂而行，加上長袍白面，郊荒瘦島的徐志摩，有如蒼松竹梅的一幅三友圖。」民初的這一幕，至今尚有盛名的，似乎只一個徐志摩。「人豔如花」者誰？

張邦梅《小腳與西服》裡八十高齡的張幼儀，也還記得七十年前的那幅「三友圖」：「所有中國報紙都刊登他們的照片。一個記者比喻他們是「歲寒三友」：林徽因是綻開的梅花，徐志摩是竹，白髯長袍的泰戈爾是蒼松。」當時她在德國，與徐志摩離婚後，獨自艱難撫養剛兩歲的兒子彼得，後又夭折。真的在「歲寒」中煎熬的，其實是張幼儀。當她向侄孫女張邦梅提到「林徽因」這個名字，卻講出一個令人吃驚的細節：

二二年春她生下彼得，四顧茫然，嬰兒還留在柏林一家產院裡，就去見來找她簽離婚書的徐志摩，在場的還有約翰吳（經熊）、金岳霖等人，她說要徵求自己父母的同意，徐志摩立刻搖頭。「不，不，你瞧，來不及做這了。你必須現在就簽字。林徽因……」他頓了一下。「林徽因回國去了。我非得現在就離。」

林徽因，時人稱「一代才女」——「新月派」女詩人，不過很少人知道她還是「中華人民共和國」國徽的設計者。她的好友威爾瑪一九九四年出版一本傳記《梁與林：探索中國古典建築的伴侶》。威爾瑪即費慰梅，費正清的夫人。書中寫道：

林徽因是天生的藝術家，造就而成的建築師和名副其實的詩人。一如梁思成，她在嚴父林長民的影響之下長大。林長民是個藝術家和浪漫者，這兩種氣質也支配了林徽因的性格。林長民學問好又有官位，詩文書法在周遭頗孚聲譽。他一八七六年生於杭州，二十一歲得生員，並在杭州外語學堂學習英語和日語。成婚後元配無出，為子嗣而納妾，得一子二女，一子一女夭亡，獨存林徽因，生於一九〇四年。

民初徐志摩、張幼儀、林徽因、陸小曼這段婚姻、情感糾葛，已寂滅了七十年，到世紀末稍又炒熱起來，大概徐志摩百年的緣故。上述兩本英文傳記，特別是《小腳與西服》，對此公案提供了大量鮮為人知的第一手史料，恐怕也是推波助瀾的。不過，今人有無必要設一「道德法庭」苛責前人，則是本文想說的一個側面。

一、生命早描定她的式樣，太薄弱

一九二〇年，十六歲的林徽因在倫敦所結識的徐志摩，正「深深陷入沮喪，尋找新的方向」。威爾瑪書中如此描寫：

> 他那曾令梁啟超喜愛的性格——敏銳、魅力、率真、幽默、創造衝動和戲劇性風度，顯然都被沮喪壓住了。最要緊的，徐志摩具有一種得天獨厚的魅力，他善於尋找志同道合的人，把他們聚集在一起，對於圍繞在身邊的人，他常能以新思想、新嚮往和新友情激發他們。自然林長民同他一見如故，徐志摩成了常客。長民與他無話不談，吐露他留日期間同一個日本姑娘的初戀，這可能勾起徐志摩的浪漫遐想。兩個男人都精通於將這些情竇寫進「情書」裡交換，其中徐志摩扮演已婚的女人，林長民則是已婚男人角色。（威爾瑪註明這個資料引自李歐梵的一本書）徐志摩長徽因十歲，他以成年男子本是與林家父親聯繫而不是女兒，父女倆心裡都明白。甚至可以說他一開始曾是徽因的「徐叔叔」。她有令人傾倒的皎好優雅之美，她一如其父的藝術氣質，她的活潑，她閃電般的靈光，她的文學天賦，全都使徐志摩著迷。結果她自己跌入愛河。

這段文字，彷彿刻意交代徐林相遇時的心理氛圍，顯示威爾瑪很在乎以林徽因的氣質來解釋她的一生。一個庶出的絕代佳人終生傷感、多病，尤其在舊與新、傳統與現代交替之初，身世的陰影對她尤為劇烈。一九〇九年林長民留日回國後，帶姨太太和林徽因挪到上海，開始他的政治生涯。

威爾瑪寫道：

那時徽因才五歲。她一直與父親分離，也沒有姐妹，只與母親住在杭州，被一群成人包圍著。她是個早熟的孩子；她的早熟或讓家裡的親戚們視她為一個成人，如此誤了她的童年生活。父親回來必定使女兒欣喜，而這個女兒伶俐、歡快和敏感的性格必定也令父親著迷。想來上海的歲月使這父女倆親密起來的。一九一二年這家人又搬到北京。父親仕途順暢，任職於須臾變遷的各種政府。然而此間他卻面臨一個苦惱：始終沒有兒子，即這個家族的後嗣。他從福建娶來第二房姨太太，極迅速的為他生了一女四男。於是陰影開始籠罩徽因。二姨太和她那一窩孩子占了寬敞的前院天井，洋溢著孩子們的歡躍嘻笑。徽因卻陪母親住在後頭的小院。徽因母成天因嫉妒二姨太而生氣，二姨太生了四個兒子，因此取代她的地位是無話可說，可是父親寵愛二姨太，且毫不掩飾他的情感，這對徽因母是受不了的羞辱。敏感的女兒被夾在這中間，她分擔母親被羞辱的心，卻同時又要珍惜父親對她的愛。

"caught in the middle"（夾在中間）這句英文，好像就是林徽因一生的寫照。

二、永遠守住我的靈魂

林徽因與徐志摩的愛情更是一種「夾在中間」。對少女時代的林徽因，威爾瑪曾寫道：

我的印像是她被徐志摩的性格所吸引，然而她並非有些人想像的那樣，好像十六歲就是一個世故女子，她只是父親身邊的一個女學生而已。徐的追求並沒有引起一個未經世女孩子的對等回應，他的出現只是她生活裡的一個奇遇，也沒有讓她背棄家裡為她婚姻所作的選擇。

威爾瑪也向張邦梅解釋，她覺得林徐的關係「非情愛而是浪漫，更多的還是文學關系」。她書中也寫道：

多年後聽她談徐志摩，我注意到她的記憶總是離不開那些文學名流的大名，如雪萊、濟慈、拜倫、曼斯菲爾德、沃爾夫等。我猜徐志摩大概扮演了一個老師，領她進入英文詩歌和戲劇的世界，新美感、新觀念、新感覺同時也迷惑了他自己。

威爾瑪還說徐志摩非如此不能「編織魔咒」。其實從心理的角度看，與其說林徽因被徐志摩迷惑，不如說處在沮喪中的徐志摩更渴望從林徽因身上找到他迷失的「魔咒」。張幼儀敘述徐志摩扔下她一個人在劍橋六英哩之外的小鎮上「消失」後，她隻身渡英倫海峽去歐陸，開始覺醒到要掌握自己命運，張邦梅寫道：

徐志摩有一個同樣的覺醒，似乎離開幼儀，然後離婚，他就自由了。一九二四年發表的題為

「我所知道的康橋」那篇散文中，他說他頭一次把妻子安頓在這裡時，幾乎不認識康橋；但一九二一年秋他獨自回來待了一整個學年，「那時我才有機會接近真正的康橋生活，同時我也慢慢的『發現』了康橋。我不曾知道過更大的愉快」，他寫道。

這篇散文還特別寫到他的孤獨。「絕對的單獨」，是他發現康橋的最大「祕密」，一種心理因素。世人皆言劍橋造就了徐志摩，或徐志摩「創造」了康橋，然而，若不遇到林徽因，他會離婚嗎？張幼儀會去歐洲走出自己的路嗎？徐志摩會「孤獨」嗎？中國還會有那個「輕輕的我走了，正如我輕輕的來」的「詩哲」嗎？

林徽因一生對徐志摩難以忘懷，卻絕不肯嫁他，以至連張幼儀都會問：「為什麼她讓他離婚後又懸著？這是愛嗎？」張邦梅也同威爾瑪談過這個問題，威爾瑪說：「林徽因自己是大姨太太的獨女，父親喜歡二姨太太，她給他生了兒子。林徽因不能想像自己走進的一種人生的關係，其中竟使她會自然聯想到母親一樣的羞辱。」

母親的陰影一輩子籠罩著林徽因。她對威爾瑪談過非常痛苦的一件事：她的異母兄弟林恆來北京，勾起她母親深深的怨恨，她被夾在中間，她說：

最後三天我媽把我逼到人間地獄。我不是危言聳聽。頭一天我發現母親昏厥，家裡全慌亂了。我只好跟這異母兄弟敘敘舊，讓他明白這種尷尬，理解為什麼……我筋疲力竭，真不想活，或者壓根兒沒生在這樣的家庭。我真的知道我是幸運的，但年幼時的那些傷害，對我是永久性的，一旦勾起往事，就會讓我跌進過去的不幸之中。

令人驚異的是，林徽因竟在一九四七年見了張幼儀一面。張回憶說：

一個朋友來對我說，林徽因在醫院裡，剛熬過肺結核大手術，大概活不久了。連她丈夫梁思成也從他正教書的耶魯大學被叫了回來。做啥林徽因要見我？我要帶著阿歡和孫輩去。她虛弱得不能說話，只看著我們，頭擺來擺去，好像打量我，我不曉得她想看什麼。大概是我不好看，也繃著臉……我想，她此刻要見我一面，是因為她愛徐志摩，也想看一眼他的孩子。她即使嫁給了梁思成，也一直愛徐志摩。

林徽因一直讓自己「夾在中間」——先是父母之間，又是徐志摩和張幼儀之間，後來又令徐志摩夾在她和陸小曼之間，最後，是新與舊、傳統與現代之間。這或許是一種轉型期的無奈？

三、淚點裡的情緒

徐志摩「可愛」得像個孩子，當年幾乎有口皆碑，但從張幼儀嘴裡說出來的，卻是一種孩童式的「沒心沒肺」。在民初這場以他為軸心的婚姻、情感糾葛中，他似乎又傻得「可愛」，以致送了命。張邦梅以《小腳與西服》這組象徵總括其中涵義，的確很傳神。

《小腳與西服》本是徐志摩用來形容他與原配的距離的，但張幼儀從小抗拒纏腳，其實是天足；而書中描寫在劍橋郊外徐志摩請到家中來吃晚飯的一位在英國留學的「明小姐」，反而是「小腳鏽花鞋」。這個細節可謂「轉型期中國」的點睛之筆。

細察徐志摩的離婚與再婚，其實並沒有遭到太劇烈的阻力，張幼儀黯然離去在先，陸小曼的丈夫王賡默默撤出在後，並非時人渲染的那般可怕。所謂「社會不原諒他」，也只是他的老師梁啟超有一長信，勸他「萬不容以他人之痛苦，易自己之快樂」——以梁啟超當時的社會地位，當然是大壓力，可是別忘了林徽因已是梁家「內定」的兒媳，威爾瑪認為，梁啟超不過是要「保護」他兒子的婚姻罷了。後來徐志摩與陸小曼舉行婚禮，特請梁啟超作證婚人，結果梁去責罵了一頓，但徐志摩也許是故意如此，以顯示他「甘冒世之不韙」。從中也可窺出民初中國文人觀念趨新之激烈，梁啟超已是維新之大纛，在他弟子徐志摩看來，卻是「老古董」了。

當時天下名流皆為徐志摩寫出無數「辯護」文字，而今去看，不曉得對象是誰？難道都是衝著梁啟超去的？許多人都竭力讚揚徐志摩信仰「愛、美、自由」的勇氣，胡適更是「忍不住我的歷史癖」，發表了幾封信來作證明。可是他們幾乎沒有人跟進或效仿徐志摩，彷彿讓徐志摩當了這個「出頭鳥」，大家都可借以澆心中塊壘似的。大家都是「口頭革命派」，唯有徐志摩是一個行動者。林徽因倒是明眼人，對此看得很清楚，抗戰時她曾對威爾瑪說：

> 我知道我所愛的朋友們都有道德勇氣，但是我們都缺乏天真單純的熱情，只有那種遲鈍的無力感。我想你知道我最可愛的老友徐志摩，一次小飛機的失事殺了他。他凡事吹打開路，做了再說——他總是這樣講。他像一股旋風攪動周圍的四平八穩。

這大概是《小腳與西服》的又一解。那時很多文人雖然穿西服——外面很西化，骨子裡卻不免依然是纏著小腳的。或許也是一種「夾在中間」吧？

然而，徐志摩最後死於「夾在中間」——為了在陸小曼與林徽因、上海與北京之間穿梭，他不得已乘坐免費的郵件運輸機，不幸遇難。他真是只幹不說。他只說：「我將於茫茫人海中訪我唯一靈魂之伴侶，得之，我幸；不得，我命，如此而已。」他是「訪」到了的。孰為「唯一靈魂之伴侶」？林徽因還是陸小曼？抑或陸只是林的替身？後人誰敢斷言？不過，有一個巧合不妨指出：徐志摩熱戀陸小曼時有一詩句形容酒渦：

可愛的梨渦，
解釋了處女的夢境的歡樂，
像一顆露珠，
顫動的，在荷盤中閃耀著晨曦

酒渦之於林徽因是很出名的，未知陸小曼有沒有？寫到這裡，不免有些替陸小曼難過。

四、一片血色的傷愴

威爾瑪這部傳記，由耶魯大學教授史景遷（Jonathan Spence）作序。序言先以頗磅礡的筆觸勾勒了林徽因、梁思成的身世。其中一段寫道：

> 由威爾瑪所提供的那些動人而親切的生活細節裡，我們更加感到他倆情篤而緊張的婚姻生活中迸發出來的片片光閃。我們彷彿聽到在他們高朋滿座的客廳裡那燦爛的笑聲和杯盞交錯，看見他們通過細心研究恢復古建築文獻的本來面目，他們技巧的手指指揮那筆穿梭於技術細節之間，中文英文都一樣典雅，讓已消失的古建築終於在民族意識中重占其應有的地位，我們也感覺到他們在漫長疾病折磨中從未放棄的幽默和剛毅。

林徽因曾旅英留美，深得東西方藝術之真諦，英文也好得令威爾瑪驚羨；又由徐志摩領進文學天地，寫了一手音韻極美的新詩，在「新月派」占一席之地；再隨梁思成作古建築勘察研究，參與遠溯宋元的許多驚人的發現。她多種天分都得以施展，至少在民初是無出其右的傑出女性，以致張邦梅在七十年後還很羨慕她。三十年代，林徽因北京家中客廳裡，聚集了中國許多第一流文人，而她是這個「沙龍」的女主人。威爾瑪就是在那時結識林徽因的，她的書中頻繁提到「老金」金岳霖，是進入梁林家庭、始終維持理性、親密、穩定關係的一位哲學家，似乎並未「夾在中間」的一個角色，殊為難得。但這般光景到抗戰爆發就煙消雲散了。威爾瑪書中寫盡了梁林夫婦所經受的戰亂之苦，Spence 之序說：

> 從威爾瑪回憶錄的許多珍貴資料中，我們諦聽到徽因的呻吟、操勞、新的痛苦，以及一九三七

年日本全面入侵中國導致的顛沛流離，梁氏夫婦先飛到長沙，輾轉又到西南昆明、重慶。對徽因而言，這不但是一個世界的崩潰與驚駭，更是那種「空寂的小廟旁，嬌枝嫩葉在凋零，靠著浪漫的自信依稀去跨越那朦朧的橋身……」。徽因在肺病的劇烈咳嗽，和寒夜陋室裡的顫悸中，竟依舊寫下「太陽從那奇詭的方位帶來靜穆而優美的痛感。」

威爾瑪和 Spence 都極惋惜中國擁有這麼優秀的知識分子卻無以施展。Spence 寫道：

如果我們從高遠處俯視二十世紀中國歷史，總是很難不把它看成為驚人虛擲的一個世紀：虛擲了機會，虛擲了資源，虛擲了生命。外敵侵占的苦痛，更加上國內政治的惡化，在這種情形下，怎麼可能產生有序的國家建設？在一個時期是有些實業家貪婪而玩法，在另一個時期則是極端的國家集權，兩者一先一後，把大多數人推入貧窮的深淵，試問平衡經濟又將如何發展？經常流離失所的世界，同時也是一個文字檢查官最無想像力但又橫行的世界，創造性的特立獨行、知性的探索，又如何可能廣泛的流行？梁思成和林徽因的故事，好像自始便支持了上面這些悲觀的省思。千重萬疊的社會浪費，打亂並摧毀了他們的生命，一次又一次地，這個世界就是不留給他們任何呼吸的空間。

讀了這本書，大概可以理解為什麼西方左傾的知識分子，如費正清和威爾瑪，會厭惡當時的國民黨而同情共產主義。然而，費、梁兩對夫婦的聯繫戰後就中斷了，對梁林二人在中共極權下遭遇的更徹底幻滅，他們很久都不清楚。威爾瑪的書，對此也只是借梁思成第二個妻子林洙的口吻，作間接交代。

八十年代初，我偶然接觸到梁思成保護北京古都的壯麗構想被無情粉碎的零星史料，震撼之下開始採訪，寫了一篇報告文學《最後的古都》。一九四八年中共圍攻北平時，還曾「請教」梁思成炮轟要避開哪些古建築，但定都北京後第一件事，就是要拆除從中華門到天安門的千步廊，擴出一個巨型廣場來，梁思成大驚，說這就破壞了北京全長八公里大殿雄峙、蓋世無雙的中軸線，但沒用，梁只好忍痛設計那個廣場，並把「紀念碑」建在他萬分憐惜的中軸線上；接下來就是拆牌樓，拆城牆，梁四方求告，說城牆內心都是三百年乃至五六百年的「灰土」，堅硬如岩石，有一千兩百萬噸，相當於十二個景山，用二十節車皮要八十五年才能運完……對這城牆，林徽因曾有一個絕妙的構想，她汲取西方大都市無限蔓延的教訓，設計北京以城牆和護城河為隔離帶分區建設，護城河的林帶是屏障，城牆上則全部改建為立體公園，供市民遊樂，這樣，古城牆一變而為她稱作的「中國的頸環」，這是最令人動容的一個幻想，她也畫出了草圖。但城牆還是拆了，古都終於沉淪。林徽因沒有看到最慘烈的一幕就走了。她一九五四年死於肺結核，享年僅五十歲。她為「新中國」留下的那個國徽上的鮮紅，彷彿就是她滴的血。她的墓碑在文革中被砸碎。

本文大量引述的兩本英文傳記，都深入到人物的內心，是一種個人精神文化史的重寫，可惜中文裡面很難見到這樣的寫法和體例。我們看不到一個人的精神世界。林徽因的故事，只有在這種視角下，才放射出驚豔淒厲的光彩，即使你看出她那理想主義的不可救藥，也不忍心苛責她，如同不忍心責備徐志摩的浪漫一樣。每當我翻開她那篇散文，總是不忍卒讀，一九三四年她路過硤石，在昏沉的夜色裡我獨立火車門外，凝望著那幽暗的站台，默默地回憶許多不相連續的過往殘片，直到生和死間居然幻成一片模糊，人生和火車似的蜿蜒一串疑問在蒼茫間奔馳……世界仍舊一團糟，多少地方是黑雲布滿著粗筋絡往理想的反面猛進，我並不在瞎說，當我寫：

「信仰只一細炷香，
那點子亮再經不起西風
沙沙的隔著梧桐樹吹！」

一九九七年九月十六日

齊瓦哥的人文意義

《齊瓦哥醫生》，據經典介紹，是一部知識分子的命運史，小說波及了一九〇三年夏到四〇年代末近半個世紀的俄國歷史上的重大事件，觸及了道德、政治、哲學、美學、社會、宗教等一系列問題，是二十世紀俄羅斯文學史上為數不多的具有廣闊的歷史容量、社會生活與精神生活容量的長篇作品。它最初被蘇聯禁止，後由一位義大利出版商帶出蘇聯，而蘇共總書記蘇斯洛夫親自飛往羅馬，要求義共總書記陶里亞蒂干預，因為出版商是義共黨員，而他竟提前退黨，於一九五七年出版了義大利文版，一九五八年成為西方最暢銷書，並獲諾貝爾文學獎。

一、小說

一九八九前在國內有沒有帕斯捷爾納克《齊瓦哥醫生》的中譯本？藍英年的譯本是一九八七年出版的，我到海外才看到，因為在網絡上，還是一個殘本，中間缺章，反而更加勾魂。我到美國後，最早是在普林斯頓大學外面的那條拿索街 Nassau Street（拿騷，這個譯法比較通俗，已見於許多出版物）上的一個舊書店裡，買了一個英文本，吭吭哧哧讀了很多遍、很多年，也是唯一我啃過英譯本的外國小說。

小說對男女主人公，有某種近乎雌雄分體的並列敘述主線。尤里，一個醫生兼詩人，幼年喪父，寄人籬下，一生披肝瀝膽，受盡苦難，最終幾近暴斃街頭，卻堅忍不拔地追求真理和幸福，他是那樣一種人：他們不是英雄，也沒有做過驚天動地的大事，但在極端狀況下，他們既有不墜世俗的真誠、善良、純真，也有堅韌執著的信念。

如果換到中國和中文語境中，一個知識人遭逢亂世，身處黑暗之中，如何守住做人的底線，雖不得不隨世道險惡而沉浮，但是不害人不作惡，不隨從權勢整人、牟利、構陷，即使做個好人，也不必強出頭抗惡，而是行善、扶弱濟貧、施展不忍之心，那就是《齊瓦哥醫生》這本書對當代中國的意義，回首反右、文革、六四、盛世這六十年，便知此絕非易事，偌大神州有幾人？

女主人公拉娜，才是本書的第一主角，也是精神豐富、內涵複雜而深廣的俄羅斯本身的隱喻，多災多難的俄羅斯女性的象徵。齊瓦哥如此浩嘆：「俄羅斯，他的無可比擬的母親，這是具有不朽光輝、歷經災難、作不可預卜之險的俄羅斯，是名揚四海、頑固、奢侈、瘋狂、不負責、殉難的、可敬愛的俄羅斯。」雖然老帕將他對俄羅斯的癡迷移情於筆下的拉娜，令人有墜入西方女性主義之嫌，但是我的感覺，卻是相較於齊瓦哥一顆永遠的稚童之心，拉娜則遠不是只有「婦人之仁」。這種張力，其實也是這本書的魅力所在。

這本巨著，與其說它延續了杜斯妥也夫斯基、大小托爾斯泰的知識者命運的俄國文學傳統，不如說它是在宏大歷史中演繹「愛情的受難」，十月革命前後俄羅斯大地上發生的戰亂、變革、宗教、人性、多重戀情等等，都不過是老帕瘋狂文學野心的烹飪材料：「我僅僅是讓全世界，都為我的家鄉俄羅斯的美麗哭泣。」

書的結尾處，末章有一段議論很有趣，是借著齊瓦哥的朋友戈爾東的嘴說出來的：

集體化是一個錯誤，一種不成功的措施，可又不能承認錯誤。為了掩飾失敗，就得採用一切恐嚇手段讓人們失去思考和議論的能力，強迫他們看到並不存在的東西，極力證明與事實相反的東西。由此而產生葉若夫的前所未聞的殘忍，由此而公布並不打算實行的憲法，進行違背選舉原則的選舉。

但是當戰爭爆發後，它的現實的恐怖、現實的危險和現實死亡的威脅同不人道的謊言統治相比，給人們帶來了輕鬆，因為它們限制了僵化語言的魔力。

不僅是處於你那種苦役犯地位的人，而是所有的人，不論在後方還是在前線，都更自由地、舒暢地鬆了口氣，滿懷激情和真正的幸福感投入嚴酷的、殊死的、得救的洪爐。

戰爭是十幾年革命鎖鏈中特殊的一個環節。作為直接變革本質的原因不再起作用了。間接的結果，成果的成果，後果的後果開始顯露出來。來自災難的力量，性格的鍛鍊，不再有的嬌慣，英雄主義，幹一番巨大的、殊死的、前所未有的事業的準備。這是神話般的、令人震驚的品質，它們構成一代人的道德色彩。

原來四十年代反法西斯戰爭中蘇聯人的視死如歸，竟是因為同二、三十年代史達林大清洗的恐怖相比，戰爭相對還要算輕鬆的，這是希特勒納粹德國遭遇頑強抵抗的一個從未被歷史解釋過的蘇聯式的內因，也顯示出歷史的複雜、迷惑以及細節遠非學術可以窮盡，或許這也使得赫魯雪夫、布里茲涅夫不靠特務恐怖便無法維持統治。

二、作者

鮑里斯・列・巴斯特納克，猶太人，文化造詣極高，其父是美術、雕塑、建築學院教授、著名畫家，母親是著名鋼琴家，他從小受家庭薰染，對歐洲文學藝術造詣很深，精通英、德、法三國語言，他自己既有詩人天賦，又受奧地利詩人里爾克影響，曾入莫斯科大學法律系，後轉入歷史哲學系，一九一二年夏赴德國馬爾堡大學攻讀德國哲學，研究新康德主義學說，並非一個普羅作家。

中譯本最早的譯者藍英年，有一本回憶錄《歷史的喘息》，是中文裡極少見的老帕的介紹，說他性格孤僻，落落寡合，與那些新作家格格不入，一度布哈林欣賞他。二戰後蘇聯文壇寬鬆，他在一九四六年開始寫這本書。此時，他也認識了奧莉加・伊文斯卡婭，藍英年稱之為「巴斯特納克的紅顏知己」，也是小說中拉娜的原型。後來就是她把小說交給義大利出版商菲爾特里內利，在義大利出版。

此書脫稿後被蘇聯當局封殺，蘇聯作協長期敵視和批評他，以致義大利出版《齊瓦哥醫生》後，又被諾貝爾文學獎選中，他竟不得不拒絕接受，晚年染上憂鬱症，孤獨死去。他一生的隱喻，就是詩人勃洛克所說的「我們是俄羅斯恐怖時代的兒女」，義大利作家卡爾維諾形容這本書說得更徹底：「哈姆雷特父親的鬼魂回來攪擾我們了」。

從俄羅斯文學的脈絡來看，蘇俄有兩個托爾斯泰，老的叫列夫，乃舊俄大文豪，其文學位階，不遜於莎士比亞，在圖拉省莊園寫的《戰爭與和平》，幾乎是世界名著之冠；小的叫亞歷克賽，生涯恰處於新舊交替的亂世，承俄羅斯文學之遺續，卻並未開啟蘇聯文學之端倪，他有一個《苦難的歷程》三部曲，《兩姐妹》、《一九一八》、《陰暗的早晨》，戰亂中小布爾喬亞的掙扎，是從老托小托到巴斯特納克的一個不變的主題，從《戰爭與和平》到《齊瓦哥醫生》；小托更描摹蘇俄變天之大驚慌，在故事中經營主角們從苦悶徬徨走向革命覺醒。

但是，日瓦格醫生在一九一一年十月革命的時候並不是一個革命的反對者，當街上出現被沙皇馬隊砍殺的遊行示威者的時候，他奮不顧身地去搶救革命者，後來他只為了堅守內心的那一點信念，和革命發生了衝突，革命以粗暴的方式蹂躪他，他承受不反抗，也絕不沉淪，這就是他的人道主義，也稱人文主義。所以巴斯特納克是超越了兩位前輩的。

三、電影

其實中國人最早接觸《齊瓦哥醫生》，不是小說而是電影。

赫魯雪夫列此書為禁書，也無緣拍成電影，卻給了《阿拉伯的勞倫斯》的英國大導演大衛・連一個機會，拍了一部史上最高票房大片。電影改編應是非常成功，將小說繁複多頭的線索簡化，凝聚到尤里和拉娜的幾度重逢又離散；從彼德堡到西伯利亞，革命災難中一男二女（齊瓦哥妻子冬妮婭）的悲歡離合，以及瓦雷金諾雪屋的燭光、雪原狼嚎，還有電影的主題曲，以俄羅斯三角琴彈奏，雋永無比。結尾落在他們遺失的孩子並不知道自己是誰，那種語言已經用到盡處的沉重，戳人心肺。

自然，這部電影討好，在於它是所謂「西方話語」而非「俄羅斯話語」，也不是對蘇俄革命的暴露才受歡迎，而是把一個西方式的故事放到俄國動亂環境裡再現，主題是人性問題。這種知識分子式的亂世情愛，是西方文學的一大正宗，大紅大紫的《英倫情人》也是這種題材。至少西方傳統的看法，亂世是一個可以超越道德約束的外在強制，彷彿越是道德的人在此越可以被道德赦免，由此便越見人性的生動和真實。

另外，此劇其實具有很濃厚的女性主義色彩，主人翁是拉娜而不是尤里，作者寫她以女性承受男性權力的欺壓，與科馬羅夫斯基的關係暗示著舊俄制度的蹂躪，其丈夫帕夏是新制度的象徵則遺棄了她，只有尤里這麼一個舊知識分子懂得愛她，這是此片的要旨。

王賡的淒涼失蹤

一

給你講我的故事之前，我要你記住一點：

在中國，（我這樣）一個女人 is nothing。

這是張邦梅的《小腳與西服》借著她姨祖母張幼儀的口吻的開場白。這位民初女子所遭遇的所謂「中國第一樁離婚案」，其實還連帶著另一樁離婚（是不是「第二樁」，我不知道），在那邊卻顯露出有「一個男人」在當時幾乎也 "is nothing"，儘管這個男人的身分、學識和人品都是頂尖的。

世代交替，白雲蒼狗，而人物輩出，此明末清初、清末民初皆然。但史冊留名，後代景仰者，多悲歌慷慨、風流倜儻之輩，期間隱沒、避諱了不少人，而所謂「大浪淘沙」，經常是「淘」去金子。

這個男人是一個軍人，如今還寂寞地躺在埃及開羅的英軍戰士公墓裡，遠離鄉梓而同三、四千年前的埃及長老的木乃伊作伴，真正實踐了古中國的那「殤」字。在中文語境中，他是徹底被淹沒的，很難找到一點為他而流傳下來的紀念性文字。

一九九七年是徐志摩誕辰百年，紀念這位民初「詩哲」的文字又多起來，期間更有他的原配張幼儀借張邦梅之書發出聲音，令轟動民初的那樁時人稱作「五百年風流孽冤」相遇的徐志摩、陸小曼傳奇，稍嫌遜色。但是，還是沒有一個字提到他。對並非久遠的一個人的遺忘，有時會觸動今人，比如——陳淑平打電話給我：

你知道王賡嗎？陸小曼的前夫，他是普林斯頓畢業的耶！

於是我們想去找一找，美國人的檔案裡，會不會有這個人的一點痕跡？

二

菲薄的一個卷宗，由管理員從普大圖書館所屬善本書籍及特殊收藏分館內取出來，標明「一九一五級王」。我推著輪椅上的妻子傅莉，隨陳淑平到一間靜謐的閱覽室，翻開那卷宗。

一份傳略、幾頁發黃的剪報、校友週刊剪輯以及信函，留存著被淹沒於中國動盪年代的並不傳奇卻充滿悲劇的一個人的雪泥鴻爪……傳略開頭幾行：

王賡，（莎士比亞，Shake）
中國陸軍中將
一九四二年四月死於埃及開羅
女兒：盛宏，游夫人轉，住：台灣台北市新生南路一段九十七巷二十八號……

這個綽號「莎士比亞」的學生，當時剛二十歲，從傳略上的照片看去，斯文而清秀。傳略中敘述他一八九五年五月生於中國無錫，「在北京安定中學和清華大學受到早期中國教育，因學業成績非常傑出，且性格極具中國傳統氣質，以致被選中以全部公費派到美國進一步接受教育」，他先在密西根大學待了一年，二年級進入哥倫比亞，三、四年級進入普林斯頓，讀歷史和政治系，一九一五年以名列第十四位（一百一十六名文科生）的優異成績畢業。此後，他受到美國西點軍校的約談，到那裡接受美國陸軍高等教育，畢業於一九一八年，是這一年一百四十個畢業生中的第十二名。

如此優秀並出身於普林斯頓和西點兩座學府重鎮的中國人，在本世紀初大概只此一人。關於這個人，中國知道得太少了。我們一時還沒有機會去西點查一下他的檔案。據劉心皇著《徐志摩和陸小曼》結尾處一條極短的「又注」稱，有人致函作者告之以「西點軍校畢業生登記錄」中有關資料，說王賡入讀的那個班只有五個人，其中有一位艾森豪威爾，日後是第二次世界大戰歐洲盟軍統帥，美國第三十四屆總統。如果中國人王賡果真有一位同窗是美國陸軍元帥艾森豪，那麼他從西點畢業回到他的祖國後，命運竟是天壤之別。若問經由最優秀教育系統訓練出來的一個人，能為他那枯朽而衰微的祖國作點什麼，抑或是倒過來被故土的另一套系統毀滅、吞噬得無影無蹤？王賡的一生是淒厲的見證。

三

接下來能說的，幾乎都是悲劇。一九一八年前後在東方等著這位儒雅的西點軍校生的，是一個亂世。一向中國是「亂世出英雄」，而普林斯頓和西點卻不可能為亂世訓練「英雄」的，毋寧說它們對王賡的訓練只會使他被亂世糟蹋。一個西點培養出來的軍人，在北洋軍閥控制的北京能作什麼？

那個時代，用梁啟超的一句話最為傳神：「神奸既伏，人欲橫流，而近於演水簾洞，演惡虎村」。袁世凱死於一九一六年，然而據李劍農《中國近百年政治史》，梁啟超本人當時也深信，帝制傾覆後，唯有北洋系的武力，才是維持國家的一種中堅力量，所以想改良他們，先是改良袁世凱不成，後又改良馮國璋、段祺瑞，直到他們內鬥起來，自己崩潰，梁的政治生涯也就此結束。馮段之爭又使北洋系的一批軍督坐大，其中又以直系（直隸督軍曹琨）、奉系（奉天督軍張作霖）崛起最快，統治了北中國。

王賡回國若在一九一八年，第一次世界大戰也在十一月中旬結束，以他眩目的留學背景，自然受到各方面的「青睞」，那份傳略說他「畢業不久即作為中國代表團成員參加凡爾賽和會」，又說「他的下一個服務是在東北張作霖麾下」，可見各種勢力都在「搶」他，認為他「前途不可限量」，然而糟蹋也由此開始。

最厲害的一種「搶」，竟來自北京社交圈裡一位「數一數二的名姝」——外交部舞會上令中外賓客「目眩神迷」的陸小曼，正守「閨」待嫁，求婚者趨之若鶩，她的父母皆「婉言拒卻」，待到王賡一出現，有本閒書中如此描繪：

> 小曼之母，看到有這種少年英俊……說這窮小子將來一定有辦法，毫不遲疑的，便把小曼許配了他，時人稱此為「閃電結婚」，前後不到一個月，可見之「搶」，當時「轟動京師，傳為美談」。

不知王賡是否「窮小子」。據劉心皇《徐志摩與陸小曼》，「王賡字受慶，江蘇無錫人，世代顯貴，至王賡時，家道才中落。王賡少年有為，『棄絕一切嗜好，立志苦讀』」……。劉著還引用一些閒書逸聞，說因為王賡是個「書呆子」，才誤了他那樁民初著名的「名姝」加「才俊」的婚姻，說他「手不釋卷」，除了週末，絕不陪太太玩樂，「生活習慣完全美國化」，終於使「喜愛遊樂」的陸小曼生出「外遇」。今天看來，這種解釋有些勉強，似乎王賡不知「溫存」妻子，是一個不懂感情的人。儘管這方面的資料極罕見，陳淑平還是在《胡適遺稿及祕藏書信》裡，偶然發現王賡寫來的一封信，很短，不妨引幾句在下面：

> 適之、歆海：正要寫回信給歆海，恰好適之的信亦到。謝謝你們二位種種地方招呼小曼，使我放心得多。這幾個月來，小曼得著像你們二位的朋友，受益進步不在少處，又豈但病中招呼而已。她有她的天才，好好培養可以有所造就的。將來她病體復原之後，還得希望你們兩位引導她到 Sweetness and Light 的路上去呢。……王賡四月二十六日（全信見《胡適遺稿及祕藏書信》第二十三冊《胡適書信・他人致胡適信（一）》536-37 頁耿雲志主編黃山書社）。

寥寥數語，卻透露出許多資訊。王賡不僅體貼妻子，也認可她的天分，更在乎她的格調。尤其，他刻意使用 Sweetness and Light 這兩個英文字，意蘊深長。這兩個英文字含義很豐富，我們權且解釋為「嫵媚」、「輕柔」——可以推測，王賡初識的陸小曼大概具有那樣的風韻，令他傾心，然而同徐志摩暗戀後，情緒躁動，無端傷感，哭哭啼啼，王賡知或不知，都只希望她平靜下來，也希望胡適、張歆海幫助她走出困境，說明王賡對「感情危機」是很重視的，也設法盡力彌補。這兩個字便也可見出王賡的格調，同市井裡視他為一個粗魯的軍人，真是相去十萬八千里。

自然，王賡已非中國式的「才俊」，因而不會同那中國式的「名姝」（儘管「英語法語都流利到極點」）白頭到老，也是不奇怪的。

四

從世紀末去理解世紀初的人，真是不易——就以徐志摩和陸小曼那樁轟動民初的「豔情」而言，弄懂其中的任何一個角色，都不是容易的。兩位主角自不待言，雖留下許多文字，著名的如《愛眉小箚》、《小曼日記》等，以及當時名流為他們辯護的許多文字，以致在中文語境裡，這樁「婚外戀」是歷久不衰的「佳話」，有點直逼民間傳說裡美妙的「天仙配」。但是後人解讀這些文字，還是無法接近徐陸二人的真實心態、想法，比如徐志摩真的是那麼迷戀陸小曼嗎？這當可另文分析。

相比之下，因這一「配」而默默撤出的兩個人，一為張幼儀，一為王賡，則是無聲的，一個世紀來都是只有當人們膾炙人口徐陸「佳話」時才會被提及的角兒。張幼儀還算幸運，幸虧有一個生在美國的侄孫女，忿於文化認同的困境而涉足姨祖母的往事，使「徐志摩原配」在八十高齡終於開口，講出世紀初中國鮮為人知的另一側面。

王賡則彷彿只是這樁「詩哲」配名媛中的祭品，非但被遺忘，還因此惡名在外，不僅《小曼日記》裡訴說的那些壓力都來自「丈夫」，而且民間逸傳「王賡拔槍威脅小曼」，自然把他想像為一個粗野、暴戾的「北洋軍人」。直到三、四十年後劉心皇寫《徐志摩與陸小曼》一書，才有所澄清，稱讚「王賡是徐志摩和陸小曼戀愛事件中的偉人」。這難得的公允，誠如梁實秋之序所言出於作者的「溫柔敦厚」。

以民初的風氣，徐志摩與陸小曼的「婚外戀」，自然是驚世駭俗的事，以致胡適都要出來替徐志摩辯解幾句。時至世紀末，我們已無須再去討論這樁「婚外戀」的「道德問題」了，那是「五四」時代的話題，徐陸二人當初的「反叛」行為在今天看來不僅絲毫沒有「道德問題」，也很平常。

然而，王賡處理這次婚變的態度，卻頗耐人尋味，毋寧說，他不以權勢制止甚而報復這種「奪妻之恨」，在軍閥橫行、生殺予奪的「北洋時代」，倒稱得上是「驚世駭俗」之舉了，自然今天看來也很平常。劉心皇曾引王賡好友王天鳴之言，說王賡的觀念已美國化，「夫婦的事，合得來，是夫婦；合不來，就算了」，大概是可信的。然而，我們還是感興趣的地方在於：這樁失敗的婚姻對王賡一生有何影響？可惜至今未見到王賡留下的筆墨，可供後人一窺他的心跡。

普大檔案中，存有王賡的一封親筆英文信，令我們有些猜想。此信寫於一九三三年十月十六日，當時王賡正旅次德國慕尼黑，據說是去治病的。王賡寫信給美國普林斯頓大學，說他和幾個朋友合計做些研究工作，慕尼黑大學要求他提供過去的學者資歷，他希望母校給他一封學歷證明信，以便向某個歐洲大學提出申請。時至一九三三年，王賡已接連遭受婚變和政治冤屈，推測他心灰意冷，動了再度遊學海外的念頭，大概是合情合理的。

五

普大那份傳略記載：「一九二二年十月十日王賡娶陸小曼，四年後離婚」，當在一九二六年。此間大勢，乃北洋末路而南方國民黨改組後揮師北伐，李劍農《中國近百年政治史》說，從

（民國）十三年春到十五年夏，相繼發生蘇浙戰爭、第二次奉直戰爭、馮玉祥倒戈、北方軍閥大混戰直至曹琨吳佩孚覆滅。

王賡的蹤跡便時隱時顯於這亂世之間。他與「名姝」分手後，好像單純只做一個軍人了，曾在不同派系的軍旅中南北征戰，但基本走向是棄北趨南。傳略說他離開奉系後，「在上海地區孫傳芳手下指揮一個火砲旅，直到孫戰敗，此後他將這個旅以一個獨立單位維持了幾個月」。

到一九二六年北伐開始，他已是北伐軍前線部隊的一位少將。這個混沌的輪廓至少顯示，王賡作為職業軍人，雖不免曾裹入北洋系，但隨著事遷時移，南方進步勢力逐漸崛起，他的政治態度是毅然投向進步的。

北伐後蔣中正大致結束軍閥混戰，至第二次世界大戰爆發，期間贏得大約十年（一九二七至一九三七年）中國的局部建設時期。

王賡的學識在此期間也稍得施展，各種資料顯示，他曾接掌隴海鐵路行政主任、稅警總團團長等需有現代行政、軍事知識方能勝任的職務。

然而，國民黨在極短時間內事實上不可能為中國建立起一個現代化的政治秩序，而且內部派系傾軋嚴重，王賡這樣一位西方培養出來的職業軍人，還是難逃成為犧牲品。

傳略說他一九三一年任警稅總團指揮官，中將軍銜，細節不詳。據劉心皇的資料，當時的財政部長宋子文欲建一支軍隊，由財政部直接撥款進口最新式的武器，「恐外人反對」，假借稅警總團的名義，邀「文武兼備」的王賡出任。於今我們不難推測，宋子文是看中了王賡的西點背景，而此舉必遭各派系的嫉恨，陷王賡於「火上烤」的境地，這在後來不幸被應驗。

六

王賡一生最悲慘的事，是一九三二年春偶然在上海誤入日本人之手，竟釀出軒然大波，被自己的國家誣為「間諜」。

此事發生在一九三二年「一二八」上海保衛戰期間。當是王賡正率稅警總團與十九路軍協同作戰，二月底他隻身進上海租界去找他的朋友、駐上海的美國總領事坎寧安將軍，據劉心皇的書說，是宋子文要他去的。王賡一進租界才發現美國總領事館已遷址，急忙走進一家英國酒店，卻在那裡被巡邏的日本陸戰隊扣留。經租界的國際調停當局交涉三天後放回。然而，十九路軍卻硬說王賡向日本人出賣了軍事情報，將他押往南京交軍事法庭審判。

普大王賡傳略對此事有一些描述：

> 他被日本人扣押並恐嚇將他作為一個間諜槍斃。後來他也受到（中國）軍事法庭審訊並判決槍斃。大家都了解王賡是誠實的，錯只錯在他不該去，大家也都知道王賡成了替罪羊，他不應被處死。監牢一年後他被釋放，繼續任職稅警總團。王賡早有廉正和誠實的名譽並廣為人知，以至於他的政敵拿他當做一個替罪羊，然而王賡的聲望和名譽在他被監禁時反而提高而不是減少。

從措辭中可以看到，來自母校的辯護是何等理解王賡的處境，堅信他的人格。我們在王賡母校那份薄薄的檔案裡也發現，這一不幸事件當時曾在美國引起的反響，不僅紐約時報當即就有來自上海的報導，並引述西點軍校校方的即時評論，依然盛讚王賡是一個「完美的學生與極親和的人」（excellent student and extremely popular）；而且，那幾年的普林斯頓校友週刊發表了許多有關該事件的史料、評論、回憶等，是中文語境裡絕對看不到的。因篇幅關係，此文無法展開這一話題，擬另文細說。

這次劫難可能嚴重戕害了王賡的身心，一九四二年宋子文再次急招王賡去美國，並在外交事務上協助他時，傳略說「王賡已病弱不堪，醫生也竭力勸阻，但他那強烈的責任感還是驅使他上路了。在赴美途中他死於開羅。」終年僅四十七歲。

普林斯頓大學王賡傳略以此結尾：

> 一九四三年紀念西點畢業生，王賡的訃聞結於這樣一些話：「王的一生是誠實、正直和愛國的。他給西點帶來榮譽。」一九一五年的同窗就知道這是確實的，而且關於他還應有更多的話可以說。他確實是一九一五級可以引為驕傲的一員。王賡葬於開羅英國軍人公墓。

可是，他的祖國對他什麼也沒有說。這無聲意味著的，難道就是應了張幼儀對她侄孫女張邦梅說的那句話：（He）is nothing?

一九九七年三月十八日

跋

溫美如昨，蠻荒如今

協和醫院割錯了一只腎而使梁啟超死在五十五歲英年，這個細節難道是威爾瑪・費正清寫的傳記第一次提到的嗎？當時協和醫院還給隱瞞下來，錯割乃因護士以碘酒標位標錯，而手術醫生沒有double check，這麼一絲疏忽便斷送了中國呼喚現代的第一支如椽大筆，人生恰如飲冰室主人晚期眷慕佛教所言之無常，而最早進入傳統中國的西醫及其系統可以祕而不宣的行政技術，真是叫人驚嘆！

西醫也耽誤了任公長子思成摔斷的腿，令其一生跛足。任公愛惜教誨乃至操切安頓愛子一切的苦心，在中國曖昧如晦的現代前夜，是何等感人而又辛酸，從安排學業、留洋直至婚姻，他的擇媳眼光之犀利亦可謂空前——原來思成醉心建築學暨中國古建築樣式研究，到底還是受了才女徽因的影響，這也是威爾瑪第一手史料、首次透露，可見林徽因乃第一流人才，喜好藝術如詩歌、戲劇、美術，在賓大以美術學士畢業（雖然讀的還是建築），又去耶魯讀舞台布景，建築學於她只是次等的興趣；又可見她與徐志摩之間也是第一等人才的相慕，不必一定是男女之情，她以女流須得先屈服現實，認領梁家婚約，把志摩閃失得離婚後倉皇攆回中國、又跌進下一個「成熟女人」的泥淖中，以為替代，還不能屈服現實，須以「追求自由」之堂皇高調來掩飾，所以現代文學史早期最美的散文，是一個失戀的第一等人才的流涕，不過借了西化「自由」的桂冠而已，胡適等人對他的辯解自然蒼白，而任公的道德責難亦流於自私。思成以西洋建築理論解構中國古建築樣式之謎，完成一樁堪稱曠古之業，榮獲普林斯頓榮譽博士，又稱「大師」於中國大陸，到底不過是匠術，而才女林徽因只留下了幾首小詩，和這個世界對她的驚羨，如此而已。

徐志摩「沒心沒肺」，他想從王賡那裡奪愛陸小曼，又怕「軍閥」勢力威逼，獨自逃往歐洲避禍，卻又去找張幼儀，還要前妻陪他去看被他拋棄而夭折的兒子彼得之骨骸，還寫了一篇散文，父親做到這一份兒，大概在傳統和現代都不可思議。他與幼儀離婚，其實是愛慕林徽因，陸小曼不過他的一個「紅粉知己」，卻被「五四」時代讚為追求愛情的傳世佳話，真有些可笑。大量知名人士在此事上大肆渲染，包括胡適在內，均因徐志摩的詩寫得太好。而王賡黯然退出，不以其權勢干預此「奪妻之恨」，實乃他是一個西方教育出來的人。王賡被淹沒是很徹底的，至今不僅早已被中國人遺忘，想找一點有關他身世的資料也是大海撈針一般。價值破碎下的人格破碎，其所謂「曖昧如晦」，不只是「夾在中間」那麼簡單，風俗還是舊的，新潮誘人但是也殺人，因為人言可恤，張幼儀就處處忌憚人言，父母公婆甚至弟兄兒子；林徽因「一九三四年硤石車站」，她那篇散文的詠嘆，誰又寫得出來？她一生彷彿都處在這微妙卻殘酷的 caught in the middle（夾在中間），而凌叔華何嘗不是？

林徽因此人，真是民初中國一位罕見才女，悲劇性的深刻也是群芳之冠，庶出於林長民之妾，一生為母拖累；愛慕神交於徐志摩，但不願嫁給他；與思成的感情如何不得而知，但有建築分心，可是她最傑出的設計「故都的項鏈」（北京城墻改公園）付之東流，而後她可能傷感而死。她的天賦在藝術的多方面，真正一個絕代佳人，要涵蓋了四九後的命運之逆轉，才更顯悲劇性。

八十年代我接觸梁思成題材，對他如此屈服於專制的顢頇很詫異，與他對中國古建築的醉心不協調，一種性格上的軟弱，只有對自己「洗腦」一個向度，絲毫沒有反抗，還在反右中入了黨，不可思議。從威爾瑪的書中可以看出，這是梁啟超對這個兒子早期嚴厲的壓迫式教育的後果，使思成沒有自己獨立的人格和意識，二十年代在費城留學所受西方之教育對他影響不大。

我曾為梁思成寫了一篇〈最後的故都〉，偶然看到一個資料，說四八年中共圍困北平時，曾到清華園找梁思成詢問攻城打炮需要避忌哪些古建築，令梁林極為感動；但江山到手後，大肆毀滅古城，為建天安門廣場先拆金水橋前三座門、正陽門牌樓，後為交通又拆東西四牌樓、北海「金鰲玉東」橋，急得梁林直哭。梁林曾飽受日本侵華戰爭之苦，顛沛流離大西南特別是李莊那九年，對他們是一個徹底的幻滅，所以抗戰後對國民黨打內戰深惡痛絕，其實他們不知道是共產黨非打不可；這個時期受過西方教育的知識分子對共產黨的一邊倒是普遍性的；後來在共產黨極權下是更徹底的毀滅，可是沒有資料顯示他們有過再次的幻滅，梁思成從精神上被征服是明顯的，那麼林徽因呢？看不到資料。他們那個兒子梁從誡有篇回憶，竟刻意突出母親「思想改造」的一些資料，尤其是林給梁的兩封信說她如何被史達林所感召，以及如何對自己「改造」，讀了令我有一夜竟不能成眠。只有第一次幻滅，此後在更劇烈的精神奴役下連第二次幻滅的能力都沒有，這是非常悲劇性的，尤其在林徽因的個案上，她是一個具有叛逆性格而又不極端的極有教養學識的天才，竟也是這種結局，這是我難過的地方。也許她的早死才能解釋。同情他們的費正清夫婦則要到八九年天安門屠殺後才有所醒悟，也是一個悲劇。從梁啟超到其孫子，真是二十世紀中國的一個縮影。梁從誡對其母之墓碑於文革中被毀毫無憤怒。

至於胡適，五四新文化之大蠹，鼓吹「全盤西化」，卻厭惡基督教之「傳教」，難道不是一種「失根」的西化？如此說來，胡適反傳統即挖「中國之根」，亦厭惡「西洋之根」，所以他一生盛名，乃是向中國輸入了一個「無根的現代化」，難怪日後中國的墮落無底。《胡適日記》中還有他對英美在華教會教育的看法，如一九二一年某次東興樓飯局，他認為基督教不過是「迷信」而已，雖然他們很羡慕西方近世文明如醫學、學校、貧民窟居留等等，這是民初基督教在華傳教的寶貴資料。那時有所謂「非基化」運動，當今教會人士皆認為與「五四」思潮有關，看胡適日記果然不錯。難道因此也使得中國現代前夜曖昧如晦？

王國維預知而自沉昆明湖、陳寅恪看盡與亡目失明、張愛玲隻身逃亡海外，果然中國後來「亡天下」，成了一個地蠻天荒世界，大知識分子一邊倒的阿諛新政權，毛澤東肆無忌憚地侮辱文人、調教幹部、戲弄民眾，而無人敢出一聲，出聲的都割掉喉嚨，槍斃的還要你付子彈費，由此任他鬧饑荒鬧文革，以致發生慘絕人寰之「七仙女」被剖腹；「紅太陽」民族主義交替凌遲人性，人倫及生態一路崩解至盡頭，連達賴喇嘛也逃離西藏高原，西方再次恐懼「黃禍」……。

於是回望民初，就像一個溫美的昨夜。一九九七年春天，我沉浸在民初人物之中，寫了一篇王賡，又讀關於林徽因、徐志摩的兩本英文書，如張邦梅的《小腳與西服》幾乎一口氣讀完，第一次讀英文如此暢快，陳淑平教我讀英文書不理生詞只管往下讀，讀幾次就讀通了，果然如此。一日又曾推著輪椅上的傅莉，隨她去普大一個檔案圖書館，查閱王賡檔案，緣起乃徐志摩百年紀念，我們卻去尋找失蹤者王賡，問他母校西點是否與艾森豪同班。

其中寫賽珍珠是最費勁的，讀了她好幾本傳記和作品，陳淑平又幫我從大學和公共圖書館借了多次賽珍珠的書，又去費城賓大聽賽傳作者彼得・孔恩教授的演講，她自己還打電話給賽珍珠的母校找資料，幫我真是不遺餘力。有一晚余英時先生來電話，說你寫了幾篇徐志摩，可以順著走下去，研究一下早年中國學人來西方學文學這件事，「五四新文學」是從這裡開始的，他說還沒有人研究過這個題目，可以先從一些留學生學報、雜誌裡找找線索、書目，就近利用普大圖書館的便利作起來。他說有許多事情從未引起人們的注意，比如凌叔華就曾結識吳爾芙。陳淑平也鼓勵我朝這方面嘗試一下，與許能走出一條路來，她說西方這邊的許多史料中國人不會使用，只在中文裡面兜圈子，很多事情弄得面目全非。可惜我不是做學術的材料，辜負了他們夫婦的勉勵，最後只落下了這本書。民初真是一個群星燦爛的時代：

一、詩人：有點李白古風，仙魔而戇大，

二、才媛：冰雪聰明，卻是精緻的利己主義者，

三、建築師：天才而自卑，

四、哲學家：透徹而圓滑，

五、維新大蠹，卻仍然「包辦婚姻」，

六、新文化旗手，雙重人格，

七、雜文鬼手，自卑而陰暗，

其他如林語堂、郁達夫、冰心、丁玲、沈從文、陳衡哲……。

我有時候會納悶，這樣的時代，為什麼只會星光一閃就寂滅了？

蘇曉康作品集 8

INK PUBLISHING

海慟

作　　者　蘇曉康
總 編 輯　初安民
責任編輯　陳健瑜　陳佳蓉
美術編輯　黃昶憲
校　　對　孫家琦　蘇曉康　陳健瑜　陳佳蓉

發 行 人　張書銘
出　　版　**INK** 印刻文學生活雜誌出版股份有限公司
新北市中和區建一路249號8樓
電話：02-22281626
傳真：02-22281598
e-mail：ink.book@msa.hinet.net
網　　址　舒讀網http://www.inksudu.com.tw

法律顧問　巨鼎博達法律事務所
施竣中律師
總 代 理　成陽出版股份有限公司
電話：03-3589000（代表號）
傳真：03-3556521
郵政劃撥　19785090　印刻文學生活雜誌出版股份有限公司
印　　刷　海王印刷事業股份有限公司

港澳總經銷　泛華發行代理有限公司
地　　址　香港新界將軍澳工業邨駿昌街7號2樓
電　　話　852-27982220
傳　　真　852-27965471
網　　址　www.gccd.com.hk

出版日期　2023年 8 月　初版
ISBN　978-986-387-669-4
定　價　380 元

國家圖書館出版品預行編目資料

海慟／蘇曉康著 -
-初版, 新北市中和區：**INK**印刻文學, 2023.08
面；　公分. -- (蘇曉康作品集；8)
ISBN 978-986-387-669-4 (平裝)
1.CST: 中國大陸研究 2.CST: 言論集
628.7　　112010969